PARIS

TYPOGRAPHIE DE FIRMIN-DIDOT ET Cⁱᵉ

56, RUE JACOB, 56

En

TUNISIE

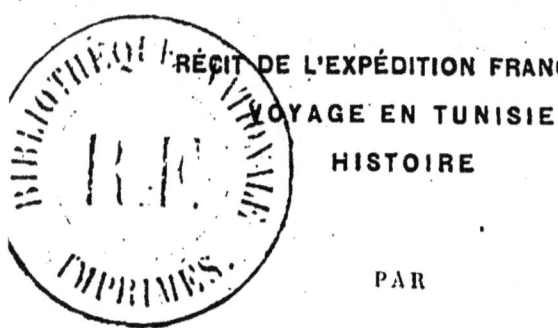

RÉCIT DE L'EXPÉDITION FRANÇAISE
VOYAGE EN TUNISIE
HISTOIRE

PAR

ALBERT DE LA BERGE

PARIS
LIBRAIRIE DE FIRMIN-DIDOT ET Cie
56, RUE JACOB, 56
—
1881
Tous Droits réservés.

PRÉFACE

Le traité du 12 mai a fait de la Tunisie une dépendance de l'Afrique française. Notre drapeau couvre aujourd'hui de ses plis cette magnifique contrée, que son sol, sa race et ses intérêts rattachent à l'Algérie. Si nous sommes sages et constants dans nos desseins, le temps ne pourra que resserrer les liens déjà formés entre les deux pays, et avant cinquante ans la Tunisie sera l'une des régions les plus prospères de l'Afrique et l'une des plus dévouées à la France.

J'appelle être sages et constants dans nos desseins, ne rien céder des droits que nous avons acquis, ne rien demander de plus avant l'heure. Par ses dispositions géographiques et le caractère paisible de ses habitants, la Tunisie est d'une occupation facile ; par les richesses minières de son sol, par ses terres d'une fertilité incomparable, elle offre un champ fécond à l'activité de nos capitaux et de nos travailleurs.

Maintenons dans nos rapports avec le bey la vigilance et la fermeté nécessaires, ayons la sagesse d'assurer à la Régence l'administration économe et prévoyante dont elle a besoin, et la conquête de cette seconde Algérie ne coûtera pas un centime à la France, en même temps qu'elle sera une source d'avantages considérables pour notre commerce et notre industrie.

Mais, pour que cette œuvre d'assimilation s'accomplisse, il faut que notre gouvernement ne soit pas seul à s'en préoccuper. Il importe que nous ne considérions pas seulement la Tunisie comme un poste frontière destiné à couvrir l'Algérie, mais comme une nouvelle terre ouverte au travail national et à la civilisation française. Il importe que nous apprenions à connaître ce pays, à en étudier la complexion et les besoins, à en pressentir les destinées. Nos soldats ont planté notre drapeau sur les forts de Bizerte et du Kef ; nos négociants, nos industriels et nos colons pourront seuls l'affermir et l'enfoncer dans le sol.

C'est en m'inspirant de ces nécessités que j'ai écrit ce livre. Lorsque survinrent les premiers évènements de Tunis, en mars 1881, mon excellent directeur et ami, M. Philippe Jourde, me demanda de rédiger pour les lecteurs du *Siècle* des articles sur la Tunisie, en même temps que je suivrais dans les colonnes de ce journal les complications diplomatiques qui pourraient survenir. Je me mis immédiatement à la tâche. Aidé des conseils de quelques personnes qui avaient vécu à Tunis, je constituai sur l'heure une bibliothèque d'une quarantaine de volumes, ce qui avait été écrit sur la Tunisie dans ces dernières années en France et à l'étranger. J'y joignis une trentaine d'articles publiés depuis 1860 dans nos divers recueils géographiques et dans les bulletins consulaires ou les publications des Sociétés commerciales de Marseille et de Bordeaux. Puis je dépouillais ce volumineux dossier, en même temps que j'assemblais et collectionnais toutes les nouvelles apportées de Tunisie par les journaux. J'écrivis quelques articles, puis peu à peu mes notes augmentant sans cesse, je vis que j'avais les éléments d'un livre.

J'avais assemblé un nombre considérable de documents. Dans ce champ aussi vaste que touffu la moisson devait être pénible à faire. Il m'a fallu une patience et une prudence extrêmes pour ne point encombrer la gerbe des innombrables tiges d'ivraie que rencontrait la faucille. On n'imagine pas les mensonges pittoresques et les fables charmantes qu'enregistrent volontiers les voyageurs et les correspondants les plus honnêtes ; les informations inexactes, les chiffres fantaisistes qu'ils accueillent sans scrupules ; les descriptions qu'ils tracent de souvenir et qui sont souvent, comme leurs traductions, « de belles infidèles ».

Dans le choix que j'ai dû faire, un certain nombre d'erreurs ont nécessairement échappé à un contrôle qui était plus riche de bonne volonté que d'expérience. Elles n'échapperont probablement pas aux personnes qui ont fait partie de l'expédition ou aux Français qui habitent la Tunisie : je leur serais reconnaissant de me les pardonner et de me les faire connaître.

Ce n'est point la seule indulgence que je réclame de mes lecteurs. Je les prie également de ne chercher aucun mérite littéraire dans ce livre, improvisation jetée sur le papier au milieu de la bataille quotidienne, dans cette fournaise du journalisme où la pensée n'a point le temps de chercher son moule, où l'esprit n'a ni le loisir ni la liberté de contempler et de ciseler son œuvre. Je m'estimerai encore assez heureux si j'ai pu atteindre le but que j'ai poursuivi : donner au public une image nette et fidèle d'un pays qui intéresse aujourd'hui tous les Français, puisqu'il est remis à la garde de nos soldats, et que tôt ou tard ses destinées doivent se confondre avec celles de notre chère France.

ALBERT DE LA BERGE.

Paris, 2 juillet 1881.

PREMIÈRE PARTIE

L'EXPÉDITION FRANÇAISE

PREMIÈRE PARTIE

L'EXPÉDITION FRANÇAISE

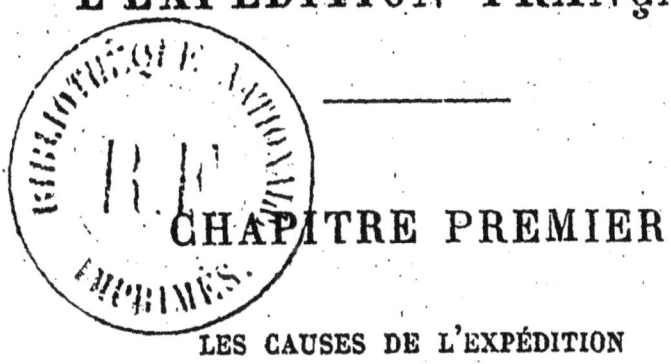

CHAPITRE PREMIER

LES CAUSES DE L'EXPÉDITION

Les frontières de l'Algérie. — La frontière marocaine. — La frontière tunisienne. — Les tribus indépendantes. — Impuissance du gouvernement tunisien. — Affaiblissement de notre autorité sur les populations musulmanes de l'Algérie. — Meurtres et déprédations commis sur notre frontière de 1870 à 1881. — Mauvais vouloir du gouvernement tunisien. — Excitations religieuses. — Refus d'extradition. — Tribus algériennes provoquées à l'émigration. — Projets de l'Italie sur Tunis. — Invasion de la Régence par les financiers italiens. — Lutte contre l'influence française. — Complicité du bey. — Atteintes aux droits de nos nationaux. — La compagnie de Bône-Guelma et la compagnie Rubattino. — L'Enfida. — L'ancien khédive d'Égypte et le *Mostakel*. — Incursion des Kroumirs le 16 février. — Préoccupations du gouvernement français. — Opinion du ministre de la guerre. — Combat du 31 mars. — Le gouvernement décide de châtier les Kroumirs. — Négociations avec le bey. — Protestations du gouvernement tunisien contre l'invasion de son territoire.

On n'a pas oublié quels ont été les motifs de l'expédition française en Tunisie : en premier lieu la nécessité de contenir les tribus turbulentes qui violaient constamment le territoire algérien, pillaient nos douars et troublaient la sécurité de la colonie ;

ensuite l'urgence de sauvegarder les intérêts français établis dans la Régence, intérêts compromis par la mauvaise foi du gouvernement du bey et par les intrigues de certains agents étrangers.

De là deux opérations bien distinctes : l'occupation du pays des Kroumirs avec les mesures complémentaires qu'elle exigeait ; la marche de la colonne Bréard sur le Bardo et le protectorat français imposé au bey par le traité du 12 mai.

Cette double campagne militaire et diplomatique était-elle légitime et conforme aux règles du droit des gens ? Les intérêts étrangers qui en ont souffert ont naturellement soutenu la négative. Le gouvernement français n'a eu cependant aucune peine à établir la parfaite justice de ses plaintes et l'impossibilité où il était d'adopter dignement un autre parti que celui auquel il s'était arrêté.

L'Algérie à l'est comme à l'ouest et au sud a des frontières mal défendues par la nature et habitées par des peuplades turbulentes qui ne reconnaissent aucune autorité et considèrent le vol et le pillage comme une de leurs ressources les plus régulières. Du côté du Maroc comme du côté de la Tunisie ces frontières sont fréquemment violées, et nos populations algériennes sont victimes des incursions et des brigandages des tribus voisines. Plus loyal ou mieux avisé que le gouvernement du bey, le sultan du Maroc a depuis longtemps autorisé la France à punir elle-même les rebelles qui violent les limites de notre département d'Oran. Aussi du côté de l'ouest les incursions sont-elles devenues moins fréquentes, les tribus marocaines ayant été à diverses reprises châtiées sévèrement par nos garnisons de la frontière. Il n'en est pas ainsi dans notre département de Constantine, où le gouvernement tunisien n'avait pas la force nécessaire pour nous garantir la paix de nos frontières, et où néanmoins il n'acceptait pas de nous voir faire nous-mêmes une police qu'il était hors d'état d'établir. Le gouvernement tunisien déplorait les agressions dont nos colons et nos tribus étaient victimes ; il se reconnaissait incapable d'en prévenir le retour, mais, en dépit de ses protestations de bonne amitié, il couvrait de sa protection les auteurs de ces agressions et de ces crimes, autant pour garder la faveur des fanatiques du parti musulman que pour maintenir son autorité nominale sur les tribus indépendantes.

Les autorités militaires et civiles du département de Constantine avaient été unanimes à signaler dans ces quinze dernières années les dangers de cette situation. Nous n'avions pas seulement à souffrir dans les intérêts matériels de nos populations frontières, notre autorité morale était gravement atteinte. Nos tribus algériennes se demandaient souvent pourquoi, ayant la force, nous hésitions à nous en servir. Le fanatisme religieux exploitait ces contradictions apparentes ; il comparait notre politique longanime jusqu'à la faiblesse à la ténacité audacieuse du gouvernement tunisien qui obtenait toujours de notre justice la répression des rares délits commis par nos tribus sur le territoire de la Régence. Qu'on ajoute à cela le souvenir de nos défaites de 1870, le dédain des populations musulmanes pour tout ce qui ne respire point la force, et l'on comprendra les germes de mécontentement et d'insoumission que cet état entretenait parmi nos tribus frontières, on s'expliquera l'émigration d'un certain nombre d'entre elles quittant notre territoire pour aller s'installer sur celui de la Régence.

Les actes de déprédation et de meurtre commis en février et en mars 1881 par les tribus Kroumirs sur notre territoire n'étaient pas, il importe de le constater, un fait nouveau et isolé. Le désordre était depuis 1871 en permanence sur notre frontière de Constantine. De 1870 à 1881 le chiffre des crimes et des délits commis par les Tunisiens s'élevait à 2,379, soit plus de 250 par an.

En 1869 le général Périgot signalait une invasion du territoire de la tribu algérienne des Merazgas par 1,500 Frachiches. Un de nos indigènes était tué, 23 blessés dont 6 femmes; 1,600 moutons, 1,350 chèvres et 35 chameaux avaient été enlevés par les agresseurs.

En 1872, les Ouled-Amran pénétraient près de Tébessa, tuaient un de nos Arabes et volaient quinze chameaux à l'un de nos douars.

En 1873, nouveaux pillages de nos tribus du cercle de Tébessa par les Ouled-Bou-Ghanem.

En 1874, notre tribu des Sedratas est assaillie près de Tanglega par des Tunisiens et l'un de nos hommes est tué : la tribu tunisienne des Mracen viole le territoire des Ouled-Naceur et enlève du bétail, les Beni-Barbar assassinent quatre Algériens ; les Oulad-Aziz pénètrent sur notre territoire; les Ouchtetas tuent plusieurs Ouled-Dhia (tribu algérienne du cercle de Soukahras) et leur volent un troupeau.

En 1876, les Ouled-Ouzez pénètrent sur le territoire des Ouled-Sidi-Abid, tribu algérienne du cercle de

Tébessa, et y font paître leurs troupeaux, malgré les protestations de ces derniers.

La même année, une fraction de la tribu tunisienne des Frachiches s'installe sur notre territoire et met le feu à nos forêts de Chehtabil.

En 1878, le vapeur *l'Auvergne* de la Société Générale fait naufrage sur la côte à l'ouest de Tabarcah. Les Kroumirs pillent le navire malgré les protestations de l'équipage et du commandant tunisien du fort. Les matelots français sont dépouillés de leurs vêtements, maltraités, et l'un d'eux se noie en voulant se sauver. Les tribus qui procédaient au pillage étaient les Mekna, les Houamdia, les Ouled-Amor et les Ouled-Saïd.

En 1879, le désordre augmente : nouveau pillage commis sur notre territoire par les Mracen ; vol de 250 bœufs aux Algériens Chiebnas par les Ouchtetas ; les hommes d'une embarcation du *Forbin* envoyés sur la plage pour prendre du sable sont attaqués et maltraités par des soldats tunisiens ; enfin un maréchal des logis du 3ᵉ spahis est tué sur la frontière par les Ouchtetas.

Voilà quel était le passé de la question lorsque les derniers actes de brigandage des Kroumirs en février 1881 sont venus lasser la longanimité du gouvernement français. Ces actes de brigandage avaient d'ailleurs été précédés en 1880 par une recrudescence d'agitation et de désordre que le gouvernement général signalait en ces termes :

« Incendies des forêts de notre territoire allumés par les Ouchtetas, prédications hostiles des marabouts tunisiens, agressions sur nos cavaliers de la poste, vols, meurtres et attentats commis sur nos bergers, violences et razzias opérées dans le sud contre nos Brarcha ; vol de trente bœufs commis aux dépens des Reguegane, de trente-neuf bœufs aux dépens des Ouled Bechia et meurtre d'un berger. »

Quelles réponses faisait le gouvernement tunisien aux plaintes et aux réclamations de notre chargé d'affaires ? Il proposait la nomination de commissions d'enquête, échangeait force correspondances, multipliait les promesses, ordonnait d'arrêter quelques coupables, puis les relâchait au bout de peu de temps.

Pendant les premières années l'impuissance du gouvernement de la Régence était en quelque sorte palliée par la bonne volonté et la sincérité qu'il montrait dans ses relations avec nous. Le gouvernement général de l'Algérie devait tenir compte de ces efforts, et il se contentait des rares et faibles compensations que les agents tunisiens offraient à nos tribus. Malheureusement depuis quelques années la situation avait complètement changé. Cédant à des inspirations étrangères et aux suggestions du parti musulman, le gouvernement du bey semblait dédaigner les observations de nos agents et, sous les formes de politesse affectée dont les Orientaux sont prodigues, laissait percer ses sentiments d'hostilité ou tout au moins de mauvais vouloir.

Non seulement les autorités tunisiennes ne s'efforçaient point de réprimer les excès des tribus turbulentes, mais pour les excuser elles soulevaient à tout instant des conflits de délimitation de frontières et formulaient des revendications de territoire dont elles n'avaient jamais parlé auparavant. Des marabouts tunisiens prêchaient impunément la haine des chrétiens dans les districts frontières. Le gouvernement de la Régence invoquait le Coran pour refuser l'extradition des Algériens condamnés pour crime de droit commun. Des terres et des exemptions d'impôts étaient promises à nos tribus de l'Aurès et du Souf pour les engager à quitter l'Algérie, et plus de dix tribus algériennes provoquées à l'émigration recevaient asile en Tunisie. Nos spahis déserteurs étaient accueillis avec faveur et pourvus de postes importants dans l'armée de la Régence. Toutes ces mesures dirigées contre notre influence portaient une atteinte sérieuse à notre autorité sur les populations arabes de la province de Constantine. Elles étaient l'objet de représentations incessantes de notre chargé d'affaires. Le gouvernement du bey, fidèle aux traditions musulmanes, se confondait en regrets et en promesses, mais nous refusait toute satisfaction sérieuse.

Cette attitude nouvelle du gouvernement de la Régence n'avait pas seulement pour origine les excitations du parti religieux. Nos désastres de 1870 et l'insurrection algérienne de 1871 avaient certainement ébranlé notre autorité dans l'Afrique musulmane, où il n'est guère d'autre prestige que celui de la force, mais à ces causes s'en joignaient d'autres. L'influence française, qui depuis 1830 avait régné presque sans partage à la cour de Tunis, avait vu surgir une rivale. A peine relevée par les mains aveugles de la France, l'Italie oubliait ses dix siècles de servitude et d'agenouillement pour rêver grandeurs et conquêtes. Les souvenirs de la gloire romaine obsédaient la jeune puissance et lui montraient dans l'Afrique du nord une ancienne dépendance naturelle de l'Italie.

On a vivement accusé le consul d'Italie à Tunis, M. Maccio, d'avoir fait naître le conflit d'influences qui a précipité les évènements. La lutte entre les deux nations remontait beaucoup plus haut, et la turbulence diplomatique de M. Maccio n'a fait que déchirer les voiles sous lesquels se cachaient depuis quinze ans les prétentions et les efforts de nos voisins. Dès 1862 la presse du jeune royaume avait désigné Tunis comme une future « Algérie italienne ». Les journaux de Gênes, de Florence et de Naples se complaisaient dans des calculs savants sur l'importance des colonies européennes à Tunis. Ils mettaient en relief le chiffre relativement considérable des Italiens établis dans la Régence; pour grossir ce chiffre, ils ajoutaient les émigrés maltais, bien que ceux-ci fussent sujets anglais. On poussait les spéculateurs et le gouvernement de la péninsule à diriger les capitaux italiens vers la Régence pour balancer l'influence des capitaux français. On établissait un service postal italien, on sollicitait des concessions de télégraphes, de chemins de fer, de mines, d'entreprises industrielles de toute sorte. Ces entreprises avortèrent d'ailleurs presque toutes, parce que, si les faiseurs d'affaires (*affaristi*) étaient nombreux, les véritables capitalistes étaient rares.

Les consuls italiens auraient dû se tenir à l'écart d'un mouvement de spéculation qui ne pouvait aboutir qu'à la confusion de leurs nationaux; ils n'eurent point le courage de se dérober à l'assaut de ces intrigues, qui trouvaient un concours puissant dans le patriotisme de la presse péninsulaire et dans les illusions du Quirinal. Cette fièvre de spéculation assiégeait du reste tous les consulats, qui étaient les protecteurs et quelquefois les lanceurs de ces entreprises industrielles. Les représentants diplomatiques des diverses puissances mettaient une sorte de point d'honneur à ne pas abandonner leurs nationaux, et à Tunis, comme en Égypte et à Constantinople, la lutte commerciale entre nations avait dans ces dernières années transformé les agences diplomatiques en véritables bureaux d'affaires.

Le gouvernement français fut naturellement avisé par ses représentants des efforts considérables tentés à Tunis par la colonie italienne et du concours énergique que lui accordait le cabinet de Rome. La France, ayant à gouverner deux millions de musulmans en Algérie, ne pouvait laisser s'établir une influence européenne rivale aux portes mêmes de sa colonie. Sa prudence se montra d'autant plus éveillée que les agents italiens avaient l'appui des agents anglais dans toutes les entreprises dirigées contre l'influence française. S'il ne s'était agi que d'une lutte d'intérêts particuliers, le gouvernement français eût pu se tenir à l'écart, mais la politique était partout intimement liée à la spéculation. L'entourage du bey voyait d'un œil favorable toutes ces intrigues qui faisaient pleuvoir les pots-de-vin sur la cour du Bardo et qui, par la rivalité des influences, lui assuraient en quelque sorte une indépendance relative. Il s'efforçait de satisfaire toutes ces ambitions, distribuait les privilèges au plus offrant, et au besoin vendait plusieurs fois de suite la même concession à des compagnies de nationalités différentes.

Cependant, sur le terrain économique, la lutte ne pouvait pas durer longtemps entre les Français et les Italiens. Les spéculateurs napolitains et génois étaient plus riches de combinaisons et de science diplomatique que de millions. Leurs entreprises dépérissaient. Quelques-unes firent faillite et le crédit de nos voisins se trouva fort ébranlé. C'est alors que, pour sauver l'honneur du drapeau, le gouvernement italien résolut de venir au secours de ses nationaux et de leur donner le concours financier de l'État. Il était dans son droit, mais c'était avouer ses projets de conquête, et il ne pouvait espérer que la France assisterait indifférente à ce spectacle et laisserait l'Italie s'emparer financièrement de la Régence.

Les agents italiens se montrèrent d'ailleurs fort peu discrets et avisés dans cette nouvelle campagne. Les concessions disponibles ne leur suffisaient pas; ils prétendirent enlever aux compagnies françaises existantes les bénéfices des anciens contrats. La compagnie des chemins de fer de Bône-Guelma avait obtenu la concession de la voie de Tunis à Sousa. On contesta la validité de ses titres en faisant valoir ceux d'une compagnie italienne créée en 1869 et qui avait fait faillite en 1871 avant même de commencer les travaux. Un traité signé entre le bey et Napoléon III en 1861 avait accordé à la France l'exploitation des réseaux télégraphiques de la Régence. La compagnie italienne Rubattino prétendit établir un service télégraphique le long de la voie de Tunis à la Goulette. Elle s'opposa également à la construction d'une gare à Radès sur le lac de Tunis par la compagnie de Bône-Guelma, bien qu'aucun article de sa concession n'autorisât cette opposition.

Enfin une compagnie marseillaise, qui avait acheté au général Khéreddine pour 2,500,000 francs le domaine de l'*Enfida*, se vit brutalement expropriée de ses propriétés au bénéfice d'un israélite, protégé anglais, mais commandité par des financiers italiens.

Cette lutte avait pris dans ces dernières années un tel caractère d'acuité et de violence, que la correspondance des chargés d'affaires italiens et français avec leurs gouvernements était presque uniquement consacrée à l'explication et à la solution de ces conflits d'intérêts privés.

Avec plus de bonne foi, de justice et de prévoyance, le gouvernement du bey eût pu amortir ces conflits et prévenir les difficultés qu'ils devaient faire naître. Le bey eût pu tenir la balance égale entre les divers nationaux européens, respecter fidèlement les contrats passés et les droits acquis, ne se préoccuper dans le règlement des affaires pendantes que des intérêts de ses populations. Mais cette politique prudente avait contre elle les sympathies particulières de l'entourage du bey, et les suggestions de certains consuls étrangers. Depuis une dizaine d'années l'élément italien dominait parmi les Européens attachés à l'administration tunisienne comme médecins, comme secrétaires ou comme interprètes. Les consuls et les agents de l'Angleterre faisaient cause commune avec les agents du cabinet romain. Enfin l'Italie avait trouvé dans l'ancien Khédive d'Égypte, retiré à Naples, un puissant allié contre la France. Ce prince musulman ne nous a point pardonné sa chute, et nous n'avons pas d'ennemi plus actif auprès des populations et des autorités arabes du nord de l'Afrique. C'est l'ancien Khédive qui a fourni une partie des fonds du journal italo-arabe le *Mostakel*, et c'est lui qui plus que personne a, par ses intrigues antifrançaises, amené les choses où elles en étaient avant notre expédition.

Le bey a reconnu et réparé depuis l'erreur qu'il avait commise en se jetant dans les bras du parti italien et en se faisant l'instrument aveugle de ses prétentions et de son hostilité contre la France. Ce retour ne saurait cependant faire oublier que, pendant les six derniers mois qui ont précédé la signature du traité du Bardo, Mohammed es Sadok et ses ministres s'étaient complètement abandonnés au parti antifrançais. Les demandes les plus légitimes de notre chargé d'affaires, les réclamations les plus fondées du gouvernement général d'Algérie, étaient écartées par des fins de non-recevoir que les formules obséquieuses de la politesse musulmane ne parvenaient pas à dissimuler. Aucune satisfaction ne nous était donnée au sujet des actes de brigandage commis par les tribus tunisiennes sur notre frontière. Les condamnés algériens réfugiés en Tunisie n'avaient jamais manifesté aussi hautement et aussi impunément leurs projets d'agitation. Tous nos agents du littoral et de la frontière signalaient une recrudescence dans la contrebande des armes et de la poudre introduites en Algérie par la frontière tunisienne. Quant aux Français établis sur le territoire de la Régence, leurs intérêts n'avaient plus aucune sécurité ; leurs biens étaient à la merci des fabricateurs de faux titres, et ils voyaient leurs capitaux ou leurs propriétés exposés au premier caprice de l'entourage du bey et des solliciteurs génois ou siciliens.

Le gouvernement français lui-même était directement lésé dans ses intérêts financiers, car les audacieuses prétentions de la compagnie Rubattino ne tendaient à rien moins qu'à supprimer les clauses de notre traité de 1861 pour l'exploitation des lignes télégraphiques, et à frapper d'interdiction la compagnie de Bône-Guelma à laquelle l'État français accorde une garantie d'intérêt pour l'exploitation du réseau tunisien. Cette dernière exploitation était d'ailleurs rendue de plus en plus difficile par l'insécurité voulue où les territoires que la ligne traverse étaient laissés. On s'en rendra compte par ce fait qu'en moins de quatre mois le directeur de la ligne de Tunisie a adressé au consulat français plus de trente procès-verbaux de crimes et délits commis contre ses employés ou sur la voie par des indigènes ou des sujets italiens. Un gardien français fut assassiné, plus de vingt employés furent arrêtés, dévalisés et roués de coups, quinze tentatives de déraillement eurent lieu, des poteaux télégraphiques furent brisés, des chevaux volés, le service arrêté par des attroupements d'Arabes s'opposant au départ des trains.

Tel était l'état des choses en Tunisie lorsque plusieurs incidents survenus sur notre frontière algérienne vinrent appeler l'attention de notre gouvernement sur la gravité de cette situation.

Le 16 février, quatre Kroumirs de la tribu des Bechenias entrèrent sur notre territoire chez les Aouaouchas, et volèrent deux juments au nommé Hallel-ben-Arbi de la tribu algérienne des Ouled-Nehed. Le propriétaire tua l'un des voleurs, et reprit ses animaux. Trois cents Kroumirs Bechenias et Ouled-Cedra rentrèrent alors chez nous, pillèrent et brûlèrent trois tentes de la famille Hallel-ben-Arbi. Les Ouled-Nehed se réunirent, repoussèrent les agresseurs, en tuèrent un et blessèrent un autre. Eux-mêmes eurent un homme blessé. Les Bechenias se retirèrent, mais en annonçant qu'ils se vengeraient. Nos tribus inquiètes firent demander du secours. Le général Ritter dirigea sur la frontière une compagnie de spahis du Tarf, une compagnie du 59e, et deux compagnies de zouaves.

Cet incident survenait au moment même où un délégué tunisien, Si-Hassouna était en conférence avec le commandant Vivensang à quelques lieues de là, à Dra-Keroum, pour le règlement de réclamations relatives à des actes de brigandage antérieurs. Le commandant Vivensang réclamait : « 14 réfugiés, 1200 bœufs, 12 chevaux, 30 juments, 17 mulets, 11,000 francs de rançon, 7 dhias (prix du sang pour les assassinats), 2,500 francs d'objets volés; 171,000 francs pour les incendies de la Calle, 150,000 francs pour les incendies allumés par les Ouchtetas. » Ces demandes étaient basées sur des états nominatifs des voleurs et des volés, avec la valeur et la date des vols, tous postérieurs au mois de mai 1880. Le délégué tunisien se répandit en promesses et garantit le châtiment des coupables, mais un seul détail permettra de se rendre compte de la sincérité et de la valeur de ces promesses. Si Hassouna ne put pas obtenir des tribus tunisiennes la paille dont il avait besoin pour la litière de ses chevaux et les vivres nécessaires pour ses serviteurs. Il pria même le commandant Vivensang d'amener une escorte de cavaliers français afin de ne pas être maltraité par les tribus qu'il se flattait de réduire.

En présence de cette situation et de l'effet moral très défavorable qu'elle produisait sur nos populations arabes du département de Constantine, le 23 février, le gouvernement général de l'Algérie crut devoir demander des instructions à Paris, en émettant l'avis qu'on ne s'en tînt plus aux mesures bienveillantes et conciliatrices dont on avait trop longtemps usé. M. le ministre de la guerre fut chargé par ses collègues d'étudier le côté militaire de la question, et, le 13 mars, il présentait un rapport dont voici le principal passage :

« En ce qui concerne la protection de notre frontière, je crois devoir signaler à votre attention les résultats obtenus dans l'ouest de notre colonie algérienne par le mode de procédé adopté, depuis nombre d'années déjà, de concert avec le gouvernement marocain. Là aussi des populations algériennes ont dans leur voisinage des tribus marocaines remuantes et guerrières qui, non contentes de donner asile aux malfaiteurs, violent parfois notre frontière et dirigent des incursions contre nos nationaux. Amené à constater son impuissance pour nous faire rendre justice, le gouvernement marocain n'a pas hésité à nous laisser le soin de châtier nous-mêmes les coupables, et c'est ainsi que nos colonnes expéditionnaires, pénétrant sur le territoire du Maroc, ont pu à diverses reprises aller punir les agresseurs au-delà de notre frontière de l'ouest.

« Ne conviendrait-il pas de proposer au gouvernement de la Régence des dispositions analogues, et au besoin de le mettre en demeure de les accepter ? Quelle objection le bey de Tunis pourrait-il présenter si notre chargé d'affaires, après avoir constitué un ensemble de griefs suffisants, et fait constater à nouveau au bey de Tunis son impuissance à réprimer les actes de brigandage commis à notre préjudice par les tribus frontières, notamment par les Kroumirs et les Ouchtetas, réclamait pour la France le soin d'aller punir les coupables sur leur territoire ? Nos voisins de Tunis apprendraient ainsi à respecter l'Algérie française, et, comme ils n'ignorent pas que la répression ne saurait manquer de les atteindre, ils auraient davantage souci de leur responsabilité. Ne convient-il pas de remarquer aussi que, dans le cas où de semblables propositions seraient écartées par le gouvernement de la Régence, couvrant ainsi les actes des tribus qu'il est incapable de maintenir, la France aurait épuisé tous les moyens de conciliation compatibles avec sa dignité, et serait en droit de prendre une autre attitude, sans que personne pût s'en étonner ? »

De nouveaux et graves incidents ne tardèrent pas à venir prêter appui aux considérations présentées par le général Farre et décider des résolutions du gouvernement de la République. Le 30 mars, quatre ou cinq cents Kroumirs, divisés en trois bandes, envahirent notre territoire, dans le cercle de la Calle. Après une fusillade d'environ deux heures avec une de nos tribus, ils repassèrent la frontière, mais, le 31, ils attaquèrent de nouveau. Les tribus tunisiennes engagées dans l'affaire étaient les Ouled-Amor, les Ouled-Bou-Said, les Ouled-Cedra, les Bechenias, les Kraissias et les Ouled-Hallal. Nos troupes du cercle de la Calle se portèrent immédiatement au secours des Ouled-Nehed. Une compagnie du 59ᵉ et une compagnie du 3ᵉ zouaves accoururent des camps de Roum-el-Souk et du Tarf. Malheusement ces troupes n'avaient pas l'ordre de franchir la frontière, et elles durent supporter une fusillade qui dura neuf heures. Les Kroumirs étaient postés dans la montagne, les nôtres en plaine. Les Kroumis perdirent une cinquantaine d'hommes. Le 59ᵉ eut trois morts et un blessé, le 3ᵉ zouaves un mort et cinq blessés.

Le général Osmont crut devoir prendre immédiatement des mesures pour garantir notre frontière contre une nouvelle incursion. Trois compagnies de zouaves, plusieurs compagnies de spahis, un bataillon de tirailleurs, une compagnie du 59ᵉ, une division de hussards et une section d'artillerie de 80 furent dirigés sur le camp de Roum-el-Souk et du Tarf. La garnison de Soukahrras fut renforcée par deux compagnies du 34ᵉ stationnées à Guelma.

Le chef de bataillon Vivensang, commandant du cercle de Soukahrrhas, avait écrit quelques jours auparavant « que les tribus frontières ne croyaient plus à notre force » et qu'il fallait user « de mesures énergiques ». L'agitation semblait en effet s'étendre. Les Ouchtetas, rassemblés au nombre de plusieurs milliers, avaient menacé la ligne du chemin de fer de Tunis à la frontière. Plus au sud les Frachiches, les Ouled-Bou-Ghanem et les Ouarkas annonçaient hautement que les Français allaient rendre à la Tunisie le territoire de Beccarim. Le caïd du Kef écrivait de son côté, le 8 avril, à l'un de nos caïds algériens de faire évacuer par sa tribu le territoire situé auprès de la mosquée de Sidi-Amici, prétendant que ce territoire appartenait à la Tunisie.

Cette agitation était ouvertement entretenue par les agents du bey, qui répandaient le bruit que les Tunisiens étaient soutenus par l'Italie et l'Angleterre et que « les Français étaient dans l'impossibilité de faire respecter leurs droits et même leur territoire ». Détail intéressant à signaler, là même où l'on menaçait les Français et où l'on arrêtait les travaux de nos nationaux, les Arabes respectaient les ouvriers italiens qu'ils considéraient comme des alliés. Ce fait fut attesté à notre chargé d'affaires, M. Roustan, par les ingénieurs belges des carrières de marbre de Chemtou. Ces ingénieurs avaient du reste été obligés de fuir devant les menaces des Arabes, qui les prenaient pour des Français. Voici la lettre qu'ils adressèrent à ce sujet au consul de Belgique :

Tunis, 5 avril.

Monsieur le consul de Belgique, à Tunis,

Nous avons l'honneur de vous informer que des circonstances indépendantes de notre volonté nous ont obligés de quitter précipitamment la carrière de marbre de Chemtou (ou Schemtou).

Depuis un certain temps, dans les courses que nous faisions aux environs de Chemtou, nous étions en butte à la malveillance des indigènes.

Le 13 mars, étant à peu de distance de Ghardimaou, nous avons été forcés par les Arabes de retourner sur nos pas, parce qu'ils nous prenaient pour des Français.

La nuit du 25 mars, nos gardiens ont dû tirer sur des montagnards qui rôdaient autour de notre habitation, pendant que d'autres avaient attiré les chiens à l'écart afin de dérouter les susdits gardiens.

Le samedi 26, étant allés au Hammam (Ad aquas des Romains), des Arabes qui étaient à la source d'eau chaude firent mine de nous étrangler pendant que d'autres voulaient s'emparer de nos armes.

Le jeudi 31 mars, aux Citernes de Chemtou, nouvelles menaces de la part des Arabes.

Samedi matin, 2 avril, il y avait dans la plaine une très grande agitation parmi les Arabes ; ils se portaient en foule vers la frontière du côté de Ghardimaou, afin, disaient-ils, de repousser les Français. Vers midi, ces Arabes, au nombre de plusieurs mille, sont redescendus dans la plaine manifestant une très grande joie et déclarant que le commandant français s'était retiré. Il avait été décidé que, pendant la nuit du dimanche, deux bandes se dirigeraient, l'une sur Ghardimaou, l'autre sur la Calle, en passant par Chemtou, afin de faire cause commune avec les Kroumirs. Les indigènes venus chez nous aiguisaient leurs armes et nous ont fait à diverses reprises le geste de nous couper la tête ou de nous planter leur sabre dans le corps. C'est à la suite de ces menaces réitérées que nous nous sommes décidés à abandonner nos chantiers, habitations, etc., en donnant à nos ouvriers la liberté d'en faire autant.

Nous vous prions, monsieur le consul, etc.

PAUL LOHEST,
ingénieur,

HYACINTHE SOVET,
directeur des travaux des carrières de Chemtou.

Nous avons signalé plus haut les conférences que

le commandant Vivensang avait à Dra-Keroum, près de la frontière, avec le délégué du bey Si-Hassouna. Au début de ces conférences, en février, Si-Hassouna était arrivé avec des instructions conciliantes. Aussi les tribus tunisiennes l'avaient-elles fort mal reçu, lui refusant jusqu'aux vivres de son escorte et à la litière pour ses chevaux. Deux mois après, au début d'avril, les choses sont bien changées. Le délégué du bey, modifiant son attitude, se joint aux Ouchtetas pour revendiquer le territoire de Sidi-el-Hamici et il prépare avec ces tribus une grande démonstration armée sur la frontière. Il ne s'agissait de rien moins que de surprendre le commandant Vivensang et sa faible escorte. L'officier français averti resta à Soukarrhas, et les Ouchtetas surpris par la pluie rentrèrent dans leurs campements.

Au même moment, le 5 avril, le caïd des Djendoubas Si-el-Hadj-Youssef, personnage tunisien important, faisait savoir au général Ritter, au camp d'El-Aioun, que les Kroumirs avaient annoncé leur intention d'attaquer les Français, et avaient demandé le concours des troupes tunisiennes de Béja.

Le gouvernement français ne pouvait patienter plus longtemps. La presse et l'opinion étaient très émues. La nouvelle du combat du 31 avril, la mort de nos soldats du 3ᵉ zouaves et du 59ᵉ de ligne avaient particulièrement surexcité l'instinct national, et des mesures énergiques étaient réclamées. D'autre part tout annonçait que, sans une action vigoureuse, notre frontière du sud allait être également menacée. Le ministère résolut de ne plus s'en tenir aux réclamations diplomatiques.

Le 6 avril, M. Barthélemy Saint-Hilaire adressait à M. Roustan la dépêche suivante annonçant l'entrée prochaine de nos troupes sur le territoire tunisien :

Paris, 6 avril 1881.

J'ai reçu vos deux télégrammes d'hier concernant les explications que le bey désire recevoir.

Veuillez déclarer à ce prince que nous faisons fond sur l'amitié fidèle dont il nous a si souvent donné l'assurance et dont nous avons à réclamer de lui aujourd'hui des marques effectives. Un péril menace l'intégrité de notre territoire et la sécurité des populations qui y vivent sous la protection de nos lois. Ce péril vient de tribus insoumises qui occupent une partie des États du bey, et contre lesquelles un devoir impérieux de défense légitime nous oblige d'opérer avec vigueur. Nous ne pouvons malheureusement pas compter sur l'autorité du bey pour réduire ces tribus avec l'énergie et la promptitude qui sont indispensables à un état de soumission qui les rende désormais inoffensives. Mais nous avons le droit de compter sur les forces militaires du bey pour nous prêter main-forte dans l'œuvre de répression nécessaire. Nos généraux reçoivent en conséquence l'ordre de s'entendre amicalement avec les commandants des troupes tunisiennes et de les avertir au moment où les besoins des mouvements stratégiques les amèneront à emprunter pour leurs opérations le territoire tunisien, soit près de la Calle, soit dans la vallée de la Medjerdha. C'est en alliés et en auxiliaires du pouvoir souverain du bey que les soldats français poursuivront leur marche ; c'est aussi en alliés et en auxiliaires que nous espérons rencontrer les soldats tunisiens, avec le renfort desquels nous voulons châtier définitivement les auteurs de tant de méfaits, ennemis communs de l'autorité du bey et de la nôtre.

Barthélemy Saint-Hilaire.

M. Roustan ayant communiqué cette lettre au bey,

celui-ci répondit le lendemain par une dépêche dont voici le principal passage :

> L'agitation qui s'était manifestée chez nos tribus de la frontière n'avait pour cause que la crainte des préparatifs militaires faits contre elles sur la frontière algérienne. En outre nos troupes envoyées aujourd'hui et celles qui vont être envoyées bientôt suffiront à rétablir la tranquillité la plus complète. . . . .
> L'entrée des troupes françaises sur le territoire du gouvernement tunisien est une atteinte à notre droit souverain, aux intérêts que les puissances étrangères ont confié à nos soins et spécialement aux droits de l'empire ottoman.
> En raison de tout ce qui précède, nous n'acceptons pas la proposition de votre gouvernement de faire entrer ses soldats sur le territoire de notre royaume, et nous n'y consentons pour aucune raison, et, s'il le fait contre notre volonté, il assumera la responsabilité de tout ce qui en résultera.
>
> Mohamed es Sadok.
Contresigné : Mustapha.
>
> 8 djoumadi 1298 (7 avril 1881).

Le gouvernement français était fixé sur la valeur de ces promesses du bey et sur le bien fondé des protestations que ce souverain élevait au nom des droits de l'empire ottoman. M. Barthélemy répondit le 9 avril par la dépêche suivante adressée à M. Roustan :

> Paris, 9 avril 1881.
>
> Veuillez dire au bey que vous avez rendu compte de ses observations au gouvernement de la République, mais qu'il nous est impossible de modifier les dispositions qui ont été prises et qui nous sont commandées par la gravité exceptionnelle des évènements de la frontière. Nos généraux devront donc régler leur conduite sur l'attitude qui sera observée par les troupes tunisiennes. Nous regretterions

beaucoup qu'un conflit dût s'ensuivre ; mais, si par malheur nous nous étions mépris sur les intentions du bey en cette circonstance et sur le caractère des relations qu'il désire conserver avec la République française, nous devrions décliner, dès à présent, la responsabilité des conséquences qui résulteraient nécessairement du changement survenu dans l'esprit de Son Altesse.

Barthélemy Saint-Hilaire.

Cette dépêche fut suivie d'un échange de nombreuses communications diplomatiques de même ordre qui ne dura pas moins de quinze jours, et dont on trouvera tous les documents dans un volume publié en mai 1881 par le ministère des affaires étrangères. Le bey se répandait en plaintes très vives contre les préparatifs militaires du gouvernement français. Il sollicitait la protection des puissances étrangères et faisait allusion aux dangers qu'un mouvement de fanatisme musulman pourrait faire courir aux colonies étrangères. Enfin il essayait de retarder nos préparatifs en envoyant 3,000 réguliers avec l'ordre de châtier les Kroumirs, en réalité pour encourager ces tribus à la résistance et soulever celles de la Rekba.

Nous allons voir maintenant quelles mesures le gouvernement français avait prises et le plan de campagne auquel il s'était arrêté.

CHAPITRE II

LE KEF ET TABARCAH

Préparatifs de l'expédition. — Transports mis en armement. — Paquebots de commerce réquisitionnés. — Composition du corps expéditionnaire. — Le combat du 31 avril. — Difficultés de concentration et d'approvisionnement. — Retard des opérations. — Agitation en Tunisie. — Les troupes du bey. — La canonnière *l'Hyène*. — La journée du 24 avril. — La colonne Logerot entre en Tunisie. — Marche sur le Kef. — Agitation dans la ville. — Projets de résistance. — Entrée au Kef. — Opération contre Tabarcah. — Débarquement des troupes. — Le bordj Djedid. — La plaine de Tabarcah. — Les Kroumirs. — Faux renseignements publiés sur ces tribus. — Leur origine arabe. — Leurs coutumes et leur histoire. — Journée du 26. — Les trois colonnes Ritter, Vincendon, Galland. — Leur entrée en Tunisie. — Les crêtes de Djebel Addeda. — La Djebel Sekkek.— Le Kef Cheraga. — Engagements et pertes du 26. — Le général Ritter. — Nouvelles pluies torrentielles. — Les colonnes suspendent leurs opérations.

Le gouvernement avait reçu, le 2 avril, à Paris, la nouvelle du combat du 31 mars. Le lendemain même, 3 avril, le conseil des ministres décidait que les tribus tunisiennes devaient subir un châtiment exemplaire, fût-il nécessaire de faire pénétrer nos troupes sur le territoire de la Régence. Le 3 avril au soir, la préfecture maritime de Toulon recevait l'ordre de mettre en armement les transports l'*Intrépide*, l'*Algé*-

siras, le *Dryade*, la *Sarthe*, la *Creuse*, la *Corrèze* et le croiseur le *Tourville*. Les transports la *Vienne* et l'*Européen* recevaient également des ordres de départ pour l'Algérie. En même temps, deux navires de la compagnie transatlantique étaient réquisitionnés à Marseille. Le *Tell* et la *Ville de Madrid* quittaient le port pour se rendre à Alger et embarquer des troupes à destination de Bône. La décision du gouvernement fut portée à la connaissance du public par la déclaration suivante faite au Sénat par M. Jules Ferry, président du conseil des ministres, et à la Chambre des députés, par M. le général Farre, ministre de la guerre.

Messieurs,

L'opinion publique s'est émue depuis deux jours des nouvelles de la frontière tunisienne. Les agressions de la belliqueuse tribu des Kroumirs sont anciennes ; mais elles ont pris depuis quelque temps une gravité particulière ; des engagements ont eu lieu les 30 et 31 mars, qui nous ont coûté cinq morts et cinq blessés. Nos tribus algériennes ont subi aussi des pertes. Cette situation impose au gouvernement des devoirs qu'il saura remplir.

Les mesures nécessaires ont été prises ; des troupes ont été concentrées pour mettre ces tribus hors d'état de recommencer leurs agressions. (*Vive approbation sur un grand nombre de bancs.*)

Le 5 avril le croiseur le *Tourville* appareillait pour Oran allant embarquer des troupes à destination de Bône. Les autres bâtiments en armement à Toulon devaient transporter à la Calle et à Bône des troupes fournies par les 15° et 16° corps d'armée.

Le 6, le *Tell* et la *Ville de Barcelone* partaient d'Alger, transportant un régiment de zouaves. Deux camps étaient formés sur la frontière, le premier à Roum-el-Souk dans le cercle de la Calle, le second plus au sud, autour de Soukarrhas.

Le 6 avril deux autres trausports, le *Tarn* et la *Guerrière*, reçoivent l'ordre d'armement. Sept transports devaient se trouver prêts à transporter 20,000 hommes.

Le 7 avril, 2,500 hommes, zouaves, tirailleurs algériens, et artilleurs, débarquaient à Bône et étaient dirigés sur le camp de Roum-el-Souk. En même temps les transatlantiques le *Moïse* et l'*Abd-el-Kader*, partaient de Marseille pour Bône, emportant trois batteries d'artillerie, deux bataillons du 40° de ligne et le train des équipages.

Le 8 avril, le *Tourville* était arrivé à Mers-el-Kebir et le 9 il appareillait pour Bône, emportant un bataillon de turcos, une section du génie, du train et une batterie d'artillerie. Le même jour, la *Ville de Bône*, le *Caldera* et le *Saint-Augustin*, paquebots, quittaient Marseille ayant à bord une batterie d'artillerie, le 141° de ligne, le 7° bataillon de chasseurs à pied, le 7° chasseurs à cheval et 300 chevaux.

Le 11 avril, l'*Algésiras* sortait de Toulon pour l'Algérie avec 1,100 hommes de troupes; le transatlantique le *Ferdinand de Lesseps* partait de Marseille avec 1,100 hommes du 96° de ligne, du train et des chasseurs à cheval. Le paquebot le *Fournel* emmenait une batterie du 6° d'artillerie, un escadron du 7° chasseurs et un détachement du train.

Le 12, la *Dryade* (transport) appareillait de Toulon pour l'Algérie avec 800 passagers militaires.

D'autres troupes étaient transportées les jours suivants par les transports de l'État la *Sarthe*, la

Corrèze, l'*Intrépide*, la *Vienne*, l'*Européen*, et par les paquebots la *Ville d'Oran*, l'*Afrique*, le *Mohammed-el-Sadok*, la *Bretagne*, la *Bourgogne*, le *Mandingue*, l'*Artois*, l'*Immaculée-Conception*, soit huit transports et un croiseur de l'État et dix-huit paquebots appartenant à des compagnies maritimes.

Au 12 avril, on évaluait à 12,000 hommes les troupes concentrées sur la frontière et venues de France ou d'Algérie par mer ou par voie ferrée.

Au 24 avril, jour où commencèrent les opérations, on évaluait à 25,000 hommes les troupes concentrées dans les divers camps établis le long de la frontière à Oum-Theboul, El-Aioun, Roum-el-Souk, Sidi-Hamici et Sidi-Youssef.

Voici quelle était à ce moment la composition du corps expéditionnaire :

Commandant en chef : le général de division Forgemol de Bostquénard ;
Chef d'état-major : le colonel de Polignac.

COLONNE DE GAUCHE.

Le général de division Delebecque.

Brigade Vincendon.

7° bataillon de chasseurs à pied ;
2 bataillons du 40° de ligne :
2 du 96° ;
2 du 141°.

Brigade Galland.

29° bataillon de chasseurs à pied ;
2 bataillons du 18° de ligne ;
2 du 3° ;

2 du 22ᵉ;
2 du 57ᵉ.

Brigade Ritter.

1 bataillon du 2ᵉ zouaves;
2 du 3ᵉ;
2 du 1ᵉʳ tirailleurs;
1 du 3ᵉ.

Troupes divisionnaires.

1 escadron du 4ᵉ hussards;
1 du 3ᵉ spahis;
2 batteries de montagne de 80 millimètres.
2 de 4 k.;
2 compagnies du génie.

COLONNE DE DROITE.

Le général de brigade Logerot.

Brigade Logerot.

2 bataillons du 1ᵉʳ zouaves;
1 du 4ᵉ;
2 du 2ᵉ tirailleurs;
2 du 83ᵉ de ligne.

Brigade de Brem.

27ᵉ bataillon de chasseurs à pied;
2 bataillons du 122ᵉ de ligne;
2 du 142ᵉ.

Brigade Gaume.

3 escadrons du 7ᵉ chasseurs à cheval;
3 du 11ᵉ hussards;
2 du 3ᵉ chasseurs d'Afrique;
1 du 3ᵉ spahis.

Troupes divisionnaires.

3 escadrons du 13ᵉ chasseurs à cheval;
4 batteries de montagne de 80 millimètres;
1 batterie montée de 80 millimètres;
1 compagnie du génie.

La colonne de gauche, destinée à opérer directement contre les Kroumirs, était ainsi répartie : la brigade Vincendon au camp d'El-Aioun, la brigade Galland au camp de Roum-el-Souk et la brigade Ritter au camp d'Oum-Theboul. Ces trois camps étaient situés dans le cercle de la Calle, à une distance de la frontière variant entre 2 et 5 kilomètres.

La colonne de droite, destinée à opérer plus au sud, était répartie entre les deux camps de Sidi-Hamici et de Sidi-Youssef dans le cercle de Souk-Arrhas. Les brigades de Brem et Gaume étaient à Sidi-Hamici, sur les bords de la Medjerda, à 1 kilomètre de la frontière, la brigade Logerot était en formation à Souk-Arrhas et à Sidi-Youssef, ayant pour objectif la vallée de l'Oued-Mellègue et la ville du Kef.

En dehors de ces troupes le corps destiné à occuper l'île de Tabarcah comprenait 2 bataillons du 88e régiment d'infanterie et 1 bataillon du 143e, une section d'artillerie de montagne et une section du génie, soit 1,600 fusils et 2 canons. Ces troupes étaient à bord de la *Surveillante*, frégate cuirassée de premier rang ayant 12 canons de gros calibre, et de deux canonnières de 1re classe, le *Chacal* et l'*Hyène*, ayant chacune 4 canons et 65 hommes d'équipage.

Quelles raisons avaient déterminé le gouvernement à concentrer des forces aussi considérables et à étendre la ligne des opérations jusqu'à la vallée de l'Oued-Mellègue, bien que les tribus tunisiennes de la Rekba n'eussent commis aucune incursion récente au-delà de notre frontière ? Aujourd'hui encore, alors que l'expédition est terminée et a porté tous les fruits qu'on devait en attendre, bien des personnes ne se sont pas rendu compte de ces nécessités stratégiques. Ces nécessités n'en sont pas moins faciles à expliquer pour qui a suivi les opérations, étudié le pays où devaient marcher nos troupes, et apprécié les éléments d'information que le gouvernement possédait alors sur l'ennemi qu'il allait avoir à combattre.

Le combat du 31 mars n'avait pas été bien sérieux, puisque, après une fusillade qui avait duré onze heures, disent les uns, neuf heures disent les autres, nous n'avions perdu qu'une douzaine d'hommes, sept soldats français et cinq indigènes Ouled-Nehed. Encore avions-nous subi ces pertes parce que les Kroumirs étaient rentrés sur le territoire tunisien et que nos soldats, n'osant pas franchir la frontière sans ordre, restèrent en plaine, exposés au feu d'un ennemi dix fois supérieur en nombre et abrité dans des bois ou derrière des rochers.

Nous n'avons pas de récit officiel du combat, mais voici les renseignements donnés par le *Temps* sur ce combat, renseignements conformes aux récits du *Courrier de Bône et de la Seybouse* :

Le capitaine Clément, du 59e de ligne, accouru de Roum-el-Souk dès le matin du 31, au secours de nos gens aux prises avec les Kroumirs dès la veille, n'avait avec lui que 80 hommes, tous conscrits de l'année. De sept heures du matin à midi, ces 80 conscrits soutinrent bravement le feu d'un millier d'Arabes qui, rampant dans les broussailles, se dissimulant derrière les moindres plis de terrain avec l'habileté du sauvage, venaient tout d'un coup s'élancer sur notre faible ligne en déchargeant leurs armes avec accompagnement de hurlements furieux. Ce ne fut qu'après quatre heures de lutte, alors que le nombre des ennemis croissait toujours et menaçait de l'envelopper entièrement, que le capitaine Clément se vit contraint d'expédier une estafette à Roum-el-Souk pour demander du secours. Le commandant Bounin du 3ᵉ zouaves venait d'y arriver, et ses hommes se mettaient en devoir de préparer le café ; on renverse aussitôt les bidons et 130 hommes, sous le commandement du capitaine Drouin, s'élancent au pas de course dans la direction d'El-Aïoun.

Le capitaine Drouin, enfant de troupe du régiment, dans lequel il sert depuis 1860, est un de ceux qui savent galvaniser leur monde ; malgré les fondrières et les difficultés présentées par le passage d'une foule de petits ravins sans eau courante, mais remplis d'une boue épaisse et profonde, les zouaves franchissent rapidement le trajet, et, sans se reposer un instant, viennent se placer en ligne à la droite du 59ᵉ en ce moment débordé. La fusillade continua violente et nourrie ; les pertes d'hommes étaient cependant encore nulles de notre côté ; mais, vers quatre heures, l'ennemi de plus en plus nombreux fit un effort énergique et, tout en tiraillant à outrance, en vint jusqu'à engager la lutte corps à corps ; il fut promptement repoussé, mais en nous laissant à déplorer des pertes sensibles. Quatre hommes du 59ᵉ étaient tués avec trois zouaves ; ceux-ci avaient en outre trois blessés. Un pauvre soldat, atteint d'un coup de feu à la tête, partit les bras en avant, courant inconsciemment dans la direction de l'ennemi, ainsi que cela se produit parfois sous l'influence du choc cérébral, et s'en alla tomber dans les broussailles voisines de la rivière. C'est celui dont certains journaux ont dit qu'il avait été mutilé par les Kroumirs, retrouvé encore respirant et porté à l'hôpital militaire de la Calle où il serait mort. La vérité est qu'il mourut sur le coup et que les Kroumirs firent dire le soir à nos gens qu'il gisait dans la broussaille ; craignant une embuscade, on ne put aller l'enlever pour l'ensevelir immédiatement, mais ce soin fut pris le lendemain après la retraite définitive de l'ennemi et l'arrivée des renforts.

Le combat avait duré onze heures ; il ne se termina qu'à la nuit, les Kroumirs rentrant chez eux, et la petite colonne française faisant de son côté retraite sur Roum-el-

Souk, car ses munitions, sans être absolument épuisées, touchaient à leur fin. La compagnie du 59ᵉ, dans toute sa journée, et les zouaves, dans l'après-midi, avaient tiré en tout près de 15,000 cartouches.

Les Kroumirs ne s'étaient pas révélés dans ce combat des ennemis bien redoutables. Ils étaient environ dix fois plus nombreux que nos troupes et avaient une position très forte. De plus les compagnies du 59ᵉ étaient restées un certain temps sans cartouches, ayant épuisé leur provision. Malgré ces avantages, nous n'avions perdu qu'une douzaine d'hommes après neuf heures de fusillade. Cela ne ressemblait pas assurément aux anciennes guerres d'Afrique, et, tout belliqueux qu'ils pussent être, les rebelles tunisiens n'étaient pas à comparer aux soldats d'Abd-el-Kader. Mais au 20 avril comme au 31 mars le gouvernement se trouvait en face de deux inconnues qui n'étaient point sans péril. Les troupes du bey et les tribus de la Tunisie centrale, Ouchtetas, Ouarka, Charen, Ouled-Bou-Ghanem, ne se joindraient-elles pas aux Kroumirs ? Quelles difficultés de terrain allait-on rencontrer dans le pays des Kroumirs, sur lequel on ne possédait que des indications incertaines, mais qu'on savait cependant très accidenté, couvert de forêts, dépourvu de toute route et de tout moyen d'approvisionnement ? Était-il prudent d'aventurer quelques milliers d'hommes dans un pays inconnu, difficile, au milieu d'ennemis dont on ne pouvait prévoir le nombre, qui pouvaient fuir sans cesse le combat, attirer nos soldats dans des défilés d'où ils ne sortiraient peut-être pas sans de graves pertes? N'était-il pas à craindre que le moindre échec, commenté et grossi, ne vînt augmenter l'audace de l'ennemi et précipiter dans ses rangs d'autres confédérations du sud et de l'est non moins remuantes et plus nombreuses que les Kroumirs ?

Toutes ces hypothèses étaient très vraisemblables. Les renseignements qu'on possédait sur les tribus kroumirs évaluaient à 12,000 le nombre des hommes qu'elles étaient en état de mettre en ligne en appelant toute la confédération sous les armes. Les tribus de la Rekba, ou confédération du sud de la Medjerdah, comptaient un nombre de fusils au moins égal. D'autre part le gouvernement tunisien avait, dès le 10 avril, mobilisé une petite armée de 3,000 soldats et de 700 cavaliers sous le commandement de l'héritier du trône Ali-bey. Ces troupes étaient campées dans la vallée de la Medjerdah, dans le but, disait le bey, de contenir les Kroumirs, en réalité, on l'a su depuis, pour se tenir en communication avec les tribus du nord et du sud de la Medjerdah, encourager le premières à la résistance et au besoin soulever les secondes au moment psychologique. Enfin on signalait une vingtaine de désertions parmi nos spahis et nos tirailleurs campés au Tarf, à Bou-Hadjar et à El-Aïoun. Nos indigènes de la province de Constantine étaient l'objet d'excitations parties de Tunis, et déjà, dans le sud d'Oran, le marabout de Moghar, Bou-Amema, avait commencé sa révolte par le massacre du lieutenant Weinbrenner.

Il était évident qu'au premier échec nous nous trouverions en présence d'un soulèvement général sur toute la frontière, soulèvement dans lequel nos propres tribus pouvaient être entraînées par la peur ou le fanatisme. Dans ces conditions, un plan de campagne s'imposait : pénétrer d'abord sur le territoire des Ouchtetas, des Kharen, des Ouarka et des autres tribus du sud de la Medjerdah afin de les forcer à rester chez elles par la crainte de voir leurs moissons coupées et leurs gourbis brûlés, en second lieu les tenir en respect définitivement par l'occupation d'El-Kef et de la haute vallée de la Medjerdah.

Cette opération, dont la brigade Logerot était chargée, devait se faire parallèlement à une double invasion du pays des Kroumirs par la frontière en face des camps d'El-Aïoun et de Roum-el-Souk et par mer, en débarquant à Tabarcah et dans la plaine située en face de l'île. Tel fut le plan arrêté au ministère de la guerre, et l'on ne pouvait pas en choisir de plus prudent et d'un succès plus assuré. Il ne s'agissait pas dans la circonstance de se faire une moisson de gloire. Le but à atteindre était de châtier les tribus rebelles en circonscrivant autant que possible l'étendue du soulèvement pour en avoir raison plus vite en perdant le moins de monde qu'il se pourrait.

Les opérations ne commencèrent que le 24 avril, à la grande impatience de l'opinion qui se demandait pourquoi nos soldats avaient attendu vingt jours avant de franchir la frontière. Ces retards soulevèrent de très vives critiques. Ils étaient des plus explicables cependant pour les personnes qui se trouvaient sur les lieux et qui se rendaient compte par leurs propres yeux des conditions du terrain des opérations.

Les trois colonnes chargées d'opérer chez les Kroumirs étaient obligées d'emporter des approvisionnements considérables, le pays qu'elles allaient occuper n'offrant aucune ressource, souvent pas même de l'eau à boire. Il avait donc fallu faire venir de France 400,000 rations, réquisitionner près de 5,000 convoyeurs indigènes et 2,000 mulets. Il avait de plus été nécessaire de tracer des routes ou tout au moins des pistes pour permettre à l'artillerie et à la cavalerie de passer et pour relier les trois camps.

Les colonnes Logerot, de Brem et Gaume avaient eu une tâche pareille et encore plus pénible. Le chemin de fer de Bône à Tunis n'atteignait pas encore Soukarrhas. Grâce à l'activité des ingénieurs et aux nombreux chantiers improvisés, on put dès le 10 avril poursuivre la ligne de Bône plus loin que Duvivier, c'est-à-dire jusqu'à quelques kilomètres de Soukarrhas ; mais, au-delà de cette ville, il n'y avait même pas de route et les troupes devaient traverser un pays accidenté, rocheux, détrempé par les pluies, raviné, couvert de forêts, de chênes verts et de chênes-lièges. On ne pouvait pas commencer la campagne avant d'avoir établi entre Soukahrras et la frontière une ligne de communication sûre et facile qui permît d'approvisionner la colonne d'expédition. Où aurait-on fait passer l'artillerie et les convois ? Ce qui étonne dans tout cela l'observateur consciencieux, ce n'est point le retard subi par l'expédition, c'est au contraire la rapidité avec laquelle le génie, les troupes et les ouvriers de la compagnie de Bône-Guelma ont improvisé en quelques jours une route de plus de 50 kilomètres. Ce qui étonne surtout et douloureusement, c'est l'incurie de l'administration militaire algérienne qui, pendant quarante ans, n'a pas eu la prévoyance de tracer les routes nécessaires à la défense de notre territoire dans une région constamment exposée aux déprédations des tribus tunisiennes.

Ces préparatifs militaires n'avaient pas été sans jeter une vive émotion parmi les tribus tunisiennes et surtout dans l'entourage du bey. Les cheiks des diverses tribus kroumirs avaient tenu une importante réunion où ils avaient décidé de demander le concours du gouvernement. A la suite de cette réunion, ils avaient tenté une démarche auprès du gouverneur de Béja. En même temps ils établissaient un cordon de postes sur les sommets des montagnes du Djebel-Addeda afin de surveiller les mouvements de nos troupes. Toutes les nuits on apercevait leurs feux sur les crêtes, et il était évident que nos préparatifs, loin de les abattre, les poussaient à la résistance.

Le gouvernement du bey paraissait lui-même dans ces dispositions. Son langage était toujours arrogant. A toutes les sollicitations amicales de M. Roustan le priant de joindre ses troupes à celles de la France pour rendre la répression plus rapide et moins sanglante, le bey répondait par de longues protestations contre ce qu'il appelait la violation de son territoire. Ces protestations étaient adressées à toutes les puissances et se terminaient par l'annonce de périls des plus graves pour les Européens établis en Tunisie.

Au même moment un premier détachement tunisien de 500 hommes placé sous le commandement du général Si-Selim, était envoyé dans la haute vallée de la Medjerdah, et ce détachement, loin de calmer l'effervescence, provoquait une sorte d'agitation parmi les tribus de la vallée. Plusieurs milliers de fantassins et de cavaliers de ces tribus, Ouchtetas, Chiaia, Kharen et Ouarka, se réunissaient entre Souk-el-Arba et Ghardimaou.

Le 7 avril un parti de 2,000 à 3,000 Kroumirs se portait sur notre territoire entre les camps d'El-Aïoun et Roum-el-Souk et ne reculait que devant l'arrivée de plusieurs bataillons de zouaves et de deux sections d'artillerie de montagne. Cette démonstration audacieuse avait été, il est vrai, précédée par une entrevue de trois généraux tunisiens avec le général Ritter, entrevue dans laquelle les délégués du bey avaient protesté de l'innocence et des intentions pacifiques des Kroumirs. Tous ces incidents semblaient indiquer que les idées de résistance continuaient à prévaloir et que le bey cherchait seulement à gagner du temps, soit qu'il attendît un soulèvement en Algérie, soit qu'il espérât le concours moral de l'Italie et de l'Angleterre.

Le 16 avril, deux nouveaux incidents vinrent démontrer l'état d'aveuglement des Tunisiens et l'espoir qu'ils mettaient dans leur projet de résistance. La canonnière *l'Hyène,* s'étant approchée de Tabarcah, fut reçue à coups de fusil par les soldats réguliers qui occupaient le fort. A la station de l'Oued-Meliz, plusieurs Arabes se jetèrent sur un employé dans la journée du 13 et l'accablèrent de coups de couteau. Le personnel de la gare n'étant plus en sûreté rétrogradait sur Souk-el-Arba. Les assurances de pacification données par les délégués du bey étaient donc sans valeur, et le ministère de la guerre agissait sagement en se préparant contre toute surprise et en ne laissant rien au hasard, service des munitions, des transports, des vivres et des ambulances. Dès le 20 avril près de 500,000 rations étaient dans les magasins de Bône et de la Calle, le service des convois était assuré entre ces deux villes et les camps de la frontière. La colonne Logerot avait également tout le nécessaire en munitions et subsistances et la route de Soukahrras à Sidi-Youssef était terminée.

Au 24 avril la concentration des troupes s'achevait et l'ordre était donné de franchir la froutière.

Ce fut la colonne du sud, commandée par le général Logerot, qui entra la première en mouvement. Le 24 au matin elle quittait le bordj français de Sidi-Youssef et pénétrait sur le territoire de la tribu tunisienne des Charen. Après plusieurs heures de marche sur un terrain broussailleux et raviné, elle atteignit la petite vallée de l'Ouadi-Allagh, sur les versants de laquelle étaient quelques douars. Les goums arabes ouvraient la marche, portant le drapeau français, venaient ensuite le 2ᵉ tirailleurs, les zouaves, les chasseurs d'Afrique, le 83ᵉ de ligne et l'artillerie. Les rares indigènes qu'on rencontrait n'avaient point l'attitude hostile et semblaient plutôt étonnés et en contemplation devant le bel ordre de la colonne française. Le 24 au soir, la colonne couchait sans incident sur les bords de l'Oued-Mellègue, apercevant dans le lointain les murailles et les minarets des mosquées du Kef.

Le 25 au matin, l'Oued-Mellègue était franchi à gué, et, après s'être fait éclairer à quelques kilomètres en avant par les goums et les chasseurs d'Afrique, la colonne entrait dans le défilé de Darrabia, gorge sauvage aux pentes escarpées, où poussent quelques rares genévriers et de maigres bouquets de thuyas. Ce défilé fut le seul passage difficile entre la frontière et le Kef. La colonne eut ensuite à traverser une série de plateaux sablonneux couverts de broussailles de romarin. A dix heures, elle campait sur les hauteurs qui bordent l'Oued-Rmeuk ou R'mel à gauche ; l'avant-garde, composée des chasseurs d'Afrique et des zouaves, était à 4 kilomètres en avant, à 3 kilomètres seulement du Kef.

Le 26, à six heures du matin, les troupes quittaient le campement et se dirigeaient vers le Kef. Les goums suivaient les crêtes de gauche, les chasseurs à cheval éclairaient la droite. Les tirailleurs, les zouaves et le 83e s'étaient déployés dans la plaine pendant que la 3e batterie du 26e d'artillerie s'était établie sur le sommet d'un des mamelons qui forment à gauche les derniers contreforts montagneux sur lequel s'appuie le Kef. Les portes de la ville étaient fermées, et de l'éminence où étaient placés nos artilleurs on pouvait apercevoir des soldats tunisiens et des Arabes debout sur les remparts et suivant les mouvements de nos troupes. Le 2e tirailleurs, soutenu par les zouaves, avait pénétré dans un bois d'oliviers situé à 200 mètres des murailles, et le général Logerot venait d'envoyer le colonel de Coulanges pour demander au gouverneur Si-Rechid de rendre la place, lorsqu'un officier tunisien vint à onze heures et demie annoncer que les portes de la ville étaient ouvertes et que la Casbah serait livrée aux troupes françaises.

Nos troupes entrèrent en ville au son de la *Marseillaise* jouée par la musique du 83⁰ et répétée par les échos des rues étroites et des hautes murailles de la ville arabe. Le colonel de Coulanges fut chargé d'occuper la ville avec un bataillon du 83⁰ de ligne, une batterie de 90, une section du génie et deux pelotons de cavalerie. Le reste des troupes françaises demeura campé dans la plaine. La prise du Kef n'avait coûté ni un homme ni un boulet.

Le gouverneur cependant, Si-Rechid, ne s'était décidé à ouvrir la place que devant les dispositions prises par le général Logerot et sur la certitude que la résistance était impossible et inutile. Quarante-huit heures auparavant, le gouverneur du Kef avait songé à se préparer au combat. Les canons de la Casbah avaient été chargés et bourrés à éclater. Un certain nombre d'Arabes Charen étaient venus des environs dans la ville. Plusieurs marabouts avaient prêché la guerre sainte dans les mosquées. Des grand's gardes avaient été postées la veille, à 200 mètres en avant de la ville, et le 25 on avait pu avec des lorgnettes constater du camp français un mouvement de cavaliers entrant et sortant par la porte Bab-el-Anir.

Ces projets de résistance n'avaient pas, heureusement pour la ville, l'assentiment de toute la population et même de tous les cheiks arabes. Notre agent consulaire au Kef, M. Roy, qui était en même temps le directeur du bureau télégraphique, tenait notre chargé d'affaires, M. Roustan, au courant de ce qui se passait dans la ville, et ses dépêches du 24 et du 25 avril sont fort curieuses à lire. Voici quelques-unes de ces dépêches qui retracent fort bien le désordre moral de la population du Kef en même temps qu'elles mettent en lumière l'énergie et le sang-froid de l'honorable M. Roy :

L'agent consulaire de France au Kef, au chargé d'affaires de France à Tunis.

Kef, 24 avril 1881 (midi).

Si-Rechid vient d'être informé que la colonne Logerot a passé la frontière ce matin et marche sur le Kef.

Kef, 24 avril (1 h. 15 m. soir).

Des armes sont distribuées à tous les hommes valides qui sont envoyés aux remparts; cela fait un peu plus de mille combattants.
La colonne Logerot va camper ce soir à l'Oued-Mellègue, à mi-route de Sidi-Youssef au Kef.

Kef, 24 avril 1881 (7 h. 15 m. soir).

Le cheikh Kaddour, chef de l'ordre de Sidi-Abd-el-Kader, vient de m'écrire pour me demander ce qu'il doit faire; je réponds qu'il n'a rien à craindre et que je ne saurais que l'engager à persévérer dans ses bons procédés à notre égard.

Kef, 23 avril 1881 (8 h. soir).

Le cheikh Kaddour est disposé à aller à la rencontre de la colonne se présenter au général Logerot. Je crois que cette démarche aura d'heureux résultats, et, sauf meilleur avis, je délivrerai un mot d'introduction à Si-Kaddour.

Nos ennemis font courir le bruit que je suis cause de la marche en avant de nos troupes. J'espère, malgré leurs menées, préserver nos protégés de toute violence.

Roy.

Le chargé d'affaires de France à Tunis, à l'agent consulaire au Kef.

Tunis, 24 avril 1881 (8 h. 50 m. soir).

Je vous engage à faciliter la démarche projetée par le cheikh Kaddour, et, en général, tout ce qui pourra épargner une effusion de sang inutile. Vous pouvez dire à Si-Rechid que le bey m'a donné plusieurs fois l'assurance que ses troupes se retireraient devant les nôtres pour engager la lutte. Il fera donc bien de s'assurer des ordres du Bardo avant de tenter aucune résistance.

Roustan.

L'agent consulaire de France au Kef, au chargé d'affaires de France à Tunis.

Kef, 25 avril 1881 (8 h. 30 m. matin).

Le général Logerot désire ne recevoir personne. Si-Rechid prétend qu'il ne serait plus écouté s'il conseillait aux habitants de ne pas défendre la ville ; il télégraphiera au Bardo lorsqu'il aura reçu sommation de se rendre.

Les préparatifs continuent ; il règne une grande agitation. Il est possible que les Khamemsas et leurs voisins viennent concourir à la défense de la place.

Kef, 25 avril 1881 (10 h. 10 m. matin).

J'ai suivi vos instructions d'hier au soir et je pense que tout se passera bien. Si-Rechid que j'ai revu n'a pu retenir ses larmes ; il ouvrira problablement les portes de la ville après que le général Logerot lui-même aura envoyé un parlementaire. Le cheikh Ali-ben-Aïssa, qui jusqu'à ce matin a excité la population contre nous, m'a demandé à faire sa soumission. On a coupé la communication télégraphique avec l'Algérie. La colonne campe à Sidi-Abd-Allah-Zeghir.

Kef, 25 avril 1881 (1 h. 20 m. soir).

Jusqu'à midi, pas un Arabe du dehors n'était venu concourir à la défense de la ville, et on ne comptait plus sur les tribus voisines. Elles viennent d'annoncer leur prochaine arrivée. A cette nouvelle, Ali-ben-Aïssa s'est retourné contre nous, et prêche la guerre sainte.

On dit que les contingents que réunit Hassouna-Zouari seront dirigés vers le Kef.

Je suis sans communication avec la colonne; mes tentatives pour informer le général de cette nouvelle situation sont restées inutiles jusqu'à présent.

Kef, 25 avril 1881 (3 h. 35 m. soir).

Ce sont les goums algériens qui sont campés à Sidi-Abd-Allah-Zeghir. Les troupes françaises sont à l'Oued-Remel à 9 kilomètres d'ici. Comme hier, elles se sont avancées sans éprouver de résistance.

Kef, 25 avril 1881 (7 h. 15 m. soir).

Les renforts que l'on attendait ne sont pas arrivés; d'autres part, le cheikh Kaddour a renvoyé chez eux les Arabes qui étaient descendus dans sa zaouïa. Nos amis ont agi. Ben-Aïssa, découragé, a renouvelé sa démarche de ce matin.

Kef, 25 avril 1881 (8 h. 40 m. soir),

Toute idée de résistance est abandonnée. Une députation ira demain matin le dire au général Logerot de la part du khalifa, du cadi et de plusieurs notables; il reste à savoir s'il n'exigera pas que cette démarche soit faite par Si-Rechid.

Kef, 25 avril 1881 (9 h. 10 m. matin).

Nous avons eu ce matin une nouvelle alerte causée par quelques Arabes du dehors, qui voulaient probablement faire naître une occasion de piller en ville. La population les a chassés ; elle est bien décidée à ouvrir les portes. Les magistrats et les principaux habitants l'ont déclaré chez Si-Rechid en ma présence.

Kef, 26 avril 1881 (9 h. 35 m. soir).

J'ai couru quelque danger ce matin en voulant, de concert avec les autorités, faire ouvrir les portes de la ville pour envoyer un courrier à la colonne ; maintenant tout danger a disparu ; la ville entière assiège l'agence pour se recommander à nous. Le parlementaire est arrivé.

Kef, 26 avril 1881 (11 h. 20 m. soir).

Les portes de la ville sont ouvertes ainsi que la Casbah où le général va mettre garnison.
La colonne campera en dehors de la place.

Ce que M. Roy eût pu ajouter pour compléter ce tableau, c'est que les partisans de la résistance avaient à diverses reprises fait des menaces aux Israélites soupçonnés d'être favorables aux Français. Il eût pu ajouter que lui-même étant sorti avec un ouvrier pour réparer le fil télégraphique, des Arabes fanatiques l'avaient maltraité, empêché d'emporter son matériel et contraint de rentrer chez lui en assiégé.

Dès que le général Logerot fut entré en ville et installé à la Casbah, il fit demander le gouverneur Si-Rechid pour prendre de concert avec lui les mesures nécessaires à l'installation des troupes d'occupation et à leur approvisionnement. Si-Rechid, après beaucoup d'hésitations, se décida à cette entrevue et monta à la Casbah avec M. Roy. Le général Logerot garantit la vie et les biens des habitants, mais demanda en échange que le général tunisien répondît de la sécurité de nos convois. Si-Rechid se répandit en promesses, mais quelques jours après il prêtait en secret la main à des tentatives de trouble dont la fermeté et la prudence du colonel de Coulanges eurent heureusement raison.

La masse de la population du Kef parut du reste accepter avec résignation son sort et chercher surtout à tirer profit de la présence des troupes. « Dans la première heure, dit un correspondant, les habitants cachaient leurs poulets. A midi, ils les vendaient vingt sous ; le soir, 2 fr. 50 ; le lendemain matin, 4 francs. »

Le lendemain, pour plus de sécurité, le colonel de Coulanges faisait procéder au désarmement de la population.

Dans la région nord, les opérations n'avaient pas pu être conduites avec autant de célérité. Des pluies torrentielles avaient retardé la marche en avant des colonnes de la division Delebecque. La mer était également très mauvaise, et le capitaine de vaisseau Lacombe avait dû ajourner l'occupation de Tabarcah, bien que cette mesure eût été décidée dès le 19 avril à la suite de la fusillade dirigée contre l'équipage de la canonnière l'*Hyène*.

Le 24 au matin, l'escadrille française était en vue de l'île et prête à commencer le bombardement du fort Djedid situé sur une colline en face de l'île. Un vent violent de nord-nord-ouest rendit impraticable l'abord des plages de l'île et de la côte. On ne pouvait songer à faire accoster les chalands et à débarquer les 3,000 hommes de troupes de toutes armes que portaient le *Tourville*, la *Surveillante* et la *Corrèze*. Les équipages étaient d'autant plus mécontents de ces retards qu'ils pouvaient voir un grand nombre de Kroumirs allant et venant en compagnie de soldats tunisiens, sur les plates-formes du fortin de de l'île et sur celles du Bordj-Djedid.

L'escadrille française se composait de :

1° La frégate cuirassée la *Surveillante* armée de 8 canons de 24 et 4 canons de 16 ;

2° Le croiseur le *Tourville* ayant 14 canons de 16 et 6 canons de 24 ;

3° La *Corrèze*, qui ne servait qu'au transport d'une partie des troupes de débarquement et de leur matériel, et n'était pas destinée à entrer en ligne ;

4° Les trois canonnières l'*Hyène*, le *Chacal* et le *Léopard*, chargées de protéger le débarquement des troupes, le faible tirant d'eau de ces navires, qui ne calent que 2 m. 80, leur permettant de naviguer très près de la côte. Chacune de ces canonnières était armée comme il suit : à l'avant d'un canon de 12, à l'arrière d'un canon de 12, et sur les flancs de quatre canons revolvers (Hotchkiss). L'*Hyène* n'a sur l'arrière qu'une pièce de 10 au lieu d'une de 12, comme la portent le *Léopard* et le *Chacal* ;

5° Enfin, le *Corse*, petit aviso, armé de quatre canons de 4.

Le 25, la mer continua d'être mauvaise ; mais, les lames étant moins fortes, le commandant de la *Surveillante* fit tirer quelques volées de coups de canon sur le fort de l'île qui fut immédiatement abandonné par les soldats tunisiens et les Kroumirs et occupé par 1,300 hommes placés sous le commandement du colonel Delpech.

Le 26, nos troupes débarquèrent sur la plage à l'embouchure de l'Oued-Kebir ou Tabarcah et prirent le fort de Djedid à revers par les collines de gauche, les falaises qui bordent le fort à l'ouest étant abruptes et inabordables. Tout le corps d'occupation fut mis à terre avec l'artillerie de montagne et de position, sans opposition de la part des Arabes tenus à distance par le feu de la frégate et des canonnières. Les Kroumirs qui étaient dispersés dans les douars environnants ne tirèrent sur nos troupes que lorsqu'elles vinrent occuper le fort Djedid et furent placées hors de la protection de notre feu d'artillerie. Nos soldats répondirent en incendiant les gourbis situés sur la côte.

Le lendemain 27, on continua le débarquement des vivres et des munitions qui put s'achever sans incident malgré l'état défavorable de la mer.

L'île de Tabarcah est située à peu près à 10 kilomètres du cap Roux, frontière de la Tunisie et de l'Algérie. La côte est sur ces rivages très haute, très escarpée et formée de falaises que ronge la mer.

Le promontoire montagneux qui forme le cap de Tabarcah a le même aspect et présente une masse de roches noires qui s'avance assez loin dans les flots. A son pied même est une ligne de rochers peu élevés qui vont au large jusqu'à une encablure. La côte redescend vers le sud-est et forme autour de l'île une sorte de grande baie peu profonde.

L'île, dont la superficie est de 40 hectares environ, est un rocher stérile peu accessible du côté du nord.

et couvert dans les autres parties de ruines d'anciennes murailles décorées du nom de château. Elle forme avec la côte deux baies, l'une à l'est, l'autre à l'ouest. Cette dernière, mieux abritée, est fréquentée par quelques caboteurs. Une ligne de rochers élevés de quelques pieds au-dessus de l'eau et qui se prolongent à l'ouest vers la terre ferme sert d'abri à cette baie contre les vents du nord, selon l'avis de certains marins. Bérard ajoute, dans sa *Description nautique des côtes de l'Algérie :* « Cependant il paraît, d'après d'autres, qu'en hiver les grands vents du nord soulèvent quelquefois une mer très grosse et qui passe par-dessus cette digue naturelle et occasionne un ressac véritablement dangereux. »

La baie de l'est présente au contraire un mouillage où les bâtiments de toute grandeur peuvent venir dans la belle saison pour se mettre à l'abri des vents d'ouest et de nord-ouest. On mouille par 7, 8 et 9 brasses.

A l'extrémité de la pointe qui s'avance le plus à l'est, il a existé autrefois un môle dont les grosses pierres auraient été dispersées par la mer ; plusieurs de celles-ci sont encore assez près de la surface pour que les vagues s'y brisent au moindre vent.

En dehors de cette jetée on retrouve 14 ou 15 pieds d'eau ; si on la rétablissait, on formerait un port assez commode pour les bâtiments de commerce ; c'est là que mouillaient, il n'y pas longtemps encore, ceux qui venaient y prendre des chargements de blé ; ils avaient soin de mettre une amarre à terre. Lorsque les vents sont au nord-ouest bon frais, on éprouve à ce mouillage une forte houle, mais qui n'est pas à craindre dans la belle saison. La partie sud se termine en pointe et se réunit à la côte ferme par un banc de sable dont une partie seulement est submergée ; on assure que ce banc s'est formé sur une digue construite par les troupes du bey de Tunis pour s'emparer de l'île.

En face de l'île de Tabarcah, un peu à l'est, s'ouvre une rivière assez large que les Arabes appellent l'Oued-Kébir ou l'Oued-Tabarcah et qui est très poissonneuse. Les terres sont basses et composées de sable et d'alluvions qui paraissent très fertiles. La réunion des deux ou trois vallées qui viennent converger vers ce point constitue une sorte de plaine.

Un correspondant du *Temps* qui visita Tabarcah à la fin de la campagne en donne la pittoresque description qui suit :

Après quatre heures de trot, nous débouchons dans la plaine de Tabarca, une véritable plaine, unie comme un lac, d'une terre grasse et plantureuse où le blé pousse haut et dru. Elle peut avoir 2 kilomètres de large sur 4 de long. Plus de vingt éperons de montagne l'enceignent, laissant entre eux autant de ravines qui se prolongent plus ou moins dans l'intérieur du pays. L'Oued-el-Kebir, la grande rivière du pays kroumir, si l'on s'en fie à cette dénomination arabe, coule paresseusement au travers, pleine de grenouilles qui coassent et de tortues qui dorment à fleur d'eau. Au nord, c'est la baie qui la borde en l'échancrant en demi-cercle. Un sable fin ourle les rivages d'une large et jolie bande rose chair sur laquelle les genêts dessinent de capricieuses arabesques noires. La carcasse rouillée de l'*Auvergne* est toujours échouée au bord de la baie. Un peu à gauche, à 100 mètres à peine de la terre, s'élève l'îlot de Tabarca tout rayé de vieux murs et portant sur son dos un fort génois dont la grosse tour ronde et les créneaux sont d'un profil superbe. Nous n'avons pas eu le temps de le visiter ; il s'y trouve, nous a-t-on dit, plus de cent cinquante citernes, vestiges du temps où l'îlot avait un millier d'habitants, On n'y aperçoit plus aujourd'hui que trois ou quatre petites maisons cachées dans une anfractuosité de rochers, où logeait le colonel de la garnison tunisienne il y a cinq semaines encore.

Nous étions venus pour voir une ville ou tout au moins un village, et nous nous mîmes à chercher avec inquiétude quand nous fûmes en face de l'îlot. Rien sur l'îlot lui-même, rien sur la plage du petit port situé entre lui et la terre ferme, rien à droite que la plaine, rien à gauche qu'un dernier éperon de montagne que couronnait le fort de Bordj-Djedid et sur les flancs duquel on entrevoyait, dans des bosquets de figuiers qui masquaient leur misère de leur opulent feuillage, une dizaine de monuments en ruine. . . . .

Il existait, du temps de l'occupation romaine, un bourg de Thabraca ; Ptolémée le mentionne, et, depuis qu'ils sont installés sur son emplacement, nos officiers en ont retrouvé des traces incontestables : elles consistent en deux pierres tumulaires constatant qu'un nommé Fortunatus Nunatius et qu'un nommé Pomponius ont été inhumés en cet endroit. Quant aux ruines, je n'oserais, après un trop rapide examen, essayer de fixer à quelle époque elles remontent. Cinq ou six monuments ont encore une forme qui permettrait d'en reconnaître la destination. Il ne m'a pas semblé qu'aucun remontât jusqu'aux Romains ni qu'aucun fût dû aux divers maîtres musulmans qu'a eus Tabarca. Le plein ceintre y domine et on n'y voit point d'ogive. Ils sont très probablement d'origine génoise et devaient être des constructions militaires, châteaux, forts ou magasins. Cependant les musulmans y ont bâti aussi ; en creusant un fossé autour de sa tente, un officier a retrouvé une tablette de marbre portant une inscription arabe. La moitié en est malheureusement perdue ; sur ce qui reste on lit qu'un prince arabe dont le nom manque a restauré un monument dont la désignation manque également, en l'année de la grande conversion des infidèles (?).

Le colonel Delpech, commandant de la garnison de Tabarca, l'état-major et les divers services sont logés dans le fort de Bordj-Djedid. Bordj-Djedid, c'est-à-dire le fort neuf, est une grande masse carrée, avec quatre tours aux angles. On dit que, vu de la mer, il a une très fière mine. De près, il paraît beaucoup moins redoutable; les créneaux en ont été ruinés par le bombardement du 26 avril et on s'occupe actuellement de les réparer. Des pièces d'artillerie gisent çà et là, et elles inspirent une véritable commisération pour les malheureux dont elles étaient l'unique défense. La rouille les a rongées à moitié et les affûts sont hors de service. Aussi les Tunisiens n'y touchaient-ils qu'avec prudence et n'ont-ils pas même essayé de riposter à notre canonnade. Il y en avait en tout 26. Les casemates sont également fort délabrées et les officiers s'y trouvent fort mal; on voit bien qu'ils n'ont pas passé cinq semaines sous la tente.

Par l'occupation de Tabarcah et du Kef le premier but de la campagne était atteint. Les tribus tunisiennes du sud de la Medjerdah étaient contraintes de rester dans leurs cantonnements et de veiller à leur propre territoire. Les Kroumirs menacés de front et sur leurs flancs étaient dans la nécessité de se diviser, les uns comme les Ouled-Cedra, les Bechenias et les Ouled-Amor, pour défendre les passages du Djebel-Addeda sur la frontière, les tribus du littoral et du nord-est pour nous empêcher de les prendre à revers ou d'aller porter la guerre dans leurs cantons de l'Oued-Zane et de l'Oued-Tabarcah. Les trois colonnes de la division Delebecque pouvaient aborder sans crainte les hautes barrières montagneuses du Djebel-Addeda, l'ennemi n'était plus en force pour défendre sérieusement les défilés contre nos bataillons de zouaves et de chasseurs et notre artillerie.

Pendant trois mois les journaux ont publié bien

des informations fantaisistes sur ces tribus des Kroumirs. Le pis est que la plupart des erreurs mises en circulation ont été répandues non par des reporters affamés et peu scrupuleux, mais par des hommes graves se prétendant géographes ou orientalistes, et qui n'hésitaient pas à reproduire comme des faits certains les détails géographiques et historiques les plus controuvés. Quelques-uns ont même brodé avec l'imagination de conteurs arabes et ont donné sur l'histoire et les mœurs des Kroumirs des aperçus fort pittoresques, mais dont ils avaient pris tous les éléments dans leur cervelle.

Nous n'avons pas compté moins de dix classifications différentes des tribus kroumirs, khoumirs ou khmirs que nous nous garderons bien de reproduire. Les uns comptaient quatre tribus, d'autres six, d'autres douze, quelques-uns vingt. Cette variété d'informations avait pour origine les documents très divers comme époque ou comme source que chacun avait consultés. Suivant que les correspondants avaient pris leurs informations sur les cartes du bureau topographique de Constantine ou sur les livres de Pélissier et du capitaine Zaccone, ils diminuaient ou multipliaient le nombre des tribus. Aujourd'hui encore, la campagne terminée, on n'est pas bien d'accord sur le nombre exact de ces grandes familles, parce qu'on fait confusion entre les tribus et leurs subdivisions, et parce que l'on comprend arbitrairement dans cette nomenclature des nomades faisant partie de la confédération des Mogodys ou de celle des Ouchtetas. L'emplacement qu'on donnait à ces tribus dans la région des Kroumirs était encore bien plus arbitraire. On n'était guère fixé que sur quatre ou cinq tribus bien déterminées, les Ouled-Amor, les Ouled-Cedra et les Bechenia qui occupent les districts frontières depuis la mer jusqu'au Djebel-Abdallah, c'est-à-dire à l'endroit où la frontière fait un coude à l'ouest, au-dessous de Roum-el-Souk, enfin les Mekna et les Nefza qui habitent les territoires nord-est du côté de l'oued Zane.

Les Kroumirs sont-ils des Berbères ou des Arabes? On les a d'abord classés parmi les premiers, en s'appuyant sur leur caractère belliqueux et sur le territoire montagneux qu'ils occupent et où, disait-on, la domination arabe n'avait jamais pu s'établir d'une façon durable. Aujourd'hui il est hors de doute que les Kroumirs appartiennent à la race arabe. Leur langue, leur histoire, leurs mœurs, leurs mauvais gourbis de paille et de branchages, leurs tentes de poil de chameaux, mettent le fait hors de contestation. Les Kroumirs parlent un dialecte arabe, habitent généralement sous la tente, vivent du produit de leurs troupeaux et n'ont aucune des industries et des aptitudes qui distinguent les Kabyles. Si l'on trouve chez eux quelques coutumes des Berbères, c'est qu'ils sont dans le cas de la plupart des tribus arabes de la Tunisie qui portent des traces de mélange avec les éléments autochthones. D'ailleurs, suivant une version répandue dans le pays, les Kroumirs occuperaient cette région depuis le XVI° siècle, époque à laquelle ils seraient venus du centre de la Tunisie, auraient expulsé plusieurs tribus kabyles de la côte et se seraient en partie fondus avec elles.

On a parlé des richesses cachées par les Kroumirs, de leurs magnifiques troupeaux et de leurs villages pittoresques. Ce sont là autant de fantaisies que peuvent en recueillir des correspondants dépourvus de nouvelles. Les Kroumirs comptent parmi les tribus arabes les plus pauvres. Leurs troupeaux sont peu considérables, et se composent surtout de chèvres et de petits moutons d'assez maigre apparence. Leurs prétendus villages n'offrent que des huttes misérables formées de branchages et couvertes de chaume. Ces huttes, qui ne peuvent abriter ni du froid ni du vent, sont partagées en deux pièces. Le mobilier se compose le plus souvent de mauvaises nattes de paille, de plats à couscous, de jarres de terre où l'on enferme l'eau et l'huile et d'outres en cuir contenant la provision de blé ou d'orge lors des migrations dans la montagne. Autour de ces gourbis errent des chiens hâves et des poulets étiques. Les chevaux sont fort rares et d'une petite race très laide. Quant aux costumes des Kroumirs, la plupart se contentent d'une grande chemise de couleur serrée autour de la taille et pardessus laquelle ils portent le burnous en hiver ou lorsqu'ils se réunissent en assemblée (Djemaâ).

Les trois colonnes de la division Delebecque avaient ordre de franchir les crêtes du Djebel-Addeda dans la journée du 25 ; mais, la pluie n'ayant pas cessé, et les terres étant trop détrempées pour permettre de mettre l'artillerie en mouvement, l'attaque fut remise au lendemain 26.

On se rappelle les points occupés par les trois

colonnes et les forces dont elles se composaient. Au nord en allant vers la mer au camp d'Oum-Theboul, était la colonne du général Ritter, le commandant de la subdivision de Bône, formée de trois bataillons de zouaves, trois bataillons de tirailleurs algériens et deux batteries de montagne. Cette colonne a pour mission de pénétrer chez les Ouled-Cedra par le col de Redkala. Un peu plus au sud, au camp d'El-Aïoun, est la brigade du général Vincendon qui forme le centre et qui compte sept bataillons de chasseurs à pied et de fantassins du 40e, du 96e et du 141e. Son objectif est le territoire des Bechenia qu'elle doit aborder par le col de Feldj-Kala. Enfin à droite et encore plus au sud, à Aïn-Smain, plateau situé entre Roum-el-Souk et El-Aïoun, est postée la brigade du général Galland composée des bataillons du 29e chasseurs à pied, du 18e, du 22e et du 67e de ligne. Cette brigade devait appuyer le mouvement de la colonne Vincendon et se diriger vers Babouch et Fernana, deux localités où les Kroumirs font leurs échanges et qui comptent un certain nombre de gourbis.

Le 26, les troupes de la colonne Ritter furent réveillées à deux heures du matin et se mirent en marche, traversant la petite vallée de l'Oued-Dumac et gravissant les pentes du Djebel-Addeda et du Djebel-Sakkek au milieu de champs d'orge, de taillis de chênes-lièges, de fondrières et de ravins creusés par les pluies. A six heures cinquante minutes, la brigade Ritter avait atteint le col de Bab-Strack et envoyé plusieurs coups de canon à des groupes de Kroumirs qui couraient dans les ravins de la vallée. A huit heures, deux bataillons de zouaves et deux bataillons de turcos bivouaquaient sur les crêtes.

La colonne Vincendon, partie à trois heures et demie du camp d'El-Aïoun, atteignit le col de Fedj-Kala vers six heures, après avoir traversé une vallée magnifique coupée de petits bois de lentisques, d'oliviers, d'aubépines géantes et de lauriers-roses et franchi des pentes et des ravins couverts de chênes-lièges. Ce n'est qu'en arrivant au col que nos troupes essuyèrent le feu de quelques centaines de Kroumirs embusqués derrière des rochers et des arbres. Un feu de tirailleurs assez vif fit bientôt reculer l'ennemi. Nos bataillons ne perdirent que 3 hommes tués et 5 blessés, dont le lieutenant Toulier du 40e.

La lutte avait été plus longue et plus chaude à droite où deux compagnies de la colonne Galland, engagées dans de très mauvais sentiers, eurent à subir une fusillade suivie et retardèrent le mouvement en avant de la brigade. Les Kroumirs, cachés dans les buissons ou sous bois, attendaient nos hommes à 50 mètres, faisaient une décharge, puis se repliaient, disparaissant dans l'herbe ou sautant de rochers en rochers comme de véritables chèvres.

Les deux colonnes Galland et Vincendon firent leur jonction à huit heures ; puis, pendant que la première observait et déblayait les sommets de droite, la seconde marchait en avant par la crête du Djebel-Sakkek et s'emparait successivement des plateaux de Reched-el-Mankoura et du Kef-Cheraga. Elle installait son camp à trois heures du soir sur ce dernier sommet, à 800 mètres au-dessus du niveau de la mer, dominant toute la vallée de l'Oued-Djenane et apercevant à 20 kilomètres dans le lointain Tabarcah et son île.

Nous occupions un poste avancé dans le district le plus élevé du pays des Kroumirs, nous avions tourné le redoutable défilé du Kranguet Addeda où les Arabes comptaient nous résister. Quant aux Kroumirs, surpris par notre marche de nuit et par le feu de notre artillerie, ils n'avaient pas osé demeurer et s'étaient retirés non sans semer une centaine de cadavres. Le total de nos pertes ne dépassait pas 5 hommes tués et 4 blessés.

Nos troupes ne devaient malheureusement pas tirer tout le profit de ce brillant début. La colonne Ritter avait en vain battu toutes les crêtes du Djebel-Addeda et les rampes de la vallée de l'Oued-Djenane, elle avait fait beaucoup de chemin sans rencontrer un seul ennemi, et pour comble de malheur le général Ritter avait été frappé d'une attaque d'apoplexie. Privée de son chef et n'ayant pu découvrir les Ouled-Cedra, la colonne revint au camp d'El-Aïoun après avoir brûlé quelques gourbis abandonnés, coupé les blés et les orges en fleur qu'elle avait rencontrés sur sa route.

Cette circonstance et le retour du mauvais temps firent ajourner tout mouvement en avant. Pendant les journées du 27, du 28, du 29 et du 30 avril, la pluie ne cessa de tomber avec violence, et les brigades Vincendon et Galland durent se borner à faire reconnaître les ravins et les crêtes qui entourent le Kef-Cheraga.

L'attention du commandant supérieur se portait d'ailleurs sur d'autres points. La colonne Logerot opérait dans la vallée de la Medjerdah et semblait devoir rencontrer une certaine résistance. Enfin nos troupes avaient débarqué à Bizerte, et le centre des opérations se déplaçait.

CHAPITRE III

LE TRAITÉ DU BARDO

Marche de la colonne Logerot vers la Medjerdah. — Entrevue avec Ali-bey. — Combat de Ben-Bechir. — Lettre d'Ali-bey sur les atrocités commises par les Français. — Protestation du général Logerot. — Naufrage et pillage du *Santoni*. — M. Raffaeli et les Italiens de Mateur. — L'escadre à Tabarcah. — Débarquement à Bizerte. — Occupation de cette ville. — Protestation du bey. — Marche du général Bréard sur Djedeida. — Arrêt à Fondouk. — Arrivée à Djedeida. — Agitation à Tunis. — Préoccupations du Bardo. — Visite du général Bréard au bey. — Lecture du traité. — Demande d'ajournement. — Signature du traité. — L'armée française et la population. — Camp de la Manouba. — Le général Bréard passe ses troupes en revue. — Présentation de la colonie française. — M. Roustan nommé ministre plénipotentiaire. — Départ de la brigade Maurand pour Mateur.

Le plan de campagne s'accomplissait sinon aussi rapidement, du moins aussi heureusement que possible. Comme nous l'avons dit plus haut, l'opinion, en poussant le gouvernement à l'expédition de Tunisie n'avait point rêvé conquêtes, ni faits d'armes extraordinaires. Mettre fin aux incursions des tribus frontières, garantir la sécurité de notre colonie et rétablir notre autorité morale ébranlée dans l'Afrique musulmane, telle était l'œuvre éminemment pacifique et pratique dont nos troupes étaient chargées. Cette œuvre pouvait et devait être accomplie en versant le moins de sang français possible. Pour cela il fallait non seulement aller prudemment, c'est-à-dire éviter toute surprise, mais encore frapper l'esprit de l'ennemi par des déploiements de forces qui lui enlevassent toute idée de résistance. On a plaisanté sur l'armée française passant un mois à la recherche de quelques Kroumirs. On n'aurait pas trouvé d'expressions assez violentes et de blâmes assez sévères, si, faute d'être en nombre ou de marcher carte en main, nos soldats avaient éprouvé un désastre comme ceux qui ont décimé l'armée anglaise dans l'Afghanistan et au Zoulouland.

La mission de la colonne Logerot en allant au Kef avait été de forcer les tribus du sud à la paix. La prise de la cité sainte eut en effet ce résultat précieux que notre frontière fut mise de ce côté à l'abri de tout soulèvement, de Soukarrhas à Tebessa. Le lendemain même de la reddition du Kef et les jours suivants, les cheiks des tribus environnantes vinrent apporter des assurances de paix et livrer une partie de leurs armes.

Le général Logerot, rassuré sur ces districts et ayant laissé au Kef une garnison suffisante sous les ordres du colonel de Coulanges, prit, le 27, la direction du Nord et marcha vers la Medjerdah en passant par la petite ville de Nebeur. Le temps était beau, la colonne traversait des terrains de parcours, d'un accès relativement facile à l'artillerie, çà et là des bouquets de bois, des champs d'orge, puis des landes ravinées. La campagne était d'ailleurs complètement déserte.

A Nebeur, gros bourg assez riche, nos troupes

furent bien accueillies. Le cheik et les notables allèrent au-devant de la colonne qui put se procurer tous les vivres qu'elle désirait. Ali-bey, qui campait non loin de là, près du chemin de fer, avait essayé d'indisposer ces populations contre nous; mais Nebeur, comme le Kef, est en relations suivies avec Soukarrhas, et les habitants, commerçants ou agriculteurs pour la plupart, savaient à quoi s'en tenir sur le compte des Français et sur les prétendus actes de pillage et de vengeance auxquels nos troupes devaient se livrer.

La colonne, en quittant Nebeur, ne tarda pas à se rapprocher de l'Oued-Mellègue et entra dans une riche plaine à l'extrémité de laquelle elle aperçut les montagnes du pays des Kroumirs et en avant la Medjerdah et la ligne du chemin de fer. Les troupes campèrent à Bahirt-el-Moor, au bord du Mellègue, et le lendemain, franchissant cette rivière, allèrent s'établir à la station de Souk-el-Arba, entre le chemin de fer et la Medjerdah.

Pendant ces deux journées, la brigade du général de Brem avait quitté Sidi-el-Hamessi, franchi la frontière, suivi la Medjerdah et occupé successivement les gares de Ghardimaou et de l'Oued-Meliz afin d'assurer les approvisionnements de la colonne Logerot à laquelle elle donnait désormais la main par la vallée et le chemin de fer.

Après quelques hésitations, les Arabes des douars environnants ne tardèrent pas à entrer en relations avec la colonne française, et un grand nombre d'indigènes vinrent au camp apporter des provisions de toute espèce. L'état-major s'établit dans les bâtiments de la gare où le général Logerot reçut bientôt la visite d'un officier tunisien annonçant que le général Ali-bey viendrait dans la journée au camp français. Le général Logerot ne voulut pas recevoir l'aide de camp, mais il se rendit lui-même à Ben-Bechir où étaient les troupes tunisiennes. Ali-bey fit à son tour quelques difficultés pour recevoir le général français, représentant qu'il était le frère du bey et que les Français avaient commencé les hostilités contre les Tunisiens. Le général Logerot revint alors sur l'heure à Souk-el-Arba et fit signifier à Ali qu'il l'attendrait le lendemain à deux heures au camp français.

Le 29, à midi, Ali-bey arriva à Souk-el-Arba dans un magnifique carrosse attelé de cinq mules richement harnachées, accompagné de domestiques chamarrés d'or et dont l'habillement luxueux ne mettait que mieux en relief les haillons et les guenilles dont étaient couverts les malheureux cavaliers de l'escorte tunisienne. Ali-bey est un homme de quarante-cinq ans, gros et grand, portant la barbe longue. La figure est d'un type arabe très accentué. Le frère du bey était habillé en civil, costume gris et fez rouge.

Ali-bey déclara au général que le gouvernement tunisien ne voulait mettre aucun obstacle aux opérations des troupes françaises, que lui et ses soldats s'étaient efforcés de calmer l'agitation des tribus de la vallée et qu'ils étaient prêts à donner leur concours au général Logerot. Malheureusement pour Ali-bey toutes ces protestations d'amitié et ces assurances de paix étaient en contradiction avec les nouvelles recueillies par l'état-major français sur sa conduite et sur celle de ses soldats. Le général Logerot savait de bonne source qu'Ali-bey n'avait pris aucune mesure pour empêcher la lutte des Kroumirs contre les colonnes Vincendon et Galland dans la journée du 26. Le même Ali-bey avait poussé les Ouchtetas et les Chiaias à barrer la route au général de Brem, et les conseils de résistance qui avaient prévalu au Kef dans les journées du 24 et du 25 étaient venus de son camp, qui était une officine de fausses nouvelles et de propagande antifrançaise.

Le général Logerot refusa donc les offres de service du général tunisien, et lui déclara qu'il ne lui demandait qu'une chose, à savoir de s'éloigner au plus vite et d'aller porter son camp loin de Béja, du côté de Tunis, vers Medjez-el-Bab ou Teboursouk. Le frère du bey quitta le camp la tête fort basse. Le lendemain 1ᵉʳ mai il partait avec ses troupes dans la direction de Tunis et allait camper à la station de l'Oued-Zerga.

Le même jour, le général de Brem, dont la brigade était à l'Oued Meliz, recevait la soumission de plusieurs cheiks de la tribu des Ouchtetas. Le général, en accordant l'aman, leur imposa pour condition de livrer leurs armes et de conduire au camp les déserteurs algériens qui s'étaient réfugiés parmi eux. La veille, le général avait fait arrêter deux indigènes qui avaient tiré sur nos soldats et qui portaient sur eux un véritable arsenal.

Pendant que les Ouchtetas demandaient l'aman, on apprenait qu'un certain nombre de soldats tunisiens avaient quitté Ali-bey, lors de son départ dans la direction de Tunis, et s'étaient rendus dans les montagnes pour rejoindre les Kroumirs.

4.

Avant de poursuivre sa marche vers le nord, le général Logerot résolut de s'éclairer sur les sentiments des tribus dont il devait traverser les territoires. Le 30 au matin, une reconnaissance commandée par le colonel Hervé et formée de deux bataillons de zouaves partait dans la direction de Ben-Bechir pour explorer le pays et engager les Ouled-Bou-Salem et les Chiaia à accueillir pacifiquement les troupes françaises et à ne pas quitter leurs cantonnements.

La colonne quitta le camp de Souk-el-Arba, le 30, à cinq heures du matin. Le colonel du 1er zouaves était accompagné du capitaine Heymann, officier du bureau arabe chargé d'entrer en relations avec les indigènes. Arrivé à la gare de Ben-Bechir, le colonel entendit quelques coups de feu et remarqua une grande agitation dans les douars voisins. Le capitaine Heymann s'avança un drapeau à la main avec deux spahis. Il avait fait à peine une cinquantaine de pas qu'il fut accueilli par une assez vive fusillade partie d'un bouquet de bois situé sur la colline. Au même moment, on voyait les Chiaias descendre de leurs montagnes. Devant ces intentions hostiles le colonel prit immédiatement ses dispositions de combat et envoya une estafette au camp pour avertir le général.

Il était huit heures du matin. Après avoir tourné un ravin où s'étaient embusqués environ deux cents Chiaias, le colonel Hervé aperçut sur les crêtes qui couronnent le passage un gros rassemblement d'Arabes. Il continua son mouvement en avant et commanda des feux de salve après avoir choisi une position d'attente jusqu'à l'arrivée des renforts qu'il avait demandés.

Au reçu de la dépêche du colonel Hervé, le général Logerot fit porter les goums et le 2ᵉ escadron du 3ᵉ chasseurs d'Afrique sur Ben-Bechir. Il prescrivait en même temps au 11ᵉ hussards de monter à cheval pour rejoindre les deux bataillons de zouaves, et il fit embarquer le 2ᵉ régiment de tirailleurs algériens sur un train qui partit pour la station de Ben-Bechir.

Afin d'appuyer ces troupes, un bataillon du 4ᵉ zouaves, une batterie de montagne de 80 et un escadron du 3ᵉ chasseurs d'Afrique reçurent l'ordre de se mettre en marche.

Le 11ᵉ hussards et le 2ᵉ tirailleurs arrivèrent à peu près en même temps à la gare de Ben-Bechir, vers onze heures. Les goums qui les y avaient précédés se portèrent sur la droite. Une distance de 6 kilomètres séparait la gare de la position occupée par le colonel Hervé qui avait à ce moment environ 3,000 Chiaias devant lui et sur son flanc droit. Le 11ᵉ hussards se dirigea rapidement vers cette position. A onze heures trois quarts, il débordait le flanc gauche de l'ennemi et, avec l'aide des goums, le forçait à battre en retraite. Les tirailleurs algériens furent lancés en avant avec les zouaves pendant que l'artillerie battait de son feu le sommets. Le douar près duquel avait commencé l'affaire fut incendié. En moins d'une heure les Chiaias étaient dispersés et fuyaient sur les crêtes non sans avoir subi des pertes. Au milieu d'eux on avait pu remarquer un officier tunisien, à cheval et en uniforme, qui fut atteint par les balles de nos tirailleurs.

A une heure de l'après-midi, l'engagement semblait terminé. Les contingents des Chiaïas et ceux des Amedoun qui étaient avec eux se retiraient poursuivis par le 11ᵉ hussards, les zouaves et les tirailleurs. A trois heures le colonel du 11ᵉ hussards donna l'ordre de cesser la poursuite en laissant le 1ᵉʳ tirailleurs protéger le mouvement du 11ᵉ hussards. Les indigènes exécutèrent alors un retour offensif que la batterie de montagne mise en position ne tarda pas à arrêter, bien que les indigènes fussent à près de 4,000 mètres de son feu. Le bataillon du 4ᵉ zouaves et les chasseurs d'Afrique escortaient la batterie et étaient restés en réserve.

A six heures, les troupes quittaient leurs positions pour regagner le camp de Souk-el-Arba. Deux trains furent organisés à la station de Ben-Bechir pour ramener le 1ᵉʳ zouaves et le 2ᵉ tirailleurs pendant que le 11ᵉ hussards, la batterie d'artillerie, le bataillon du 4ᵉ zouaves, les chasseurs d'Afrique et les goums suivaient la voie de terre. Nos troupes ramenaient une dizaine de prisonniers et 1,500 têtes de bétail avec des chevaux, des mulets et des armes.

Le rapport officiel évalue à 150 hommes tués environ le chiffre des pertes infligées à l'ennemi. Nous n'avions eu que trois blessés, deux zouaves et un goumier. Un des prisonniers avait été arrêté au moment où il se présentait devant la ligne des tirailleurs algériens qu'il cherchait à entraîner à la désertion. Deux femmes arabes faisant le coup de feu et portant de la poudre avaient été tuées pendant le combat. Un peloton du 11ᵉ hussards s'était particulièrement distingué. Nos Arabes algériens, qui avaient plié un instant, avaient été vigoureusement ramenés au feu par leur commandant en second,

Chérif, fils du caïd d'Ain-Beida et ancien élève de Saint-Cyr.

Les Chiaïas, furieux de l'incendie de leurs douars et des pertes qu'ils avaient subies, envoyèrent immédiatement des émissaires pour demander du secours aux tribus de la Rekba. Ali-bey reçut également la nouvelle du combat dès le lendemain, et il adressa au gouvernement du bey à Tunis une dépêche à sensation. Cette dépêche, qui fut rédigée, dit-on, par un agent italien attaché en qualité de secrétaire à Ali-bey, était ainsi conçue :

« Le chaouch Chaabat et les cavaliers chargés d'assurer la sûreté des stations de chemin de fer sont arrivés au camp ce soir.

« Le chaouch m'a raconté que, ce matin, une colonne française est arrivée d'Algérie et que le général commandant la colonne de Souk-el-Arba a envoyé hier aux tribus Djendouba, Ouled-ben-Salem et Chiaïas des troupes pour réquisitionner dans chacune de ces tribus 300 chevaux pour les spahis et 2,000 mulets. Les Ouled-bou-Salem et les Djendouba ont exposé au général que leur misère ne leur permettait pas de répondre à son appel. Quant aux Chiaïas, ils ont formellement refusé.

« Par suite de ce refus, un fort détachement de troupes françaises s'est rendu ce matin chez les Chiaïas et les a attaqués. Les Chiaïas se sont défendus ; les Français ont incendié leurs douars, tuant hommes et femmes ; les blessés étaient conduits auprès du général qui, au fur et à mesure, leur faisait couper le cou. Les femmes n'étaient pas épargnées : on ouvrait le ventre à celles qui étaient enceintes et on en arrachait l'enfant, qu'on laissait étendu à côté.

« Le chaouch a rapporté qu'il a vu un douar incendié dans lequel étaient étendues deux femmes enceintes tuées, éventrées, et leurs enfants à terre à côté d'elles. Le chaouch a dû prendre un autre chemin pour s'épargner la vue de tant d'horreurs rencontrées sur son passage. »

Le général Logerot protesta immédiatement contre ce récit par une dépêche adressée à notre chargé d'affaires à Tunis et dont voici la substance :

« Le récit des atrocités attribuées par Ali à mes soldats est faux.

« Jamais il ne viendra à l'esprit d'un officier français de donner l'ordre à ses soldats d'achever les blessés; et moi, officier général, je proteste avec énergie et indignation contre l'accusation portée par le prince tunisien. »

Le gouvernement tunisien ne s'était point borné à transmettre à M. Roustan le rapport d'Ali-bey; il s'était plaint des réquisitions forcées faites par nos colonnes, réquisitions d'animaux, de moyens de transport et même d'indigènes.

Dans une seconde dépêche, le général Logerot exposa comment les faits s'étaient passés :

« Aucune réquisition n'a été faite, dit-il, chez les Djendouba ni chez les Ouled-bou-Salem; les Djendouba ont été invités à fournir 150 mulets moyennant une rétribution journalière, et ils les ont fournis sans pression. Aucune tribu refusant de venir à nous n'a été punie; la plupart ont fait une déclaration de neutralité. L'affaire du 30 avril a été provoquée par une attaque contre nos troupes qui n'ont pas ouvert le feu. Les Chiaïas ont commencé en tirant sur un officier qui leur apportait des paroles de paix. Des contingents appartenant aux Amdoun et aux Kroumirs sont venus appuyer les Chiaïas : il est regrettable que ces contingents ennemis fussent les mêmes que ceux qui venaient de quitter Ali-bey. »

Ali-bey ne pouvait pas répondre et ne répondit pas aux protestations du général Logerot; mais, sous la pression des agents italiens qui ne quittaient pas son camp et notamment de l'interprète Pestalozza, il chercha à provoquer un soulèvement parmi les tribus des vallées de l'Oued-Mellègue et de l'Oued-Silianah. Heureusement les dispositions du général tunisien n'étaient point conformes à celles de l'entourage du bey. On put s'en convaincre quelques jours après par l'incident suivant.

Les caïds de plusieurs importantes tribus du sud-ouest, les Medjer, les Ouerka, les Charen, les Ouled-Bou-Ghanem et les Ouled-Ayar arrivaient le 6 mai à Tunis et faisaient le récit suivant :

« Après le combat du 30 avril, des chefs Chiaias envoyèrent des agents pour demander secours contre les Français et vengeance du sang des leurs tués dans ce combat. Mais les tribus avaient intercepté un courrier adressé par le Bardo à Ali-bey. Elles apprirent, par la dépêche que portait ce courrier, que le bey, loin d'encourager la résistance, ordonnait à son frère de battre en retraite devant les troupes françaises et lui conseillait de prendre une attitude neutre. Les tribus, surexcitées par cette nouvelle, accusèrent le bey de les avoir livrées sans défense aux Français et tournèrent leur colère contre leurs caïds. Les caïds durent se réfugier dans la kouba d'un marabout, jusqu'à ce que les Ouled-Ayar, revenus à des idées plus calmes, déterminèrent les autres tribus à envoyer les caïds chercher des nouvelles à Tunis. »

Ces faits indiquaient assez quel était l'état moral des tribus de la Régence et les deux courants qui se disputaient les esprits. Pendant que les tribus dont nos troupes avaient traversé le territoire étaient restées paisibles et acceptaient passivement l'ordre de choses nouveau, les tribus du sud et du nord-est étaient indécises sur l'attitude à prendre.

A Tunis il y avait également deux opinions bien distinctes. Le bey et son entourage ne voulaient pas aller plus loin dans la voie de la résistance et, voyant l'indifférence de l'Europe, s'en tenaient à leurs protestations diplomatiques. Ali-bey, au contraire, et les chefs du parti religieux cherchaient à soulever les tribus du sud. On avait dû arrêter à Tunis des ulémas qui prêchaient la guerre sainte dans les mosquées. A Béja, des Israélites étaient maltraités. Les troupes tunisiennes de Sidi-Selim, au lieu de rétrograder vers Tunis, restaient dans les environs de Béja. Enfin Ali-bey écrivait le 4 mai une nouvelle lettre des plus violentes contre les Français, lettre que le caïd Allala Younès faisait imprimer et distribuer. En même temps il essayait de soulever les tribus du nord-ouest qui appartenaient au groupe Bechia hostile au bey, tribus assez nombreuses dans la région du Mogod et entre Béja et Mateur.

Un incident inattendu venait de révéler l'état d'esprit de ces populations turbulentes, et non moins pillardes que les tribus Kroumirs. Dans la nuit du 27 au 28 mai, un navire français, le brick-goélette *Santoni*, de Bastia, faisait naufrage sur la côte tunisienne entre le cap Serrat à l'ouest et le port de Bizerte à l'est. Le navire était immédiatement pillé par les Arabes Mogod de la côte. Le second du brick, M. Raffaëli, et ses six matelots furent menacés de mort, et M. Raffaëli n'obtint à grand'peine la vie sauve qu'en se faisant passer pour Italien.

Voici, du reste, l'intéressante déclaration faite par

ce courageux et habile marin devant la chancellerie du consulat français à Tunis :

Nous sommes partis d'Agde le 23 avril dernier avec un chargement de futailles vides à destination de Santorin. — Je suis propriétaire pour trois quarts du navire, qui est commandé par mon frère et monté par sept hommes d'équipage. — Dans la nuit du 26 au 28, nous étions par le travers des rochers des Deux-Frères, près de Bizerte; le vent soufflait avec violence du nord, puis il s'est calmé; mais la grosse mer nous a drossés jusqu'à l'embouchure d'une rivière où nous avons touché. Grâce à nos embarcations, nous avons pu atteindre la côte sains et saufs, et nous avons passé le reste de la nuit à l'abri derrière un monticule.

Le 28, au matin, un rassemblement d'indigènes, qui n'a pas tardé à s'élever à 300 personnes armées environ, s'est dirigé vers nous en vociférant. On nous demanda si nous n'étions pas Français, nous faisant entendre que dans ce cas-là nous allions être massacrés. Comme nous connaissions la position actuelle en Tunisie, nous avons déclaré que nous étions Italiens, — notre origine corse nous rendant la langue italienne familière.

Un grand débat s'est alors élevé entre eux, et nous comprenions par leurs gestes que les uns, soupçonnant notre supercherie, voulaient nous mettre immédiatement à mort, tandis que d'autres voulaient retarder toutes décisions jusqu'à ce que notre déclaration pût être contrôlée. Je ne cessai, quant à moi, de demander à être amené devant une autorité consulaire italienne, et, cette proposition ayant été enfin acceptée, l'un des Arabes, moyennant vingt francs que je lui payai, me conduisit dans son gourbi, situé à deux heures de marche de l'endroit où nous avions naufragé.

Je passai la nuit dans ce gourbi, et, le lendemain, mon guide m'ayant fourni un cheval, nous nous remîmes en route.

Après une heure environ, nous avons rencontré successivement plusieurs détachements armés qui nous ont entourés en proférant les mêmes menaces de mort que j'avais entendues la veille. L'exécution en fut cependant arrêtée par la crainte que je ne fusse réellement Italien, et celui qui paraissait être le chef de la troupe décida que je serais conduit à Mater, où il y avait, dit-il (j'ai cru, du moins le comprendre), des chrétiens qui pourraient juger de ma nationalité.

A mon entrée à Mater, la foule qui m'entourait était dans un tel état de surexcitation que je perdis tout espoir d'y échapper. Peut-être ne dois-je la vie qu'à l'empressement que mirent un Italien et un Anglais qui habitent la ville à me couvrir de leur protection.

On réussit donc à me faire rentrer dans la maison du chef, où l'on commença à me faire subir un interrogatoire; mais la foule qui était rassemblée au dehors continuait à proférer de telles menaces et faisait de tels efforts pour arriver jusqu'à moi qu'on jugea prudent de me faire conduire au premier étage, dans une chambre où je fus enfermé. Là, j'ai été interrogé par l'Italien dont j'ai parlé plus haut et qui me dit qu'à en juger par mon accent je ne devais pas être son compatriote.

Je lui affirmai le contraire et lui dis que, si mon accent n'était pas pur, cela tenait sans doute à mes nombreux voyages et au long séjour à l'étranger; à d'autres questions qu'il me posa, je répondis que j'étais né à Livourne, dans une rue que je lui nommai.

Le sujet anglais assistait à cet interrogatoire, et c'est lui qui me demanda d'écrire une lettre en italien. Je le fis, et, après l'avoir examinée, on ne douta plus de la véracité de mes déclarations. Lorsque tous les doutes furent levés à cet égard, un changement complet s'opéra dans ma situation. Je fus l'objet des soins les plus empressés, je pourrais dire même affectueux, non seulement de la part du chef, mais encore de la population.

Le lendemain matin, 30 avril, des ordres du bey étant parvenus, je fus conduit à Tunis où j'arrivais dans la soirée.

Je ne crus pas devoir faire connaître immédiatement ma vraie nationalité, et j'allai au consulat général d'Italie où je confirmai encore mes précédentes déclarations. Ce n'est que ce matin que je me suis résolu à vous informer de la situation.

Acte de la déclaration qui précède a été donné au comparant, qui a signé avec le chancelier, après lecture.

Pendant que M. Raffaëli avait pu, au milieu de tous ces périls, gagner Tunis, ses marins corses étaient restés prisonniers des Arabes. Ils furent heureusement délivrés quelques jours après et rapatriés en Algérie, mais cet incident avait révélé l'état d'excitation des tribus de cette région et les encouragements que devaient leur prodiguer les agents italiens et anglais.

Cette agitation du Mogod aurait pu modifier gravement la situation si de nouvelles troupes françaises débarquées à Bizerte n'étaient venues compléter au nord-est le cercle d'investissement formé à l'ouest et au sud par les divisions Delebecque et Logerot et retenir sur leurs territoires les tribus de cette région qui auraient été tentées d'aller soutenir les Kroumirs.

L'occupation de Bizerte et les évènements qui l'ont suivie étaient le développement inattendu, mais régulier et logique, de la double campagne que nous avions à conduire en Tunisie. On pourra dire de l'expédition d'avril 1881 qu'elle a été une promenade militaire et une campagne diplomatique. Il n'y avait pas de plus court et de plus sûr chemin pour atteindre le but qui s'imposait à la France. Il eût été puéril de considérer les Kroumirs comme une puissance et d'engager avec eux une guerre à l'européenne. Pénétrer sur leur territoire, l'explorer, le reconnaître, rendre toute résistance impossible et prendre des précautions pour l'avenir en traçant des routes et en construisant quelques blockhaus, accomplir cette œuvre toute stratégique en versant le moins de sang possible, voilà quelle était la première opération. Profiter de l'expédition des Kroumirs pour aller faire voir quelques pantalons rouges au gouvernement du bey et lui faire reconnaître par un traité en bonne forme que nous étions ses plus proches voisins et ceux dont l'amitié lui était avant tout nécessaire, tel était le second but de la campagne, celui qu'allait poursuivre la colonne française qui devait débarquer à Bizerte. Cette seconde opération avait relativement une importance beaucoup plus considérable que la première, et l'Europe ne s'y trompa pas plus que le bey. Le débarquement de nos troupes à Bizerte causa un véritable trouble à Londres et en Italie. Bizerte est la clef de la Tunisie du nord et le port le mieux situé et le mieux doué par la nature de tous ceux qui sont sur la côte africaine. La France en sortirait-elle une fois qu'elle y serait entrée ? telle est la question que se posa immédiatement l'Europe et que le traité du Bardo a résolue.

Le 29 avril, les canonnières le *Léopard*, l'*Hyène*, le *Chacal*, le croiseur le *Tourville* et les deux transports le *Corrèze* et la *Vienne* étaient en rade à Tabarcah lorsqu'arrivèrent la corvette cuirassée de 1ᵉʳ rang, la *Galissonnière*, ayant à son bord le contre-amiral Conrad, la *Surveillante*, l'*Alma*, corvette cuirassée de 2ᵉ rang, commandant Miot.

Les trois navires se tinrent sous vapeur pendant que l'amiral faisait envoyer à la canonnière le *Léopard* l'ordre d'appareiller pour les suivre. Le soir les quatre navires partaient et arrivaient le lendemain matin 1er mai à six heures à Bizerte. L'escadre s'embossa immédiatement devant les forts et les batteries. Des chaloupes à vapeur furent mises à l'eau prêtes à remorquer les compagnies de débarquement des trois grands navires.

Ces préparatifs n'avaient pas duré une demi-heure. Le vice-consul français averti arriva en canot avec le capitaine du port tunisien, ils montèrent à bord au moment où le contre-amiral se disposait à envoyer au gouverneur un pli contenant sommation d'avoir à livrer la ville dans deux heures. Le vice-consul et le chef d'état-major de l'amiral se rendirent chez le gouverneur. Après une demi-heure de pourparlers, le gouverneur, beau-frère du bey, consentit à rendre la ville à la condition qu'on respecterait la vie et les biens des habitants et qu'on lui délivrerait un écrit constatant qu'il a cédé à la force.

A onze heures, 400 fusiliers marins des équipages de la *Galissonnière*, de l'*Alma* et de la *Surveillante*, étaient envoyés à terre dans les chaloupes à vapeur des trois cuirassés, traînant à leur remorque une flottille d'embarcations pavoisées de drapeaux tricolores. Les 400 fusiliers, placés sous le commandement du capitaine de vaisseau Miot et guidés par l'interprète du consulat, descendaient sur les quais à l'entrée du canal et prenaient le chemin de la Casbah et des différents forts où ils arboraient le drapeau français. Nos marins sur les vergues des navires saluaient par le cri trois fois répété de : *Vive la République !* et la *Marseillaise* était jouée par la musique du vaisseau amiral.

L'occupation complète des bastions et des forts détachés de Sidi-Salem et Sidi-Hadid était terminée au milieu de l'après-midi. Nos fusiliers n'avaient rencontré aucune résistance. Le gouverneur avait donné l'ordre à la population arabe de se retirer des quais où se tenaient seulement quelques israélites, des Maltais et des Italiens. La masse de la population avait d'ailleurs éprouvé une sorte de panique, et un grand nombre d'habitants avaient évacué la ville, les uns fuyant vers Tunis, d'autres se réfugiant à Mateur. Les Maures, encore sous le coup de la lettre d'Ali-bey étaient convaincus que nos troupes allaient piller la ville, violer les femmes et tuer les enfants.

Le 2 mai, l'aviso le *Cassard* et deux transports, la *Dryade* et la *Sarthe*, débarquaient des troupes. Le lendemain trois transports de la compagnie transatlantique amenaient le général Bréart et plusieurs autres régiments. En trois jours, près de 6,000 hommes avaient été débarqués à Bizerte. Ces troupes appartenaient au 20e, 38e et 92e de ligne, au 30e bataillon de chasseurs à pied, au 1er hussards. L'artillerie était représentée par des batteries de campagne ou de montagne, des 1er, 9e, 12e, 13e et 23e régiments. La colonne de débarquement comprenait en outre une compagnie du 1er génie, une compagnie du train, une ambulance complète sous la direction de M. Chartier, médecin principal, une direction du service administratif, de la gendarmerie, des employés des postes, une section topographique et un service de télégraphe complet,

4 officiers, 16 sous-officiers, 5 chefs d'équipe, 21 ouvriers et le matériel de campagne nécessaire.

La bonne tenue de nos troupes, leur respect pour les habitants et plus encore l'argent que nos soldats dépensaient changèrent bientôt les sentiments d'une population naturellement pacifique. Un grand nombre d'habitants étaient déjà revenus au bout de trois jours, et, cédant à leurs instincts commerçants, ne songeaient plus qu'à profiter de la présence de nos troupes. Les fruits, les œufs, les poulets abondèrent dans les boutiques qui s'étaient fermées le jour du débarquement et qui se rouvrirent le lendemain même, toutes ensemble comme par enchantement. Les œufs, qui valent ordinairement 20 centimes la douzaine, se vendirent un sou pièce; les poulets, qui valaient dix sous, montèrent à 2 et 3 francs. Les Arabes n'avaient jamais été à pareille fête, et un grand nombre ne tardèrent pas à se féliciter de l'arrivée des Français. Les Maltais et les Italiens, oubliant la politique, allèrent à Tunis faire des provisions et revinrent bientôt en ville avec des voitures chargées de fruits, de victuailles et de bibelots de toute espèce qu'ils vendirent fort cher à nos soldats.

L'occupation de Bizerte produisit à Tunis et dans toute la région du nord-est une très vive émotion. Personne ne s'y attendait. L'expédition avait été conduite avec beaucoup d'habileté et de discrétion. En quittant Toulon les commandants des premiers navires de débarquement ignoraient vers quel point ils devaient se diriger. Les lettres de destination cachetées ne furent ouvertes qu'à bord et les équipages croyaient se rendre à Bône et à la Calle. Après avoir quitté Tabarkah l'escadre rencontrait en mer l'aviso le *Cassard* qui avait été la veille à Bizerte prendre auprès du vice-consul de France des renseignements sur l'état d'esprit des populations.

Le premier sentiment de l'entourage du bey, en apprenant l'occupation de Bizerte, fut d'appeler à la guerre sainte. C'était l'avis personnel du premier ministre, et c'était aussi celui de la population arabe. Mais les conseils de la réflexion prévalurent, et le lendemain le bey se borna à adresser à notre chargé d'affaires la nouvelle protestation suivante dont il envoya copie aux consuls étrangers :

Nous avons déjà protesté contre l'entrée des troupes françaises sur le territoire de la Régence du côté des Kroumirs et notamment du côté du Kef, contrairement à notre volonté. Depuis, les troupes françaises ont occupé le Kef, une des forteresses de notre Régence. Cette occupation s'étant effectuée en violation de tous les principes du droit des gens, il est de notre devoir de réitérer pour ce fait nos protestations les plus formelles contre votre gouvernement.

D'autre part le gouverneur de Bizerte nous a informé que hier des navires de guerre français se sont présentés devant Bizerte et ont demandé à occuper la ville et les forts menaçant de s'en emparer par force.

Comme nous sommes en état de paix avec le gouvernement de la République française, nous avions prescrit à qui de droit d'éviter tout conflit entre nos soldats et ceux de l'armée française. Par suite de ces instructions le gouverneur de Bizerte n'a pu repousser cet acte par la force, et les soldats français ont occupé Bizerte et ont arboré le drapeau français sur les forts. Cette occupation, quand nous sommes en état de paix avec votre gouvernement, est un fait insolite et contraire à toutes les règles du droit et à tous les principes.

Par conséquent, nous protestons de la manière la plus solennelle contre l'occupation présente. Cette protestation doit être considérée comme faisant suite aux précédentes, comme se joignant à elles pour toutes fins que de droit.

Nous ne pouvons pas, pourtant, ne pas exprimer le regret de nous voir traités de la sorte par un gouvernement ami que nous avons toujours traité avec tous les égards et avec lequel nous nous sommes toujours efforcé de conserver les meilleurs rapports.

MOHAMMED ES SADOK.

Le 2 mai.

Le gouvernement français et les gouvernements étrangers savaient également quel compte il fallait tenir des protestations du bey et de ses prétendus égards pour la France. Il n'y avait qu'une réponse à faire à un pareil document, c'était d'aller au Bardo faire confesser au bey que depuis plusieurs années il se moquait de nous et que lui-même avait intérêt à renoncer à cette politique. La colonne du général Bréard n'avait pas d'autre mission.

Le 6 mai, les troupes débarquées à Bizerte étaient fortes de 6,000 hommes et constituaient une brigade dont le général Bréart prit le commandement. Le général avait l'ordre de marcher sur Mateur, mais pendant trois jours la pluie tomba presque sans interruption et on dut ajourner tout mouvement. L'état-major fit publier une interdiction d'emporter l'orge et le blé du territoire de Bizerte. En même temps il se procurait des guides et faisait occuper toutes les hauteurs occupant la ville par les nouvelles batteries arrivées.

La brigade Maurand, qui se constituait à côté de la brigade Bréart, devait être plus nombreuse et compter environ 7,000 hommes avec quatre batteries d'artillerie, deux de 90, une de 4 de montagne attelée et une de 4 de montagne à dos de mulet. Le 6 mai l'intendance arrivait et préparait les moyens de ravitaillement, le même jour le général Bréart envoyait des émissaires au caïd de Mater et aux tribus des Badjaoua et des Arabs pour leur demander si elles voulaient ou non recevoir des troupes françaises sur leur territoire.

Le 8, les deux brigades se mettaient en mouvement, la brigade Maurand se dirigeant à l'ouest vers Mateur en contournant le lac de Bizerte, la brigade Bréart en se portant vers le sud-est dans la direction de Tunis. La pluie continuait torrentielle. La colonne Bréart se mit en route à cinq heures du matin et elle n'arrivait au bivouac, à Bahirt Gournata, qu'à minuit après une marche excessivement pénible de 27 kilomètres, à travers des fondrières et des terrains marécageux d'une traversée très difficile. Le général avait l'ordre d'être à Djedeida, sur la ligne du chemin de fer de Tunis, le 9, à huit heures du matin ; mais, la pluie étant tombée sans interruption pendant toute la nuit, il se borna à se porter à Fondouk, à 13 kilomètres de Bahirt Gournata. Le temps étant revenu au beau, les troupes purent se reposer et repartir le lendemain 10 pour Djedeida.

Ce hameau, ou plutôt cette réunion de maisons de campagne, est une localité importante au point de vue stratégique, en ce qu'elle est le point de jonction de toutes les voies qui se rendent à Tunis des divers points de la Régence. Située au point de bifurcation de la vallée de la Medjerdah et de la ligne ferrée, Djedeida commande Tunis, la région du nord et toutes les avenues de la frontière. Autour de Djedeida débouchent les routes de Mater, de Bizerte, de Porto-Farina, de Béja et du Kef. Le Bardo est à 16 kilomètres, Tunis à 25 kilomètres. Aux alentours s'étendent de riches plaines fécondes en ressources et qu'aucune éminence ne commande sauf au nord-est le Djebel-Ahmar que le gouvernement tunisien n'a d'ailleurs jamais songé à fortifier.

Le 10 mai le général Bréart quittait le campement de Fondouck et, remontant la vallée de la Medjerdah, passait à Sidi-Tabet, Garf el Fana, et arrivait dans la matinée à Djedeida, où les troupes installaient leur campement au milieu de magnifiques plantations d'oliviers. Le 11 mai au soir, la colonne était renforcée par le 92º de ligne et une batterie d'artillerie. Le 12 mai à neuf heures, des officiers d'état-major, un capitaine, des sergents fourriers et un peloton de hussards arrivaient à la Manouba à 2 kilomètres du Bardo, et cherchaient à droite et à gauche de la voie ferrée un emplacement favorable pour établir le camp, s'assurant des fontaines, des puits et des sources situées dans les jardins environnants.

A 600 mètres de la station du chemin de fer sont des casernes inoccupées. A la même distance est le palais de Sidi-Larrouck, ministre de la marine, qui fit prévenir les officiers français qu'il était prêt à les recevoir dans son palais.

A neuf heures et demie, l'avant-garde de la colonne

Bréart arrivait à la station. A onze heures moins un quart, arrivent à leur tour la colonne Maurand et la colonne Bréart clairons sonnant. En venant occuper le jardin d'Ismaël Soumyn, la musique du 92ᵉ joue le *Chant du départ* aux applaudissements des membres de la colonie française accourus de Tunis. Un grand nombre de propriétaires musulmans et de notables tunisiens assistent également au défilé. La colonie française applaudit à outrance lorsque passent trois belles batteries d'artillerie du 13ᵉ et du 9ᵉ régiment. Dans les groupes on annonce que le bey est dans de meilleures dispositions et on se communique le texte de la circulaire suivante qu'il vient d'adresser aux caïds et aux gouverneurs de la Régence :

Il est parvenu à notre connaissance que l'entrée des troupes françaises dans le pays des Kroumirs a produit une certaine émotion parmi quelques tribus.

Nous avons protesté contre cette violation de notre territoire, accomplie sans qu'il y eût de motif d'hostilité entre nous et le gouvernement de la République française, et sans qu'aucune déclaration de guerre nous ait été adressée.

Toutefois cette affaire sera arrangée diplomatiquement et pacifiquement.

C'est à quoi nous sommes actuellement occupé, de concert avec le gouvernement impérial ottoman et avec le concours des autres puissances amies.

Par suite de ce qui précède, il est du devoir de chacun de maintenir l'ordre partout, pour pouvoir conduire à bonne fin la solution de l'affaire, avec modération et sans aucun désordre.

Nous vous recommandons donc de ne point quitter le siège de votre gouvernement, afin d'empêcher, par votre présence, les populations qui se trouvent placées sous votre administration, de se livrer à aucun acte pouvant entraver les dispositions prises par nous.

Vous recommanderez cela aux populations de la manière la plus formelle, et vous les détournerez surtout de s'occuper des conversations de gens intéressés à susciter des troubles.

Vous leur ferez surtout comprendre à quelles conséquences s'exposeraient les gens qui contreviendraient à ces ordres.

Cette circulaire comparée aux protestations des jours précédents permet de mesurer le chemin que l'esprit du bey avait parcouru en quelques jours. Le débarquement de nos troupes à Bizerte et la double marche sur Mateur et sur Fondouck avaient produit leur effet au Bardo. Le bey comprenait sans l'avouer toute l'étendue de la faute qu'il avait commise en se faisant l'instrument de la politique italienne contre nos nationaux. Une scène très vive eut lieu au palais beylical entre Mohammed es Sadok et des agents italiens. Il leur reprocha amèrement leur conduite. « Puisque vous, Italiens, ne vous sentiez pas capables de me soutenir, pourquoi m'avez-vous mis en conflit avec la France? Qui perd aujourd'hui, c'est moi, et je perds pour avoir voulu vous favoriser! » Qui rapportait ces propos du bey? le correspondant d'un journal italien, le *Pungolo* de Naples. Et il ajoutait avec raison : « Quant aux Italiens établis et nés à Tunis qui ont travaillé pendant vingt ans pour établir la suprématie italienne en ce pays, ils disent à leur gouvernement : Si vous ne vous sentiez pas capables de la conduire jusqu'au bout, *pourquoi avez-vous suscité la question tunisienne?* Nous étions si heureux auparavant, pourquoi êtes-vous venus nous troubler? »

Ces sentiments étaient ceux de la population

européenne, des Israélites, des Maltais et d'un grand nombre de Maures de Tunis qui étaient revenus de leurs préventions contre la France ou qui mesuraient toute l'étendue et la gravité des fautes commises par nos adversaires.

Cependant, à la première nouvelle du départ des Français pour Tunis, la ville avait éprouvé une véritable panique. Dans le quartier des bazars, les Juifs avaient fermé leurs boutiques et s'étaient barricadés, craignant d'être pillés et massacrés par les Arabes avant l'arrivée de nos troupes. De nombreuses patrouilles furent organisées pour maintenir l'ordre. Sur la place de la Marine le férik ordonna aux zaptiés ou gendarmes de déclarer dans les rues de la ville que la population devait se rassurer et que les Français ne commettraient aucun désordre. Il leur commanda également de disperser tout rassemblement, et les cafés arabes eurent l'ordre de se fermer avant la nuit. Ce qui avait ajouté au trouble, c'est qu'on avait annoncé l'entrée des troupes dans la ville même. Cette nouvelle avait pris d'autant plus de consistance que la veille deux hussards avaient failli prendre possession de la capitale de la Régence. Ces deux cavaliers du 1ᵉʳ hussards avaient été envoyés en estafettes de Fondouk à Djedeida. Ils avaient fait fausse route et étaient arrivés devant une des portes de Tunis dont les gardiens les regardaient avec consternation. Ils reconnurent leur erreur. L'un proposa de rebrousser chemin. L'autre répond : Pourquoi reculer? Entrons-y puisque nous y sommes. — Non, riposte le premier ; pas possible, nous n'avons pas d'ordre.

Au Bardo, les journées du 9 et du 10 mai n'avaient pas été moins agitées. Le bey avait passé par les situations d'esprit les plus diverses. Il comprenait l'impuissance où il était de résister aux légitimes demandes que le gouvernement français allait lui adresser. D'autre part, son entourage le sollicitait vivement de résister ou plutôt de temporiser en faisant valoir l'agitation qui régnait parmi les tribus de la Régence et les dangers que son autorité courrait si les populations musulmanes pouvaient l'accuser d'avoir livré le pays aux Français. Le 10 au matin, il avait déclaré devant plusieurs familiers qu'il ne signerait aucun traité et qu'il préférait mourir que d'accepter le protectorat. Cependant l'arrivée du général Bréart à la Manouba, le 12 mai au matin, produisit sans doute une assez vive impression sur lui, car le bey écrivit à M. Roustan, notre chargé d'affaires, pour protester contre la présence de nos troupes près de sa résidence, mais pour déclarer en même temps qu'il accorderait au général Bréart l'entrevue demandée.

A midi, M. Roustan avait reçu la lettre du bey par M. le comte de Sancy, ancien consul français et directeur des haras tunisiens. A midi et demi il faisait atteler et se rendait au camp. A trois heures et demie, notre chargé d'affaires quittait la Manouba en voiture avec le premier drogman du consulat, M. Summaripa, après une longue conférence avec le général Bréart. M. Roustan se rendait à Kasar-Saïd, palais du bey. Une demi-heure après le général Bréart partait de la Manouba à cheval, accompagné de son état-major et de la plupart des officiers supérieurs de la colonne. Deux escadrons faisaient escorte. Malgré une pluie battante, une foule considérable venue de Tunis dans la matinée suivit le cortège à pied ou en voiture jusqu'à la grille de Kasar-Saïd. L'escorte traversa un splendide jardin planté de beaux arbres, orangers, mûriers, poivriers, et décoré de colonnes de marbre surmontées d'aigles, de levrettes et d'autres figures d'animaux.

Un peloton de soldats tunisiens forme la haie sur deux rangs et rend les honneurs militaires. Les tambours battent aux champs. Nos escadrons de hussards restent rangés en bataille devant la grille du palais.

Le général Bréart met pied à terre devant la grande porte du palais, vaste bâtisse décorée en style mauresque mélangé de rococo. De chaque côté, derrière les soldats tunisiens, on aperçoit une trentaine d'eunuques, de pages et de domestiques nègres regardant ce spectacle avec l'attitude indifférente particulière aux musulmans.

Le général, suivi de son escorte, monte le splendide escalier de marbre qui conduit aux appartetements intérieurs, et est introduit dans un salon où se tiennent le bey et le premier ministre, ainsi que M. Roustan. Notre chargé d'affaires présente le général Bréart à Mohammed es Sadok qui, après les nombreux salamalecs en usage dans le cérémonial arabe, le prie de s'asseoir. Le bey était en pantalon gris perle, redingote noire et fez rouge. Mustapha était également en costume européen.

Le général Bréart prend la parole et dit au bey qu'il vient remplir la mission que lui a donnée le gouvernement de la République dans le but de rétablir de bonnes relations entre les deux pays et d'éviter tout conflit ultérieur. Il lit ensuite la dépêche qui lui confie les pouvoirs nécessaires pour conclure un traité :

Le gouvernement de la République française, désirant terminer les difficultés pendantes par un arrangement amiable, qui sauvegarde pleinement la dignité de Votre Altesse, m'a fait l'honneur de me désigner pour cette mission.
Le gouvernement de la République française désire le maintien de Votre Altesse sur le trône et celui de votre dynastie. Il n'a aucun intérêt à porter atteinte à l'intégrité du territoire de la Régence. Il réclame seulement des garanties jugées indispensables pour maintenir les bonnes relations entre les deux gouvernements.

Le général Bréart termine en demandant au bey s'il veut entendre lecture des propositions de la France. Le bey répond qu'il les entendra « puisqu'il ne peut pas faire autrement ».

Le général donne alors lecture du texte suivant :

Le gouvernement de la République française, voulant empêcher la continuation des désordres sur ses frontières, et désirant resserrer ses relations avec le gouvernement de la Régence, a nommé délégué extraordinaire et plénipotentiaire le général Bréard.

Art. 1er. — Les traités d'amitié et de commerce existant entre la France et la Régence sont confirmés et renouvelés.

Art. 2. — En vue de faciliter au gouvernement de la République française les moyens de garantir la défense de ses intérêts, le gouvernement du bey accorde au gouvernement de la République française toute facilité pour assurer la sécurité du littoral et des frontières de la Régence par une occupation dont l'étendue et les conditions seront déterminées ultérieurement.

Art. 3. — Cette occupation cessera quand les autorités beylicales auront prouvé qu'elles peuvent assurer la sécurité des frontières. Le gouvernement de la République, de son côté, garantit les États du bey contre toute agression extérieure.

Art. 4. — Le gouvernement de la République française garantit l'exécution des traités existants.

Art. 5. — Le gouvernement de la République française est représenté à Tunis par un ministre résident qui surveillera l'exécution des dispositions ci-dessus.

Art. 6. — Les agents diplomatiques de la République française près les cours étrangères protégeront les nationaux tunisiens et défendront leurs intérêts. En retour, le gouvernement du bey s'engage à ne conclure aucun traité, convention ou acte international sans en avoir prévenu le gouvernement de la République et sans entente préalable avec lui.

Art. 7. — Le gouvernement de la République française et le gouvernement du bey devront s'entendre sur les termes d'un règlement de la dette publique et des droits des créanciers de la Régence. Les conditions dans lesquelles sera fait ce règlement seront fixées ultérieurement.

Art. 8. — Une contribution de guerre sera payée par les tribus de la frontière et du littoral; le chiffre des impositions et le mode de recouvrement seront débattus dans des négociations ultérieures.

Art. 9. — Pour protéger les intérêts français contre la contrebande des armes et munitions de guerre, le gouvernement du bey s'engage à empêcher toute importation de poudres et d'armes.

Art. 10. — Le présent traité sera soumis à la ratification du président de la République française.

Cette lecture terminée, le bey demanda le temps de réfléchir et de consulter ses ministres. Le général Bréart répondit en acceptant la demande du bey, mais en déclarant que le gouvernement de la République avait besoin d'une prompte réponse, et qu'il accordait seulement un délai de deux heures, c'est-à-dire jusqu'à huit heures.

Cette réponse parut vivement préoccuper le premier ministre du bey, qui échangea quelques paroles avec Mohammed es Sadok. Il y eut un court silence, puis la conversation reprit. Le bey répliqua que le délai accordé était trop court. « Le général insista : « Nous voulons, dit-il, avoir une réponse aujourd'hui même. » Le bey continuant à alléguer la nécessité d'un plus long délai, M. Roustan fait remarquer que tous les articles de traité proposé ont été depuis longtemps discutés avec le premier ministre du bey, lequel est présent à l'entrevue, et qu'ils ont été l'objet d'une longue délibération dans le conseil des ministres. D'ailleurs, le conseil peut être réuni à l'instant même. Le général Bréart répète qu'il doit avoir une réponse dans la journée et qu'il ne pourrait se prêter à aucun atermoiement sans manquer aux instructions rigoureuses de son gouvernement. Le bey répond que, puisque cette précipitation est chose imposée, il est bien obligé d'accepter les conditions qui lui sont faites. Pour clore la discussion, le délai est prolongé jusqu'à neuf heures du soir (1).

L'état-major français se retire alors dans un salon du rez-de-chaussée, pendant que les dignitaires tunisiens qui occupent ce salon allaient conférer avec le bey dans le salon du premier étage. Il était alors six heures.

Vers sept heures, le bey faisait dire au général qu'il était prêt à signer ; le général remontait avec M. Roustan au premier étage, et l'acte diplomatique

---

(1) Dépêche adressée à la *République française* et publiée dans le numéro du 15 mai.

recevait les signatures du bey, de Mustapha, du général Bréart et de M. Roustan.

Le premier ministre, qui paraissait très troublé pendant le premier entretien, se montra au contraire fort expansif dans cette seconde entrevue et échangea des poignées de main avec les officiers français. Au moment de prendre congé, le bey demanda au général Bréart de vouloir bien retirer ses troupes des environs de Kasar-Saïd et de ne pas les faire entrer à Tunis, afin de ne pas entretenir l'agitation qui régnait au Bardo et dans la capitale de la Régence. Le général répondit au bey qu'il eût désiré de le satisfaire sur l'heure, mais qu'il ne pouvait se rendre à son désir avant d'en avoir référé à son gouvernement.

Le lendemain matin, le général Bréart et M. Roustan eurent une seconde entrevue avec le bey. Le général déclara à Mohammed es Sadok qu'il était heureux de pouvoir lui annoncer que, déférant au désir exprimé par le bey, le gouvernement français avait résolu de ne pas faire entrer ses troupes à Tunis. Le bey remercia vivement le général, l'assura de son amitié et lui conféra le grand cordon de l'ordre tunisien du *Nicham Iftikar*.

La nouvelle de ces évènements était à peine répandue à Tunis, qu'elle y provoquait une très vive agitation dans les cercles arabes. Plusieurs gros personnages tunisiens, à la tête desquels étaient Larbi-Zarrouck, un des ministres et le chef de la municipalité, se joignaient au cheik-ul-Islam et aux ulémas pour exciter les Arabes et surtout les cheiks des tribus du sud, qui depuis plusieurs jours étaient arrivés en grand nombre à Tunis. Ali-bey était venu, le 12 au soir, de son camp de Medjez-el-Bab, et après une longue entrevue avec son frère était reparti pour son habitation de la Marsa à Carthage. Le 12 au soir, le cheik-ul-Islam était également allé au Bardo voir le bey, et lui demander communication du traité avec la France, au nom des notables de la ville. Le bey avait ajourné cette communication; mais, pour donner satisfaction dans une certaine mesure aux sentiments du parti de la résistance, il adressa sur l'heure la dépêche suivante à Saïd-pacha, premier ministre à Constantinople :

Un général français est venu dans mon palais avec une escorte de cavalerie, a soumis à ma signature un traité de protectorat et m'a déclaré qu'il ne quitterait le palais qu'avec une réponse pour laquelle il m'accordait quatre heures.

Me voyant sous la pression de la force, par suite de la présence d'une armée près de ma résidence, j'ai dû, pour mon honneur et en vue d'éviter une effusion de sang, signer le traité, sans l'examiner ni le discuter, tout en déclarant que je signais contraint par la force.

Le journal officiel tunisien *Er-Raïd* ne dit pas un mot de la convention conclue dans la journée de jeudi. Il se borna à publier une note sur l'entrevue qui eut lieu le vendredi matin au Bardo entre le bey, le général Bréart et M. Roustan. Voici cette note, qui est assurément fort originale, surtout étant donné le silence de la feuille officielle sur le traité du Bardo.

AVIS.

Louange à Dieu.

Le *Raïd tunisien* informe le public qu'hier samedi une entrevue amicale a eu lieu entre S. A. le bey et M. le général Bréart, commandant en chef de l'armée française, qui se trouve dans le voisinage de la capitale.

Cette entrevue a eu lieu en présence du chargé d'affaires et consul général du magnanime gouvernement de France. Elle avait pour but de démontrer les rapports d'amitié qui existent entre les deux nations.

Son Altesse a prié le susdit général d'abandonner son projet d'entrer dans la capitale, afin d'éviter la surexcitation qui aurait pu se produire parmi les habitants, par suite de ladite entrée; il l'a prié également de repartir avec son armée.

M. le général a acquiescé à cette demande, et Son Altesse a reçu de lui l'assurance que les troupes n'entreraient point à Tunis et qu'elles reprendraient le chemin par lequel elles étaient venues, afin de rassurer les habitants et de leur affirmer la plus complète sécurité.

Nous nous empressons de publier le présent avis.

Tunis, 17 djoumada et tsani 1298 (15 mai 1881).

La population européenne éprouva une vive satisfaction de voir la situation déblayée et surtout d'avoir auprès d'elle les troupes françaises dont la présence était une garantie pour sa sécurité. Pendant les journées du vendredi et du samedi, la route de Tunis à la Manouba et les trains du chemin de fer ne désemplirent pas. Les Français, les Israélites, les Maltais, les Mozabites se donnaient tous le camp français pour but de promenade. La route était sillonnée à tout instant par des équipages de toute forme, carrosses, charrettes, siciliennes, mulets harnachés, bourriquots sur lesquels pendaient les longues jambes des nègres. Les Européens commentaient beaucoup la nomination de M. Roustan au grade de ministre plénipotentiaire de 1re classe dont la nouvelle s'était répandue le 13 au soir. Les Italiens en montraient un vive irritation. La colonie française ne cachait pas par contre le contentement qu'elle éprouvait à voir récompenser notre habile et énergique représentant et à constater cette première et importante conséquence de la nouvelle situation. Elle se montrait moins satisfaite du maintien de Mustapha comme premier ministre.

Dans la journée du dimanche 15 mai, le général Bréart passa la revue des troupes cantonnées à la Manouba. M. Roustan, en grande tenue, était présent à côté du général. Une foule très nombreuse était venue de Tunis. Plus de six mille personnes assistaient à la revue; parmi elles très peu de musulmans.

Le bey devait assister à la revue, mais au dernier moment il se fit excuser.

La revue avait eu lieu à quatre heures. A dix heures du matin, le général Bréart avait reçu la colonie française au palais du consulat, entouré de douze officiers d'état-major.

La colonie avait été convoquée par la lettre suivante adressée par M. Roustan au premier député de la nation française à Tunis, M. Valensi :

J'ai l'honneur de vous informer que le général Bréart, plénipotentiaire du gouvernement de la République et commandant des troupes françaises, sera heureux de recevoir la nation, dimanche, 15 mai, à dix heures et demie du matin. Je vous prie de vouloir bien en informer vos nationaux et protégés.

Agréez, monsieur le premier député, l'assurance de ma considération la plus distinguée.

TH. ROUSTAN.

Tous les Français présents à Tunis, un grand

nombre d'Israélites, d'Algériens et d'indigènes protégés par la France s'étaient rendus au consulat et remplissaient les salons de réception, les pièces avoisinantes. Une foule considérable se pressait devant le consulat.

M. Valensi, négociant, député de la nation, s'adressa en ces termes au général Bréart :

Les Français et les protégés français résidant à Tunis, qui se pressent ici en ce moment, sont doublement heureux de vous souhaiter la bienvenue et de saluer en vous l'armée et le gouvernement de la République.

Il y a deux mois à peine, inquiets d'apprendre que la sécurité de notre frontière et l'influence de notre gouvernement étaient gravement compromises, nous étions accourus dans cet hôtel consulaire, manifester nos craintes pour l'avenir et exprimer l'espoir que le gouvernement de la République ne laisserait pas perdre en un moment les résultats obtenus par de longs et pénibles efforts.

Notre confiance n'a pas été déçue.

La France entière a entendu notre appel r comprenant qu'il s'agissait de défendre, non point des intérêts privés, mais des droits incontestables, elle n'a pas hésité un moment à confier ses intérêts à sa jeune et brillante armée, que nous allions admirer à quelques pas d'ici, pendant que vous, général, vous obteniez du gouvernement du bey un traité qui garantit et met désormais à l'abri de toute atteinte les intérêts français.

Nous sommes heureux aujourd'hui, général, de venir vous présenter nos plus vifs remerciements pour le brillant résultat que vous avez obtenu.

Nous sommes heureux aussi de pouvoir féliciter bien sincèrement notre cher et digne représentant qui a rendu de si grands services à la cause de la France, et auquel notre gouvernement vient d'accorder un titre élevé et de confier nos intérêts, aujourd'hui si importants.

Français, unissez votre voix à la mienne et criez avec moi : Vive la République! Vive l'armée!

Ces paroles furent interrompues à diverses reprises par de vifs applaudissements. M. le général Bréart remercia M. Valensi par un discours dans lequel il félicitait la France du résultat obtenu. Il conseilla à la colonie de continuer à pratiquer les vertus propres à la nation française, de répandre l'influence de la France et de continuer à exploiter les richesses naturelles de la Tunisie. Il ajouta en terminant quelques mots relativement au rôle de l'armée sur laquelle la République doit et peut toujours compter. Le discours du général se termina par les cris de : *Vive la France! Vive la République!*

M. Roustan prit la parole pour remercier l'assistance des félicitations qu'il avait reçues au sujet de sa nomination de ministre plénipotentiaire. Les membres de la colonie défilèrent ensuite devant le général Bréart et la présentation se termina par un excellent discours de M. de Lamothe, correspondant du *Temps*, au nom de la presse, discours auquel MM. Roustan et Bréart répondirent en quelques mots.

Le lendemain 16, les colonnes commencèrent leur mouvement pour rejoindre les brigades Logerot et Delebecque. Les troupes quittèrent le camp de la Manouba et se transportèrent à Djedeida où le général Bréart devait rester jusqu'à la fin mai, pendant que la brigade Maurand, composée d'un bataillon du 38ᵉ de ligne, du 30ᵉ bataillon de chasseurs, d'un escadron du 1ᵉʳ hussards et d'une batterie d'artillerie, se dirigeait sur Mateur.

CHAPITRE IV

CHEZ LES KROUMIRS

Situation des colonnes Vincendon, Galland et Ritter le 28 avril. — Le Kef-Cheraga. — Pluies torrentielles. — Retard des opérations. — Mouvement vers le Djebel-Sidi-Abdallah. — Les camps de Fernana et de Feldj-Mannâ. — Le marabout de Sidi-Abdallah. — Le combat d'El-Feldj. — Aïn-Braham. — La vallée de Ben Metir. — Reconnaissances et razzias. — Engagement de Ben-Metir. — Opérations de la brigade Maurand. — Engagement près de Mateur. — Les Mogodys. — Soumission des Kroumirs et des Mekna. — Camps d'El-Guemair et de Sidi-Asker. — Fin de la campagne. — Ordre du jour du général Farre. — Rapatriement des troupes. — Garnisons laissées en Tunisie. — Conclusion.

L'expédition chez les Kroumirs devait être une grande manœuvre militaire et une exploration topographique plutôt qu'une guerre au sens propre du mot. Les officiers généraux qui avaient arrêté le plan de campagne avaient eu cette juste pensée qu'il s'agissait moins d'engager une lutte inutile avec des sauvages quelque peu irresponsables, que de leur imposer une salutaire frayeur par une démonstration imposante et d'explorer leur territoire le fusil d'une main et les instruments du géographe de l'autre.

Les trois colonnes Vincendon, Galland et Ritter avaient franchi la frontière au nord en même temps que la colonne Logerot au sud. Mais cette simultanéité voulait surtout un effet moral, car les opérations des trois colonnes de la division Delebecque ne pouvaient avoir de résultats pratiques qu'au moment où la brigade Logerot aurait passé la Medjerdah et pourrait diviser l'ennemi en menaçant son flanc gauche pendant que les troupes débarquées à Tabarcah l'inquiéteraient à droite. Ou les Kroumirs résisteraient, et nos troupes seraient en nombre suffisant pour en avoir raison sans avoir à regretter des pertes sérieuses; ou ces tribus effrayées s'éparpilleraient pour aller défendre leurs territoires respectifs, et l'expédition atteindrait lentement son but à la suite d'une série d'engagements sans importance. On sait que les choses se sont passées conformément à cette dernière prévision.

On se rappelle la situation des trois brigades le 27 avril. La brigade Vincendon, qui formait pour ainsi dire le centre et l'avant-garde, était campée sur le haut sommet du Kef-Cheraga à quelques kilomètres au-delà de la frontière, poussant des reconnaissances à l'est et au nord. La colonne Galland était un peu en arrière et à gauche sur le plateau de Reched-Mankoura. La brigade Ritter, passée sous le commandement du général Cailliot, était rentrée au camp d'El-Aïoun.

Les troupes eussent pu avancer davantage sans des pluies torrentielles qui rendaient les escarpements et les ravins inabordables aux cavaliers et à l'artillerie. Nos soldats, campés au milieu des bruyères, sur des plateaux de 800 mètres de haut, que la pluie tenait constamment dans une brume épaisse, supportaient avec une admirable patience le froid et le mauvais temps. A leurs pieds se déroulait la profonde vallée de l'Oued-Djenane au bout de laquelle ils pouvaient apercevoir Tabarcah à 15 kilomètres. La nuit, les vaisseaux ancrés à Tabarcah inondaient les pentes de lumière électrique et donnaient un aspect féerique à ce magnifique spectacle. Quant aux Kroumirs, ils semblaient avoir disparu au nord. La tribu des Ouled-Cedra, sur le territoire de laquelle nos troupes se trouvaient, avait abandonné ses gourbis, que nos goums des Ouled-Nehed pillèrent et brûlèrent avec d'autant plus d'ardeur que les Ouled-Cedra étaient leurs ennemis personnels.

Le sommet du Kef-Cheraga forme un plateau de plus d'un kilomètre carré terminé de plusieurs côtés par une muraille de rochers presque à pic. Au nord-ouest la muraille est plus haute et forme un pic où le général Vincendon a établi son observatoire. La tente du général et celles de l'état-major sont près de là. Les tentes des troupes emplissent le plateau. Un peu plus bas, sur la pente des rochers, est le camp arabe comprenant les goums et les 700 muletiers qui accompagnent le convoi, portant les vivres, les munitions et les couvertures. Les muletiers sont des Arabes algériens réquisitionnés à raison de 3 francs par jour. Les goumiers ou éclaireurs indigènes sont fournis par nos tribus, s'équipent à leurs frais, et sont les uns à pied, les autres à cheval, les autres sur des mulets. Les armes sont très diverses. Les uns ont des fusils arabes damasquinés, les autres des fusils à pierre, quelques-uns des fusils de chasse à deux coups.

6.

Le général Vincendon, qui commande la colonne, est le plus jeune brigadier de l'armée. La taille haute, l'air résolu, avec un visage jeune et bienveillant, il ne paraît pas avoir dépassé quarante ans. C'est, dit-on, un officier énergique, ayant du coup d'œil, de la décision et une profonde connaissance des détails de la vie militaire. Il a pris rapidement une grande autorité sur ses jeunes troupes. Son officier d'état-major est le commandant Guerrier. Deux officiers, le lieutenant Harlé et le sous-lieutenant Bartoli, sont chargés du service topographique.

Une embellie s'étant produite, deux colonnes formées par le 141ᵉ et le 96ᵉ explorèrent dans l'après-midi du 29 les crêtes des montagnes qui séparent les deux vallées qui sont à droite de l'Oued-Djenane, les vallées de l'Oued-Daraoui et de l'Oued-Tabarcah. Lorsqu'elles arrivèrent au sommet, une fusillade assez vive les accueillit. Un sergent du 96ᵉ fut tué. Les Kroumirs furent d'ailleurs délogés promptement, et l'on vit bientôt leurs troupeaux s'enfuir sur l'autre versant de la vallée.

Le même jour, la brigade Galland avait opéré une reconnaissance au nord-est, vers Babouchou, l'un des marchés des Kroumirs.

Le 30, nouvelles reconnaissances et razzias dans les trois vallées et du côté de Babouchou. La présence de bandes de Kroumirs est constatée dans les forêts de l'Oued-Djenane au nord et au sud-est sur les sommets du Djebel-Sidi-Abdallah, Ben-Djemel, la montagne la plus élevée du massif. Dans l'Oued-Djenane nos muletiers, qui étaient allés couper des orges, furent assaillis et mis en désordre. Une compagnie du 40ᵉ les rallia, délogea les Kroumirs et leur tua quatre hommes.

Le 1ᵉʳ mai, la brigade Cailliot quitta le camp d'El-Aïoun, où elle fut remplacée par des troupes venues de la Calle, et alla occuper le col de Fedj-Kala pour se tenir en communication avec les colonnes Galland et Vincendon et assurer leurs approvisionnements. En même temps les trois brigades recevaient l'ordre de prendre neuf jours de vivres, de se réunir à El-Hammam et de se porter dans la direction de Fernana à l'est.

La brigade de Brem recevait également l'ordre de s'avancer dans la vallée de la Medjerdah et d'aller occuper la station de Souk-el-Arba, pendant que la brigade Logerot quitterait ce point pour pénétrer directement au nord dans les montagnes et prendre position à Fernana. Ce mouvement concentrique avait pour but de cerner les tribus Kroumirs, Bechenia, Attatfa, Ouled-Cedra, Chiaia, Amedoun et Ouled-Salem, etc., qui s'étaient, disait-on, concentrées sur la formidable position du Djebel-Sidi-Abdallah.

Les brigades Vincendon, Galland et Cailliot exécutèrent leur mouvement en avant le 4 mai, firent halte au Djebel-Djebabra et campèrent à la zaouia de Sidi-Youssef, au milieu d'un pays riche en eaux et admirablement cultivé, sur le territoire des Ouled-Selloul. L'étape fut de 8 kilomètres; le lendemain étape de 6 kilomètres et arrivée à Feldj-Mana au pied du Djebel-Abdallah, sur le territoire des Ouled-Hallal. Le camp est établi sur trois collines de chaque côté d'un ravin où s'installe le quartier général.

A peine est-il installé que les Ouled-Selloul viennent au nombre de trois cents demander l'aman et livrer leurs fusils. Le lendemain les Ouled-Hallal se présentèrent par petits groupes et firent à leur tour leur soumission.

La brigade Logerot ne restait pas de son côté inactive. Elle avait franchi les 18 kilomètres qui séparent Souk-el-Arba de Fernana, et, le 6 au soir, le général Forgemol, commandant de toute l'expédition, avait pu se rendre de Felj-Mana à Si-Salah pour conférer avec le général Logerot et arrêter les mesures à prendre pour occuper le Djebel-Sidi-Abdallah, où plusieurs milliers de Kroumirs étaient, disait-on, concentrés.

Le 8 au matin, douze bataillons pris dans les trois colonnes Cailliot, Vincendon et Galland, laissaient leurs sacs au camp et, sous le commandement du général Delebecque, partaient en reconnaissance au marabout de Sidi-Abdallah-Djemel. La reconnaissance était divisée en trois sections de quatre bataillons chacune.

Le marabout apparaissait à une distance d'environ 6 kilomètres. Les troupes traversèrent une plaine, puis une colline et un ravin tellement escarpé et profond que l'artillerie dut s'arrêter. En commençant l'ascension du Djebel nos soldats rencontrèrent des douars abandonnés quelques minutes auparavant par la tribu des Atatfas.

Pressant leurs montures, nos goums arrivèrent sur le plateau au moment où cent cinquante Kroumirs se sauvaient de l'autre côté de la montagne, emmenant avec eux trois cents têtes de bétail, bœufs, moutons et chèvres. Après l'échange de quelques coups de feu, les Atatfas abandonnèrent le troupeau et se perdirent dans les broussailles.

Vers onze heures, le général Delebecque atteignait le marabout, où il était reçu par l'oukil ou ermite gardien de la Kouba de Sidi-Abdallah. L'oukil était seul resté à son poste pendant que les Kroumirs se dispersaient au nord et à l'est. « Je suis un homme de religion, dit-il au général, et non un homme de guerre ; je n'ai jamais fait de mal à personne, je te prie de prendre le marabout de Sidi-Abdallah sous ta haute protection. » Les cheiks de nos goums s'étant joints à l'oukil, le général ordonna que le marabout serait respecté.

Le marabout de Sidi-Abdallah est en grande vénération dans toute la contrée et jusque dans la province de Constantine. Le monument n'a du reste aucune valeur architecturale si l'on en croit les récits adressés du camp de Feldj-Manna aux journaux. Voici ce qu'en écrivait le correspondant d'un journal parisien :

« Nous nous précipitons pour voir ce sanctuaire célèbre. Quelle désillusion pour ceux d'entre nous qui ne sont point familiers avec l'architecture arabe contemporaine en Afrique ! Figurez-vous une construction carrée de 8 à 10 mètres de côté environ. L'entrée est précédée d'une cour fermée, sur le mur de laquelle sont déployés trois étendards déchirés. Aucune autre ouverture que la porte, aucun ornement. Au-dessus du carré de pierre s'élève une petite coupole en dé à coudre que surmonte un croissant. L'intérieur est aussi pauvre :

quatre piliers en ogive l'encombrent, les murs au dedans et au dehors sont recouverts d'un crépissage à la chaux écaillé en vingt endroits. L'espace entre les piliers est rempli par un sarcophage, simple caisse de bois rectangulaire recouverte d'une étoffe de soie dont la couleur primitive a disparu sous l'ordure et la poussière et que nos Arabes baisent avec vénération. C'est là-dessous que repose le conquérant de Tunis. Au-dessus flotte un étendard de soie brochée d'or dont la couleur n'est pas moins défraîchie et dont les Arabes approchent leurs lèvres avec non moins de respect. Il est curieux que le matériel de la dévotion soit partout un peu le même. Beaucoup des objets qui sont ici ne seraient pas déplacés dans une église chrétienne. Des chandeliers de fabrication européenne portent de grandes bougies, un casier posé à la tête du sarcophage est plein de petits paquets d'encens apportés en offrande par les âmes pieuses, un lustre à huit becs descend de la coupole.

« Rien n'est bien original. Deux lanternes sont appliquées sur le mur pour la nuit, et la terre battue qui tient lieu de pavage est recouverte de modestes nattes de paille. La saleté, ce grand vice arabe, s'étale partout, et l'impression est telle que, la première curiosité satisfaite, on ne songe qu'à sortir. A la porte se tenait l'oukil effaré, vieillard à barbe grise et dont les traits se convulsaient de terreur. Etait-ce crainte personnelle? Etait-ce pieux effroi de voir les bottes de tant d'infidèles souiller de leur talon le lieu sacré? Son regard était chargé de haine. . . . .

« . . . Les habitants des environs, qui sont des

Atatfas, avaient apporté sous les murs du marabout et placé ainsi sous sa protection tout ce qu'ils n'avaient pu emporter dans les bois. Ils n'avaient déjà pas si mal calculé, puisque ces objets se trouvaient compris dans le périmètre que le général Delebecque avait ordonné de respecter. C'était en grand une reproduction du déménagement que nous avions trouvé dans le village en venant. Entre autres choses, il y avait une soixantaine de grandes tentes qui, suivant l'expression des soldats, faisaient loucher les gens du goum et les muletiers que l'espoir du pillage avaient attirés jusque-là,

« Le général parti, un combat terrible s'est livré où ni l'artillerie de Sidi-Abdallah, ni les fusils kroumirs n'avaient de rôle à jouer. Nos Arabes étaient combattus entre le respect que le marabout leur inspire et l'envie que leur donnaient les belles tentes qu'il couvrait de sa protection. Sidi-Abdallah a été vaincu, et un certain nombre de tentes ont pris subrepticement le chemin du camp. »

Pendant que la colonne Delebecque escaladait le marabout de Sidi-Abdallah, le général Logerot s'était porté avec quatre bataillons sans sacs, à 8 kilomètres au nord-est de Fernana, dans la direction de Ben-Metir, et constatait de nombreuses difficultés de terrain rendant nécessaires des travaux d'accès pour l'artillerie et la cavalerie.

Les journées des 9 et 10 furent consacrées à des reconnaissances du Djebel-Meridj, montagne située au nord-est du Djebel-Sidi-Abdallah et qui se trouvait sur la route d'Aïn-Draham et de Ben-Metir. Ces reconnaissances constatèrent la présence de bandes de Kroumirs dispersés dans les ravins très boisés de cette région. Nous goumiers et nos chasseurs qui éclairaient les pentes ayant reçu des coups de fusil, le général Cailliot fit fouiller les bois par quelques volées de mitraille. Les Kroumirs se sauvèrent en toute hâte, se réfugiant derrière les rochers du sommet où nos obus allèrent bientôt les trouver.

Les turcos et les zouaves escaladèrent à leur tour les crêtes de Djebel-Meridj et virent à leurs pieds le col d'Aïn-Draham (la source d'Argent), sorte de vallon boisé.

Toutes ces reconnaissances n'avaient pas coûté un homme à nos troupes, qui depuis le 2 mai n'avaient perdu que quatre hommes, un sergent de zouaves tué près du Kef-Cheraga, et trois hommes du train, le brigadier Fournil et les soldats Gabert et Besset, surpris et tués par les Kroumirs à 3 kilomètres du camp dans la journée du 10 mai. Un ordre interdisait aux soldats de laisser sortir du camp toute personne non escortée, mais depuis plusieurs jours les Kroumirs se montraient si rarement que la discipline s'était un peu relâchée sur ce point. Les trois soldats étaient partis le matin pour aller faire pâturer des mulets, et, en admirant les beautés du paysage, ne s'étaient arrêtés qu'à 3 kilomètres du camp, auprès d'un beau champ d'orge et non loin d'un petit bois. Une bande de Kroumirs postée sur les crêtes les aperçut, descendit par le bois et les tua presque à bout portant. Les corps du brigadier Fournil et du soldat Gabert étaient criblés de balles. Les Kroumirs avaient à demi séparé les têtes du tronc. Un des mulets gisait à terre. Le corps du troisième soldat Besset fut retrouvé le lendemain dans un fourré. Il avait également la tête coupée. Telle avait été la sécurité et l'imprévoyance des trois malheureux soldats, que la culasse de leurs fusils, dont l'un fut retrouvé, était encore entourée de linge. Il eût fallu près d'une minute pour mettre l'arme en état de service. Les trois soldats furent enterrés au col de Feldj-Manna.

Le 11 mai, malgré les pluies torrentielles qui depuis deux jours avaient défoncé le terrain et rendu les chemins très difficiles, la colonne Delebecque changea de camp et alla s'installer entre Sidi-Abdallah et le Djebel-Meridj, se rapprochant d'Aïn-Draham et de Ben-Metir où la colonne Logérot devait se porter également. Nos soldats rencontrèrent quelques cadavres de Kroumirs dans les bois. Plusieurs gourbis abandonnés sont incendiés, les champs d'orge qui se trouvent sur le chemin de la colonne sont moissonnés, et le génie a l'ordre de démolir le marabout de Sidi-Abdallah.

Le même jour la colonne Logerot quittait Fernana à cinq heures du matin pour se rendre à El Fedj, laissant au camp le 11° hussards, le 7° chasseurs à cheval et trois compagnies du 83° sous le commandement du général Gaume. Après une marche de 8 kilomètres la colonne du général Logerot arrivait à El-Fedj. On avait envoyé les goums en reconnaissance dans la direction de Ben-Metir pendant que le camp s'installait, lorsqu'une fusillade assez vive vint annoncer que l'ennemi était en force de ce côté-là.

7

« Les goums étaient à peine engagés dans la gorge de Khanguet-el-Hammann, que l'ennemi commençait le feu. Quelques chasseurs d'Afrique mirent aussitôt pied à terre et ripostèrent. Les Kroumirs, embusqués dans ce terrain boisé et difficile, tenaient solidement. Une fusillade nourrie s'engagea de part et d'autre.

« A onze heures et demie, tous les chasseurs d'Afrique disponibles étaient en ligne.

« L'ordre fut alors donné à 120 goumiers à pied, sous les ordres du capitaine Heymann, de se porter sur la droite pour tourner la position ennemie et la faire abandonner. En même temps, deux batteries de montagne de 80 ouvraient le feu à 3,000 mètres.

« Les Kroumirs furent refoulés, laissant derrière eux quelques morts qu'ils n'avaient pu enlever.

« Ce résultat n'avait pas été obtenu par nous sans nous faire éprouver quelques pertes. Trois goumiers, dont un cheik, étaient tués : un quatrième avait disparu. Un lieutenant de chasseurs d'Afrique était blessé, un chasseur tué et un autre blessé.

« Vers deux heures, dit le rapport du général Logerot, les munitions commençaient à faire défaut à la cavalerie.

« Je donnai l'ordre à trois compagnies du 1er régiment de zouaves, sous les ordres du chef de bataillon Mercier, de se porter en avant pour la renforcer.

« Arrivée sur la ligne des chasseurs d'Afrique, la 3e compagnie du 3e bataillon (capitaine Kœnig) prit sa formation de combat et couronna une première crête. La fusillade, qui avait diminué d'intensité, recommença aussitôt. La 4e compagnie du même bataillon (capitaine de Franclieu) vint soutenir la 3ᵉ, et toutes deux se portèrent en avant. Elles se trouvèrent bientôt devant une ligne de rochers d'où partaient des feux nourris. Les indigènes, embusqués derrière des abris en pierre, dirigèrent sur les zouaves un feu de salve qui tua un homme. On apercevait au milieu d'eux un personnage dont le costume sombre se distinguait parmi leurs burnous blancs.

« Devant la résistance des Kroumirs, le capitaine commandant la 3ᵉ compagnie fit sonner la charge et enleva à la baïonnette la ligne de rochers d'où s'enfuirent environ cent cinquante indigènes.

« Pendant ce temps, quelques groupes ennemis descendaient de la montagne et venaient menacer notre flanc droit. Le feu d'une batterie du camp fut immédiatement dirigé sur eux à environ 2,500 mètres : deux sections de zouaves firent face à droite, et leur mouvement fut arrêté. L'artillerie les poursuivit de son feu jusqu'à 3,200 mètres.

« Quand l'ennemi eut disparu, les troupes qui s'étaient portées en avant pour le combattre revinrent au camp. Elles y étaient de retour à quatre heures.

« Dans cette journée, la colonne avait eu 10 hommes hors de combat : 5 tués, dont un cheik ; 4 blessés, dont un officier ; 1 disparu, dont le corps a été retrouvé le 13 (1). »

Le 14 mai, toutes les troupes, moins les brigades Gaume et Galland laissées aux camps de Fernana et

---

(1) Rapport du général Logerot. *Officiel* du 27 mai.

d'Aïn-Draham, reçurent l'ordre de marcher sur Ben-Metir, centre stratégique de cette région. Les brigades Cailliot et Vincendon partent à cinq heures du matin pour franchir le défilé du Kranguet-Meridj, gorge profonde et boisée où coule l'Oued-el-Lil (la rivière de la Nuit). Pour rendre le passage encore plus difficile, les Kroumirs avaient renversé des chênes énormes en guise de barricades. Le district est des plus sauvages et l'un des plus pittoresques de toute la région. Les crêtes sont dénudées, mais les pentes et les ravins sont couverts de chênes séculaires de toute beauté, de grandes fougères magnifiques, et coupées au loin par des champs d'orge et de blé dont les tiges sont d'une hauteur et d'une vigueur extraordinaires.

La traversée du défilé d'El-Meridj n'eut pas lieu sans difficultés. La brigade Cailliot perdit dix-neuf mulets, la brigade Vincendon dut s'arrêter à mi-chemin.

A droite la brigade Logerot, partie du camp d'El-Fedj à quelques kilomètres en avant de Fernana, avait eu à traverser le défilé d'El-Aman non moins impraticable que celui d'El-Meridj; mais le génie avait depuis plusieurs jours aménagé une route. Les troupes marchèrent divisées en trois colonnes; l'une, composée de zouaves, suivait les crêtes escarpées du versant de gauche; la seconde colonne, comprenant l'artillerie et la cavalerie, suit le sentier tracé par le génie sur les flancs de ce versant. La troisième colonne, composée de tirailleurs algériens, longe le versant de droite. Une section d'ambulance avec mulets et cacolets est attachée à chaque colonne.

A une heure de l'après-midi, les deux brigades, parties du Djebel-Meridj et d'El-Fedj, débouchaient dans la plaine de Ben-Metir, et le général Logerot apprenait aux généraux Cailliot et Delebecque les évènements de Tunis et la signature du traité. Les généraux étaient en conférence lorsqu'une dépêche vint annoncer que la colonne commandée par le colonel O'Neill était engagée sur les crêtes du Djebel-Balta avec deux milliers de Kroumirs.

Cette colonne, qui comprenait deux bataillons du 2ᵉ tirailleurs algériens, une batterie de montagne et une section du génie, avait marché à mi-flanc du versant ouest du Djebel-Salah sur la rive gauche de l'Oued-Ellil. Après une marche des plus pénibles, les troupes du colonel O'Neill avaient atteint l'extrémité du défilé; un de ses bataillons occupait un piton très élevé, l'artillerie était en position au pied de cette hauteur. L'autre bataillon, qui avait marché en flanc-garde sur la droite du premier, descendait les rampes qui l'en séparaient pour venir le rejoindre lorsque l'ennemi attaqua résolument l'arrière-garde de ce second bataillon. Quelques feux de salve suffirent pour arrêter les indigènes, puis pour les forcer à regagner rapidement les bois et les rochers d'où ils étaient descendus. Le colonel les poursuivit aussitôt avec ses deux bataillons et se trouva en présence de groupes assez nombreux qui, poussés de l'autre côté de la montagne par la division Delebecque, étaient venus chercher un refuge dans les riches douars des Ouled-Tedmaka, considérant cette région comme inexpugnable et persuadés que nous ne pourrions les y atteindre. Les bois étaient remplis de cavaliers et de femmes, les vallées encombrées par les troupeaux.

Le 2° régiment de tirailleurs occupait une forte position au versant ouest. Les indigènes étaient établis à la lisière d'un bois distant de 400 mètres environ sur le versant est.

A onze heures et demie, le colonel, craignant qu'un mouvement rétrograde exécuté en ce moment ne vînt enhardir l'ennemi, et estimant que les forces qu'il avait sous la main n'étaient pas suffisantes pour garder ses positions, demanda au général Logerot de lui envoyer un bataillon de renfort. « L'ordre fut donné au bataillon du 4° zouaves de rejoindre la colonne O'Neill et de camper avec elle sur la hauteur de la rive gauche de l'Oued-Ellil qui commande l'entrée du défilé. Mais le colonel du 2° tirailleurs algériens, qui contenait l'ennemi par une fusillade nourrie depuis près de trois heures, ne voyant pas de renfort arriver, prit ses dispositions pour continuer sa marche sur Ben-Metir ainsi qu'il en avait reçu l'ordre. Toutefois, afin de ne pas être inquiété dans ce mouvement, il prononça une attaque vigoureuse sur le front et sur le flanc gauche de l'ennemi qui fut refoulé dans les bois. Il commença alors son mouvement par échelon.

« A quatre heures, le colonel O'Neill recevait la dépêche du général Logerot qui lui ordonnait de camper sur le mamelon de la rive gauche de l'Oued-Ellil commandant la plaine de Ben-Metir. A la sixième heure, il rencontrait le bataillon du 4° zouaves qui venait le renforcer. Toute la colonne passa la nuit à l'endroit indiqué. Aucune attaque ne se produisit (1). »

(1) Rapport officiel du général Logerot. *Officiel* du 1er juin.

La plaine de Ben-Metir, où nos troupes venaient de s'installer, est sur le riche territoire de la tribu des Tebainia. Située au cœur du pays des Kroumirs, entourée de défilés considérés jusque-là comme infranchissables, et en réalité d'un accès très difficile, elle est assurément avec Sidi-Abdallah le point stratégique le plus important de toute cette région. La plaine peut avoir 3 kilomètres de long sur 2 de large. Au nord s'élève le marabout de Sidi-Mohammed-Ben-Metir. Une dizaine de douars partagent la plaine, qui est admirablement cultivée en blés et en orges. Les Kroumirs se croyaient en pleine sécurité derrière les défilés qui protègent cette vallée, défilés dont les troupes tunisiennes n'avaient jamais pu franchir les impénétrables forêts.

La plus forte besogne de l'expédition était accomplie ; l'ouest, le sud et le centre du pays des Kroumirs se trouvaient balayés. Une demi-douzaine de tribus avaient fait leur soumission, les Ouled-Cedra, les Bechenia, les Ouled-Selloul, les Ouled-Hallal, les Ouled-Amor, les Ouled-Saïd et les Houamdia. Il ne restait plus à soumettre que les tribus du nord-est, dont une seule, les Mekna, avait une réputation belliqueuse qui, d'ailleurs, paraît fondée. Les tribus qui avaient demandé l'aman représentaient environ 6,000 fusils ; les tribus insoumises, les Tebainia, dont les gourbis étaient à Ben-Metir même, les Rkaissia, les Debabsa, les Mekna et les Attatfa ne comptaient pas, toutes réunies, plus de 4,000 fusils. Si elles ne recevaient pas de secours des tribus voisines, les Ouchtetas du nord, les Nefza et les Amranes, la campagne devait être terminée dans une huitaine de jours. Il en fut ainsi en effet, et, le 1ᵉʳ juin, l'expédition avait à peu près accompli son œuvre, et contraint toutes les tribus Kroumirs à faire leur soumission, verser leurs fusils et acquitter une première contribution en troupeaux et en céréales.

Les troupes n'avaient point d'ailleurs borné leur action à la poursuite de l'ennemi et à l'exploration du terrain. Les brigades Galland et Gaume, laissées en arrière, avaient tracé des routes entre la frontière française, Sidi-Youssef, Aïn-Draham et Fernana, et rendu ainsi accessible toute la partie méridionale du pays des Kroumirs. Au nord, les troupes établies à Tabarcah avaient établi, avec le concours d'indigènes réquisitionnés, une autre route longeant le littoral et mettant la plaine de Tabarcah en communication directe avec la Calle et Bône. Que ces deux routes fussent prolongées, la première vers le nord-est d'Aïn-Draham à Ben-Metir et au littoral, la seconde de la plaine de Tabarcah chez les Mogodys, et le pays était désormais ouvert et facile à parcourir. Nos officiers topographes qui suivaient les colonnes avaient noté avec le plus grand soin tous les reliefs du terrain et dressé une carte au 1, 200,000ᵉ. Avec un ou deux blockhaus à Sidi-Abdallah ou sur une des éminences situées entre Aïn-Draham et Ben-Metir, on tiendra désormais le pays.

Les indigènes ont conscience de cette situation, car leurs cheiks demandent toujours si l'on construira des forts sur leur territoire, et la réponse affirmative paraît leur causer une vive impression de crainte.

Les journées du 16, du 17, du 18 et du 19, se passèrent en reconnaissances. Le camp avait été porté dans la vallée d'Aïn-Metir un peu plus au nord-est. La brigade Logerot regagna Fernana le 17, et fit sur sa route une razzia de huit cents bœufs. Les reconnaissances dirigées vers le nord-est constatèrent la présence de nombreux groupes d'indigènes dans les bois et les ravins du Djebel-Guessa, un de nos cheiks fut blessé dans un court engagement qui eut lieu le 16 avec ces bandes.

Le 19, la brigade Cailliot se porta à 2 kilomètres en avant vers le col du Djebel-Guessa pendant que la brigade Vincendon opérait dans la direction de Tabarcah. Les Atatfa, qui fuyaient depuis huit jours devant nos troupes, demandèrent l'aman et rentrèrent chez eux avec plus de 2,000 têtes de bétail qu'ils avaient dissimulées dans les bois. De leur côté, les tribus situées du côté de Fernana vinrent déclarer que les tribus insoumises leur avaient confié un grand nombre de troupeaux. Le général Logerot en profita pour prendre des bestiaux et des tentes qui furent distribuées aux soldats. Le 17, il avait reçu la soumission de diverses fractions insoumises des Chiaias et des Amedoun.

Pendant que les brigades Vincendon et Cailliot manœuvraient en demi-cercle autour des tribus du nord-est pour les acculer entre la mer et le Djebel-Chaada, leur fermant le sud et l'ouest, le général Forgemol avait donné l'ordre aux brigades Logerot et Mauraud de se porter par Beja et Mateur sur la région des Mogodys et des Ouchtetas du nord, afin de barrer toute retraite aux Mekna, aux Debebsa et aux dernières tribus rebelles.

La brigade Maurand, qui était campée près de Mateur, avait eu, le 17, un engagement assez vif avec les Arabes Mogodys. Le général Maurand allait avec une de ses troupes à la rencontre d'une colonne envoyée de Bizerte, lorsqu'à la sortie du gué bourbeux et difficile de l'Oued-Chair, il reçut le feu d'un parti assez considérable de cavaliers et de fantassins.

Le général Maurand fit déployer trois compagnies du 30ᵉ chasseurs à pied et mit en batterie six pièces de montagne. Ayant assuré la protection du camp, il se porta en toute hâte vers la colonne venant de Bizerte qui était aux prises avec l'ennemi entre l'Oued-Djoumin et le Djebel-Mellela. La jonction eut lieu à 3 kilomètres du pont situé au nord-est de Mateur.

Les troupes changèrent alors de direction. Le 30ᵉ chasseurs et le 38ᵉ de ligne prirent pour objectif le promontoire du Djebel-Mellela qui domine Mateur vers l'est, tandis que le 20ᵉ de ligne, le 9ᵉ chasseurs à cheval et l'artillerie se portèrent vers le pont de la ville. La colonne de droite franchit le gué de l'Oued-Mateur, gravit avec entrain les pentes du mamelon et allait entrer dans le bordj de Mateur que l'artillerie avait canonné lorsque les habitants hissèrent le drapeau blanc et ouvrirent la place.

Les Arabes qui avaient attaqué la colonne, évalués à 2,500, étaient en majeure partie à cheval. Cinquante environ furent mis hors de combat. Nous eûmes seulement quatre blessés.

Deux jours après l'occupation de Mateur et la leçon donnée aux Mogodys, la brigade Logerot entrait à Béja sans résistance, occupait la Casbah et démolissait une partie des remparts de la ville.

Le 19 mai, la brigade Cailliot descendait la vallée de l'Oued-Zane et s'installait sur la rive gauche à El-Guemair; la brigade Vincendon allait camper à 6 kilomètres à l'ouest, à Feld-Jachara. Le camp de la brigade Cailliot était situé sur un plateau broussailleux et fort élevé. En face, à droite, était un ravin profond, escarpé, très boisé et au fond duquel coulait l'Oued-Zane. Sur les crêtes on pouvait apercevoir des partis de Mekna se glissant derrière les rochers et les arbres. Deux cents environ étaient venus s'embusquer au fond du ravin, lorsque le sous-lieutenant Lami, chargé de reconnaître le terrain devant eux, approcha avec trois tirailleurs. Une décharge partit de l'autre côté du ravin. Un tirailleur roula à terre, traversé par une balle. Les tirailleurs de grand'gardes arrivèrent immédiatement au pas de course et dégagèrent le lieutenant Lami. La fusillade s'engagea des deux côtés du ravin. Les Mekna obligés de se découvrir en se retirant, — on était à 50 mètres, — perdirent beaucoup de monde. Nous eûmes deux autres tirailleurs tués et un blessé gravement. A l'ouest, nos goums partis en reconnaissance échangèrent également quelques coups de fusil, mais ne perdirent personne.

Les Mekna, qui n'appartiennent point à la confédération des Kroumirs, sont une tribu de peu d'importance comme nombre, mais très riche et plus belliqueuse que leurs voisins. Les renseignements du service arabe les avaient représentés comme très nombreux; on savait d'autre part, de source certaine, qu'ils avaient donné asile sur leur territoire aux contingents de plusieurs tribus Kroumires, notamment des Tabainia : l'état-major crut donc devoir opérer contre eux par un mouvement concentrique des quatre brigades.

Le général Logerot partit de Béja en remontant l'Oued-Zouara pour garder les défilés et les sommets du Djebel-Chaada, pendant que les brigades Vincendon, renforcées de deux bataillons du 87e, marchaient le long du littoral. Les brigades Galland et Cailliot devaient se diriger au nord et rejeter les Mekna vers la mer. L'opération ne put avoir son plein succès. La brigade Galland, obligée à une marche très pénible par une chaleur accablante, eut beaucoup de traînards. L'absence de communications entre les brigades Cailliot et Vincendon amena des erreurs dans l'heure du départ et dans la direction à suivre. Seule, la brigade Vincendon rencontra les Mekna qui, serrés de près, attaquèrent le 88e. La lutte fut assez vive. Le 88e, un instant débordé, fut dégagé par une brillante charge d'un peloton du 4e hussards, commandé par le sous-lieutenant Aubert. Les Mekna se replièrent précipitamment non sans faire de nombreuses pertes. Nous eûmes deux tués et quatre blessés.

Ce fut le dernier engagement des brigades expéditionnaires. La veille, une reconnaissance de la brigade Vincendon, dirigée par le capitaine d'état-major de Villebois, avait eu trois blessés près de l'Oued-el-Abiod où elle avait rencontré des bandes assez considérables.

Le 26, un groupe de Mekna se voyant acculé dans les dunes et les genêts du littoral vint demander l'aman. Le général Cailliot en garda douze comme ôtages et relâcha les autres, en leur disant qu'il n'accorderait l'aman qu'à la tribu entière. Le lenmain d'autres groupes se présentèrent, et, le 1ᵉʳ juin, la soumission des Mekna était complète et définitive ainsi que celle de leurs voisins, les Ouled-Yahia, dont nos troupes avaient razzié tous les troupeaux et brûlé les gourbis.

Les opérations militaires ne se prolongèrent pas au-delà du 4 juin. Les colonnes Logerot et Maurand avaient parcouru le pays des Mogodys sans rencontrer de résistance, recevant la soumission de dix-neuf cheiks. Les colonnes Cailliot, Vincendon et Galland avaient occupé les derniers jours du mois à reconnaître les quelques vallées situées entre Ben-Metir, Aïn-Draham et Tabarcah, traçant des routes et pressant l'exécution des conditions imposées aux tribus; c'est-à-dire la livraison des armes et le versement d'une première contribution en argent ou en nature.

Le 10 juin, le rapatriement des troupes commençait, et, le 20, il ne restait plus en Tunisie que 6,000 hommes, répartis entre les garnisons de Bizerte, le Kef, Tabarcah et les quatre camps de la Manouba, près de Tunis, Ghardimaou, sur la ligne ferrée, Fernana et Aïn-Draham chez les Kroumirs. La campagne militaire était terminée, et le ministre de la guerre adressait aux troupes l'ordre du jour suivant :

Officiers, sous-officiers et soldats,

Au moment où les troupes du corps expéditionnaire de la frontière de Tunis cessent leurs opérations, je suis heureux de reconnaître les services qu'elles ont rendus, de leur témoigner toute ma satisfaction et de les féliciter sur les résultats obtenus.

Elles ont justifié pleinement la confiance que le pays avait eue en elles et que M. le président de la République leur exprimait solennellement, il y a moins d'un an, en remettant leur drapeau à tous les corps de l'armée.

Dans tous les rangs on a rivalisé de patriotisme et d'ardeur pendant cette laborieuse campagne. Les soldats ont supporté avec courage les épreuves les plus dures dans une contrée inextricable, sous un climat pénible et au milieu d'incessantes intempéries ; leurs efforts soutenus ont surmonté tous les obstacles; c'est avec joie que je les félicite.

Mais je ne dois pas moins en féliciter leurs chefs, les officiers de tous grades, les fonctionnaires de tout ordre, dont le zèle, l'intelligence, l'ardeur et l'habileté ont su tirer un si bon parti de nos jeunes troupes.

Leurs soins incessants et leur paternelle vigilance ont maintenu un état de santé véritablement surprenant, eu égard aux circonstances et aux difficultés que présentaient les opérations.

J'adresse aussi des félicitations toutes spéciales au général Forgemol, dont le commandement supérieur a été exercé avec une rare sagesse; au général Delebecque, qui commandait la colonne principale d'opérations; au général Logerot, qui a su donner une énergique impulsion à ses troupes ; au général Bréart, qui a si dignement représenté notre pays dans des circonstances difficiles, ainsi qu'aux généraux et chefs de corps placés sous leurs ordres.

Ces services ne seront pas oubliés. La reconnaissance de la République est acquise à tous ceux qui ont pris part à cette campagne.

Le ministre de la guerre,

Farre.

On sait que le 1er juillet des troubles ayant éclaté à Sfaks et à Gabès, sur le littoral oriental, le cuirassé la *Reine Blanche* a emmené deux bataillons qui doivent tenir garnison dans ces deux villes.

CONCLUSION

La campagne de Tunisie n'est point de celles qui couvrent de gloire une armée, mais elle a donné au pays tous les avantages pratiques qu'il en attendait.

Les Kroumirs ont été traités plutôt en sujets rebelles qu'en ennemis, et les opérations se sont ressenties autant de cette préoccupation que des lenteurs inévitables causées par l'ignorance où l'on était du terrain et du nombre réel des adversaires. D'autre part nos généraux semblaient avoir l'ordre de ménager leurs troupes autant que possible et d'éviter toute effusion de sang inutile.

Dans ces conditions l'expédition devait présenter, comme je l'ai dit plus haut, le caractère d'une grande manœuvre militaire, avec cette nuance toutefois que nos troupes avaient à marcher sur un terrain très difficile, sous des pluies torrentielles ou sous un soleil de plomb, qu'elles ont campé pendant des semaines à 900 mètres au-dessus de la mer, sur des plateaux tour à tour glacés par le froid, détrempés par la pluie ou brûlés par 45 degrés de chaleur, qu'elles étaient constamment en éveil et obligées de se garder contre un ennemi sinon très tenace du moins très audacieux.

Ces fatigues, ces intempéries cruelles, cette nécessité d'une vigilance continue, nos troupes les ont toujours bien supportées. Une seule fois, dans la journée brûlante du 26 mai, traversant un pays complètement découvert et d'un accès pénible sous soleil torride, une de nos colonnes a laissé beaucoup de monde en route.

Non seulement aucune plainte ne s'est élevée, aucun acte d'indiscipline n'a été commis, mais dans ces conditions désavantageuses l'état sanitaire de la troupe resta excellent, résultat dû au moins autant à l'état moral du soldat qu'à la prévoyance des chefs et à la bonne organisation des services. Nos troupes venues de France ont eu moins de malades qu'elles en ont en temps ordinaire dans nos garnisons de l'intérieur. Et cependant elles buvaient souvent de l'eau saumâtre, couchaient sur des terres détrempées, passaient par des alternatives de température considérables. Ce sont là des résultats qui font honneur au bon esprit du soldat et à la sagesse de ses chefs.

La campagne de Tunisie aura eu d'autres résultats non moins précieux; nos divers services militaires ont subi une sorte d'épreuve dont ils ne sont pas tous sortis vainqueurs et qui amènera d'utiles réformes. On a constaté que notre système de mobilisation présentait des lacunes, notamment en ce qui concerne l'Algérie. Le service des transports de l'État s'est montré inférieur à celui des transports du commerce, plus lent à mettre en marche et moins rapide comme fonctionnement. La télégraphie volante n'a pas révélé à la pratique les avantages qu'on en attendait. La télégraphie optique a rendu au contraire de grands services et demande à être développée comme matériel et comme personnel. L'intendance, qui avait une tâche difficile, paraît avoir ressenti les effets des critiques dont elle est depuis longtemps l'objet, et l'approvisionnement des colonnes a été fait par elle à la satisfaction du commandement. Enfin notre artillerie a fourni un concours très précieux, et nos nouvelles pièces ont donné comme distance et comme tir des résultats excellents.

Reste le but diplomatique et politique de l'expédition. Ce but, personne ne peut le contester, a été atteint aussi complètement que possible. Le traité du 12 mai est d'une exécution difficile, qui demandera beaucoup de persévérance, d'habileté et de fermeté ; on ne pouvait pas cependant sortir d'une façon plus heureuse de la situation redoutable que nous avaient créée le mauvais vouloir du bey et les ambitions italiennes. L'annexion de la Régence à l'Algérie eût été une faute grave, qui nous eût obligés à entretenir en Tunisie un corps d'occupation de 30,000 hommes et nous eût valu des complications incessantes. Le protectorat aura certainement ses difficultés. Les rapports du ministre français résident avec les consuls étrangers demanderont beaucoup de patience, de ténacité et de souplesse. Le gouvernement du bey devra être surveillé de près, car il est très sage de croire que, fût-il sincère dans ses protestations d'amitié envers la France, il sera longtemps encore l'objet des sollicitations étrangères, le point de mire d'intrigues diplomatiques et religieuses dont tous les fils ne seront pas à Tunis et à Constantinople.

Notre habile et énergique représentant, M. Roustan, qui a conduit cette campagne diplomatique avec tant de vigueur et de dextérité, a mesuré certainement toutes les difficultés de la tâche qui reste à accomplir. Il ne peut ignorer que, si sa parfaite connaissance des choses et des hommes le désigne naturellement pour la continuation de son œuvre, ses luttes et ses victoires passées ont dû laisser dans l'esprit de ses anciens collègues et des ministres du bey des blessures d'amour-propre qui seront lentes à guérir. Le voisinage de l'Italie et de l'Angleterre, les relations fréquentes qui existent entre Malte, la Sicile et Tunis, obligeront tous nos agents consulaires du littoral à une extrême prudence et à une grande fermeté dans leurs rapports avec les colonies étrangères et avec les populations indigènes des ports. Rien ne s'acquiert sans peine, ce n'est pas notre génération et le gouvernement actuel qui ont entrepris la conquête de l'Algérie, mais nous ne pouvions pas abandonner cet héritage et les 300,000 Français de l'Afrique algérienne.

Si l'application du protectorat ne sera pas sans difficultés au point de vue diplomatique, au point de vue militaire elle rencontrera peu d'obstacles sérieux et sera peu coûteuse. Les populations tunisiennes sont infiniment plus paisibles et laborieuses que nos tribus algériennes, et les insurrections qui se produisent dans la Régence sont de celles qu'une simple démonstration militaire suffit à abattre. Avec un corps d'occupation de 6,000 hommes, réparti entre Bizerte, Tabarcah, le Kef, Sfaks, Gabès et deux forts dans le pays des Kroumirs, la sécurité de notre colonie française en Tunisie est complètement garantie et nos bons rapports avec le bey assurés pour longtemps. Cette double sécurité sera beaucoup plus grande, lorsque les intérêts privés auront construit les chemins de fer et les routes que réclame le développement des intérêts agricoles et commerciaux de la Tunisie. Déjà, après un arrêt de deux mois, les travaux pour la ligne de Sousa à Tunis ont repris le 20 juin, des études sont commencées pour le tracé d'un chemin de fer de Djedeida à Bizerte par Mateur et la ligne de la Medjerdah sera prochainement reliée à la ligne algérienne de Bône-Guelma. La Tunisie sera donc dotée avant quelques années d'un régime de voies ferrées qui décupleront les admirables richesses de son sol et rendront la tâche de notre corps d'occupation beaucoup plus facile et plus sûre. Que les représentants militaires et diplomatiques de la France dans le pays usent avec la mesure d'énergie et de discrétion nécessaires des pouvoirs dont ils seront mis en possession, que nos capitaux se portent sur ce terrain fécond au lieu d'aller courir les aventures à Constantinople, en Égypte ou au Pérou, et la France ne tardera pas à recueillir d'importants et précieux avantages de l'effort auquel on l'a obligée.

DEUXIÈME PARTIE

VOYAGE EN TUNISIE

DEUXIÈME PARTIE

VOYAGE EN TUNISIE

CHAPITRE PREMIER

ASPECT GÉNÉRAL. — LE SOL ET LES RACES

Aspect général. — La Tunisie. — Atlantide. — Maghreb ou pays de Gharb. — Le Sahel, le Tell et le Djerid. — Les rivières, les montagnes. — La vallée de la Medjerdah. — L'Oued-Mellègue et l'Oued-Silianah. — Le pays des Kroumirs. — La presqu'île du cap Bon. — La population de la Tunisie. — L'élément indigène et l'élément européen. — La population des villes. — Les colonies française, italienne et anglaise. — Les nomades. — Kabyles. Arabes. — Maures, Juifs et Koulouglis. — Nomades arabes et berbères. — Les impôts qu'ils payent. — La perception par voie militaire. — Les tribus attachés au sol. — Les Trabelsia. — Les Ouled-Drid. — Les Ouled-Saïd. — Les Zouaouas et les Flittas. — Les Ourghémas. — La frontière entre la Tunisie et l'Algérie. — Le rapport de M. de Mirbek. — Les Arabes de la frontière. — Les tribus de la Rakba.

Le Maroc, l'Algérie et la Tunisie, ces trois terres sœurs que les Arabes ont appelées l'Ile Verte (El Khadra) ont-elles toujours appartenu à l'Afrique? Cette longue île verdoyante de six cents lieues n'est-elle pas la terre des Hespérides, le monde qu'Atlas portait sur ses épaules et qu'il a laissé tomber, entre la Méditerranée aux flots bleus et le Sahara aux sables dorés ? Les immenses solitudes du désert qui s'étend de l'Océan à Tripoli n'ont-elles point reçu dans leur lit les vagues de l'Atlantique et les ondes de la mer d'Ionie ? La science confirmera peut-être plus tard ces séduisantes hypothèses de la fable et de la légende. Ce qui frappe lorsqu'on regarde ce dôme de roches et de verdure qui s'allonge en ligne droite de Tunis à Tanger, c'est l'unité de cette région qui semble un géant de pierre et de terre féconde dont la tête serait penchée sur l'Océan et dont les pieds baigneraient dans la mer de Grèce. La tête, ce sont les hauts pics neigeux du Maroc ; les pieds, ce sont les collines de la Tunisie qui vont mourir au cap Bon sous un manteau d'oliviers et de lauriers roses. Sol, climat, population, tout est semblable. Les îles mêmes qui sont aux pointes de ce petit continent, Ténériffe dont les Guanches sont d'anciens Berbères, Malte dont les marins ont pour ancêtres des montagnards tunisiens, sont comme des joyaux détachés de cet écrin d'émeraudes et de topazes.

La Régence de Tunis, aujourd'hui dépendance de l'Afrique française, est située à peu près au centre de l'Afrique septentrionale, entre le 5° et le 9° degrés de longitude, le 37° et le 33° degrés de latitude. Bornée au nord et à l'est par la mer, au sud par le désert et la Tripolitaine et à l'ouest par l'Algérie, elle a une superficie évaluée à 6,000 lieues carrées. Ses côtes, qui ont un développement de 1,000 kilomètres, comme celles de notre colonie africaine, forment un angle presque droit ; elles regardent à l'est le golfe de Tripoli, au nord la Sicile, dont elles ne sont séparées que par un bras de mer qu'on traverse en vingt heures par un beau temps.

Située au milieu de la Méditerranée, en face et à deux pas de l'Italie, commandant le détroit de Malte, ayant un de ses rivages tourné vers la Grèce, l'Asie et l'Égypte, un autre regardant la Sardaigne, la Corse, la France et l'Espagne, la Régence occupe une situation privilégiée. Seule elle possède de bons ports sur la côte septentrionale de l'Afrique, et par sa situation centrale et son littoral étendu elle est l'entrepôt désigné du commerce entre l'Europe méridionale et l'intérieur de l'Afrique.

La Tunisie, dont l'étendue est à peu près celle de dix départements français, a la forme d'un parallélogramme assez régulier. Elle est à l'extrémité orientale de cette région fertile qui s'étend de l'Atlantique au golfe de Gabès et que les Arabes désignent sous un seul nom, le *Moghreb* ou Maghreb, c'est-à-dire l'Occident. Ils l'appellent encore l'île de *Gharb*, c'est-à-dire l'île de l'Ouest. Le Maroc, l'Algérie et la Tunisie ne sont, en effet, qu'une seule et même région naturelle ayant le même régime montagneux, fluvial et maritime. Habitée par des populations identiques, par l'uniformité du sol, des races et des coutumes, cette région semble prédestinée à ne former qu'un seul pays.

La Tunisie, comme l'Algérie et aussi le Maroc, est divisée par l'Atlas en trois parties, le Sahel, ou la plage fertile allant des premiers plateaux à la mer; le Tell ou la partie montagneuse, et le Sahara ou le Djerid, c'est-à-dire le désert avec ses dunes de sable et ses oasis de palmiers. Le Sahel ou la plaine orientale est la partie la plus riche en terre végétale, c'est la région des cultures; le sol fertile par excellence ; ce sont généralement des collines peu élevées, couronnées de plateaux à ondulations douces ou s'élargissant en plaines traversées par des ruisseaux souvent à sec, les *oueds*, ou de petits lacs salés qu'on appelle *sebkhas*. Le Sahel comprend la région orientale de la Tunisie, c'est-à-dire presque tout le littoral étendu entre la presqu'île du cap Bon et l'oasis de Gabès. C'est là qu'on trouve les villes les plus peuplées et les plus commerçantes, Hammamet, Sousa, Monestir, Nabel, Mahedia, Sfax, Gabès, et, en pénétrant dans l'intérieur, Kairouan et Zaghouan ; c'est par les ports de ce littoral que se font les exportations les plus considérables de la Régence, bien que ces ports soient mauvais et la mer peu sûre.

Les Romains appelaient cette région la Byzacène ; elle paraît avoir possédé dans l'antiquité une fertilité beaucoup plus considérable que celle dont elle jouit à présent. C'était elle qui partageait alors avec l'Égypte et la Sicile la mission de fournir les blés nécessaires à la consommation de Rome et de l'Italie. Aujourd'hui les terres à blé sont relativement rares. Le sol léger et pierreux se prête surtout à la culture de l'olivier qui y abonde. Autour de Sousa on rencontre plusieurs belles forêts d'oliviers ; l'arbre est d'un aspect peu agréable et ne souffre à côté de lui que la feuille grasse et épineuse du cactus ; il donne une grande quantité de fruits, mais l'huile est généralement très mauvaise et est surtout exploitée pour le commerce des savons, la plupart des oliviers n'étant pas greffés. Le plus grand défaut de cette région est l'absence d'eaux.

courantes. Le Sahel compte aujourd'hui surtout par ses ports, qui font un grand commerce avec Malte, la Grèce, l'Italie et Marseille, bien que la côte s'ensable et que par les vents d'est et de nord-est ces plages soient d'un abord difficile. A l'extrémité méridionale du Sahel est la grande et riche île de Djerba, et un peu plus haut les deux îles Kerkennah. Ces îles, bien peuplées, très cultivées, comptent parmi les plus riches districts de la Régence. Leur population laborieuse et intelligente se compose en majeure partie de Mozabites appartenant à la même race que nos Beni-Mzab, du sud de l'Algérie.

Le Sahel occupe l'orient de la Régence; la partie septentrionale qui, du cap Bon à la frontière algérienne, comprend le pays de Tunis proprement dit, est un vaste renflement montagneux de l'Atlas, que coupent en deux, du sud-ouest au nord-ouest, la longue et riche vallée de la Medjerdah et le chemin de fer qui la sillonne. Descendue des montagnes de notre Kabylie, la Medjerdah est la plus grande rivière de l'Afrique septentrionale; son cours est de 365 kilomètres, dont 100 environ sur le territoire algérien. Elle passe à 4 kilomètres de Soukharras, coule en nombreux replis dans les amples et fécondes vallées du Tell tunisien, et va se perdre dans la mer à Porto-Farina. Elle reçoit sur son parcours l'Oued-Bouertema, l'Oued-Beja, l'Oued-Silianah, l'Oued-Khalled et un autre *oued* long de 280 kilomètres, l'*Oued-Mellègue*, formé lui-même de deux grands ruisseaux algériens sortis des montagnes de l'Aurès.

A quelques kilomètres au sud-est de l'embouchure de la Medjerdah est Tunis, ville de cent mille habitants (30,000 Européens), située à l'extrémité d'un lac communiquant avec la mer et sur les bords duquel est assis le petit port de la Goulette. La Goulette est un port très peu profond, mais qu'on pourrait améliorer à peu de frais. Carthage ou plutôt ses ruines sont à 8 kilomètres de là. Quelque désolée et aride que soit la région qui entoure la capitale de la Régence, la terre est excellente, et il suffirait de quelques canaux d'irrigation ou de puits artésiens pour lui rendre son ancienne fécondité.

Le golfe de Tunis forme, à l'extrémité orientale de la côte du nord, une vaste échancrure terminée par la pointe du cap Bon et bordée à l'est par une belle et riche presqu'île de 76 kilomètres de longueur et de 28 de largeur. Cette presqu'île a été le champ de bataille des Carthaginois et des Romains et offre de nombreuses ruines. C'était autrefois un pays magnifique et prospère, où les Romains avaient fondé des villes et où Othman-Dey établit des colonies de Maures Andalous au xvii° siècle. Ses principales villes sont Soliman, Khalibia, Krombalia et Hammam-el-Lif où doit passer la nouvelle ligne ferrée qui ira de Tunis à Hammamet et à Sousa. Le petit port de Khalibia, l'ancienne Clypea des Romains, est un mouillage relativement sûr et où relâchent un grand nombre de navires venant du sud et n'osant doubler le cap Bon, lorsque le temps est mauvais. La presqu'île du cap Bon est formée par un dernier prolongement de l'Atlas, appelé successivement Djebel-er-Ressas ou montagnes du Plomb, et Djebel-Sidi-Abderhaman ou montagne d'Abderhaman.

A l'ouest et au nord de la Medjerdah s'étend une

vaste région montagneuse, dont les points culminants sont le Djebel-Sidi-Abdallah et plus à l'est le Djebel-Ben-Draa. La ligne de partage des eaux passe par ces djebels; tous les oueds qui sont au nord se jettent dans la Méditerranée, tous ceux qui sont au sud vont grossir la Medjerdah. Cette région a quelques belles vallées, des forêts magnifiques, des plaines assez riches et bien cultivées par des colonies d'Arabes tripolitains, connus dans le pays sous le nom de Trabelsia, et désignés souvent sur les cartes sous le nom d'Ouled-Trabersi. Les principales villes sont Béja ou Badja, Mater ou Mateur, Ras-Djebel, et, au bord de la mer, Bizerte (en arabe Benzerte). Cette dernière ville, admirablement située sur le penchant d'une colline qui regarde la mer, a une baie mauvaise, mais les vaisseaux peuvent entrer dans un canal assez profond qui fait communiquer le lac de Bizerte avec la mer. A son angle nord-ouest cette région se termine par l'île de Tabarcah et le pays des Kroumirs. Cette dernière contrée était à peu près inconnue avant l'expédition française d'avril et mai 1881. La carte d'état-major ne donnait que des indices erronés sur ses cours d'eau et ses montagnes. Les quelques commerçants de la Calle qui avaient des relations avec les tribus Kroumirs ou Koumirs ne dépassaient guère Tabarcah et les quelques villages ou douars de la côte. Grâce à nos courageux officiers et soldats, nous possédons à peu près aujourd'hui le véritable relief de cette contrée, nous savons que ses montagnes, abruptes et couvertes de forêts, sont constituées par deux chaînes parallèles à la mer d'où descendent des contreforts qui vont mourir sur le rivage. Nous savons qu'il existe, au milieu de ces montagnes riches en mines de plomb et d'argent, des vallées comme celle de Ben-Metir propres à toutes les cultures; que les populations nomades de ces pays sont nombreuses, riches en troupeaux, et qu'il suffira de quelques bonnes routes et d'un ou deux blockhaus bien fortifiés pour tenir ces sauvages en respect.

Entre le pays des Kroumirs et la Medjerdah s'étendent des vallées montueuses où l'on trouve de belles carrières de marbre; ce territoire est habité par des tribus non moins remuantes que les Kroumirs, les Ouchtetas, les Ouled-Sedira et les Chiaia.

Au sud de la Medjerdah et le long de notre province de Constantine en allant vers le désert, s'étendent des montagnes assez élevées couvertes de forêts au nord et prenant l'aspect de plateaux pierreux ou *hamadas* dès qu'on arrive au versant saharien. Cette région a pour chef-lieu politique et principal marché la ville sainte de Kef ou El-Kef (le Rocher); elle est habitée presque exclusivement dans sa partie méridionale par des tribus nomades et indépendantes. Ses districts de l'ouest sont traversés par l'Oued-Mellègue ou rivière des Sangsues, qui reçoit elle-même un grand nombre de cours d'eau avant de se jeter dans la Medjerdah; à l'est par une rivière moins sinueuse et moins profonde, mais d'un cours aussi étendu, l'Oued-Silianah qui descend des hamadas ou plateaux pierreux du centre. Le versant méridional et oriental de ces montagnes, dont quelques-unes sont couvertes de forêts de chênes-lièges, donne naissance à plusieurs cours d'eau qui se dirigent vers les plaines du Sahel, mais sont pendant les trois quarts de l'année à sec et se perdent dans les sables ou dans les sebkhas (lacs salés), avant d'arriver à la mer. Les plus importants de ces *oueds* sont l'Oued-Zeroud et l'Oued-Zekka, qui se dirigent du côté de Kairouan. Plus au sud s'étend le Sahara tunisien dont les principales villes sont Gafsa, oasis de cinq ou six mille âmes, Touzer et Nefta, non loin du Chott-el-Djerid (lac du Djerid) ou lac Pharaon. Ces oasis sont le lieu de passage de nombreuses caravanes venant du Sahara algérien par Tuggurth et le Souf. Leur population est évaluée à soixante mille âmes; la seule culture importante est celle du palmier.

On sait que les tribus arabes, même celles qui ne sont point nomades, ne tiennent pas registre des naissances et des décès. D'autre part, comme les gouvernements musulmans ne cherchent à recenser la population que pour augmenter l'impôt, on comprend que les chiffres qui leur sont fournis par les cheiks, ou chefs de tribus, doivent être fort inexacts. Il est donc très difficile de connaître même approximativement la population d'un État comme la Tunisie. La France ne possède pas encore une statistique sérieuse de ses tribus arabes et kabyles de l'Algérie, ce n'est pas un gouvernement comme celui du bey qui pourrait être mieux renseigné que le nôtre.

Les voyageurs qui ont visité la Tunisie dans ces vingt dernières années s'accordent fort peu sur les chiffres à donner à la population générale de la Régence. Les uns parlent de deux millions d'habitants, les autres d'un million, quelques-uns de huit cent mille. Ce dernier chiffre paraît être plus près de la vérité que les autres. Le fait certain est que le pays est en décadence constante depuis la domination turque et que la mauvaise administration des derniers beys a été une cause sérieuse de dépopulation. Un grand nombre de tribus du sud ont émigré dans la Tripolitaine et le Fezzan; dans la région septentrionale, les Arabes à tentes ont vu leur population diminuer sous l'effet des disettes, des maladies épidémiques et des exactions administratives de toute sorte dont elles sont l'objet. Voici comment s'exprime un écrivain éclairé qui a habité huit ans la Régence et l'a parcourue dans toutes les directions, M. Pélissier, ancien consul de France à Sousa : « Il est difficile, quand on ne l'a pas vu de ses yeux, de se faire une idée exacte de la profonde misère de cette contrée désolée. L'homme y est arrivé aux dernières limites de l'abstinence forcée. Le pain de froment est presque partout un objet de luxe. La nourriture de la majorité de la population se compose d'orge, de millet, de marc d'olives et d'intestins d'animaux séchés au soleil. Le printemps ajoute à cette pitance quelques herbages et l'été quelques fruits, la figue du cactus ou figue d'Inde surtout. Il va sans dire que cette misère, qui resserre ainsi les besoins les plus impérieux de la vie, s'étend à plus forte raison à tous les autres. »

M. Pélissier écrivait ces lignes, il y a trente ans, à une époque où la Régence, administrée par un prince habile, Ahmed-Bey, jouissait d'une tranquillité relative et possédait des finances relativement bonnes. La situation a gravement empiré depuis les deux derniers beys, Mohammed le Magnifique, qui était un véritable bourreau d'argent, et Mohammed es Sadok, le bey actuel, qui a laissé organiser le pillage sur une vaste échelle par les plus humbles comme par les plus hauts fonctionnaires.

Les huit à neuf cent mille habitants de la Régence se subdivisent à peu près en deux cent mille Maures, Arabes, Koulouglis, Juifs et Européens habitant les villes du littoral, et cinq à six cent mille Berbères ou Kabyles, mélangés d'Arabes et de populations noires du Soudan, habitant les montagnes du petit ou du grand Atlas, les vallées de la Medjerdah, de l'Oued-Tinah, de l'Oued-Mélianah et les oasis du Sahara tunisien. On compte également une soixantaine de mille de Mozabites ou Berbères originaires de la région du Mzab dans le Sahara algérien, race énergique, industrieuse, qui représente dans toute l'Afrique du nord l'équivalent de nos races auvergnate, limousine et savoyarde. Ce sont eux qui détiennent la plupart des métiers fatigants dans les villes. Ils ont également colonisé la grande île de Djerbah au sud de la Régence, où ils se livrent aux travaux du jardinage et de la culture avec un art remarquable. Ils représentent dans la Tunisie l'élément le plus favorable à la France.

Les principales villes de la Régence sont : Tunis, qui compte environ 100,000 habitants ; Kairouan, la ville sainte, 12,000 ; Sfax, 12,000 ; Gabès, 10,000 ; Mahediah, 9,000 ; Sousa, 8,000 ; Monestir, 8,000 ; El-Kef, 6,000 ; Beja, 5,000 ; Bizerte, 5,000 ; Nabel, 4,000, Gafsa, 4,000 ; Zaoughan, Testour, Mater, Tebourba, chacune environ 3,000. Dans ces villes, la population se compose principalement de Maures, c'est-à-dire d'Arabes croisés avec les anciennes races indigènes ; de Koulouglis, produit du mélange des conquérants turcs avec les femmes du pays ; d'Arabes purs en petit nombre, sauf à Kairouan et dans les montagnes du nord, où ils sont restés les plus nombreux ; d'israélites et d'anciens esclaves chrétiens, espagnols, italiens et maltais qui ont fait souche et dont les descendants ont adopté la religion musulmane. Un grand nombre de ces derniers proviennent des colonies fondées par les Génois et les Pisans sur la côte septentrionale, à Tabarcah, Bizerte, Porto-Farina, la Goulette, et qui furent réduites à diverses reprises en esclavage par les souverains tunisiens. Les villes du nord de la Tunisie contiennent également un certain nombre de Maures Andalous qui ont fui l'Espagne lors des persécutions catholiques, et qui vivent séparés du reste de la population et très fiers de leur origine. Ils exercent généralement le commerce.

Si l'on ajoute à ce mélange de races les colonies européennes, italienne, maltaise, grecque, française et anglaise, on aura une idée de la tour de Babel qu'offre cette singulière population. Dans la colonie européenne ce sont les Italiens qui l'emportent par le nombre ; beaucoup sont établis depuis plusieurs générations dans le pays. Ils ne sont d'ailleurs aussi nombreux que parce qu'ils revendiquent comme compatriotes les ouvriers maltais qui sont politiquement sujets anglais. Le plus gros de la colonie italienne se compose d'ouvriers siciliens et napolitains employés dans les services publics, dans les propriétés du bey comme jardiniers, et surtout par les compagnies françaises des télégraphes, du chemin de fer de Bône-Guelma et par le service des postes. Ce sont eux qui font tous les travaux de terrassements et de maçonnerie. On en compte également beaucoup qui

ASPECT GÉNÉRAL. — LE SOL ET LES RACES.

s'occupent au cabotage, mais ce sont surtout les Maltais. Les Anglais sont fort peu nombreux et les Allemands encore plus rares.

Les Français du continent sont au nombre de quelques milliers seulement ; mais les Maures algériens, et ils sont assez nombreux dans la Régence, comptent comme sujets français, et relèvent de notre juridiction consulaire. Les israélites se mettent ordinairement sous la protection d'un consul étranger, et sont considérés pour cette raison comme sujets français, sujets italiens ou sujets anglais. Le plus grand nombre des israélites, et notamment les plus riches, sont placés sous la protection française.

La population rurale ou nomade de la Tunisie se compose en majorité de tribus d'origine berbère, de même race que nos Kabyles du Djurdjura et les Beni-Mzab du Sahara algérien. Quelques-unes de ces tribus, celles de l'est et du sud de la Régence, sont plus ou moins mêlées de sang arabe ou de sang nègre ; le croisement arabe est plus fréquent dans les outhans (provinces) de Kairouan, de Sfax, de Mahediah et d'El-Kef, c'est-à-dire au centre de la Régence ; le croisement nègre se rencontre plutôt dans les tribus du Djerid, au Sahara tunisien. Le Berbère ou Kabyle de la Tunisie est, comme son frère de l'Algérie et du Maroc, une belle race primitive, ayant la sobriété et le courage du montagnard. Il est en général plus mou, moins belliqueux et turbulent que nos Kabyles algériens, et surtout que les Kabyles du Maroc. On connaît le type Kabyle. Le montagnard du Maghreb a la peau bistrée, les cheveux bruns ou rouges, l'œil généralement noir, quelquefois bleu, le visage court, le front large, souvent tatoué d'une croix. Le nez est fort, épais, la taille moyenne et le corps trapu. On a beaucoup disputé sur la présence parmi ces Africains d'hommes aux yeux bleus et aux cheveux blonds. Il paraît aujourd'hui à peu près certain que ces représentants des races du nord seraient les descendants d'un flot de nomades aux yeux bleus et aux cheveux blonds venus de l'Europe par l'Espagne ou par les îles de la Méditerranée, et qui aurait fait irruption en Afrique vers l'an 1400 avant notre ère. Ces envahisseurs auraient subjugué l'élément sémite autochtone, libyen et gétule, et se seraient fondus peu à peu avec lui. Cette première invasion aryenne aurait coïncidé avec l'âge de la pierre polie et des monuments mégalithiques très communs sur la côte nord de l'Afrique. Le Kabyle se distingue généralement de l'Arabe en ce qu'il s'attache davantage au sol, habite les montagnes et se construit des maisons en pierre. Il est aussi plus laborieux, plus industrieux et plus civilisable que l'Arabe.

Nous avons dit plus haut que la majorité des tribus tunisiennes appartenaient à l'élément berbère. Cette assertion ne saurait avoir un caractère absolu, car on ne possède pas encore assez d'informations précises sur les tribus du sud et du centre de la Régence pour savoir dans quelle proportion l'élément arabe s'y trouve représenté. Les principaux voyageurs qui ont visité les tribus nomades de la Régence ont parcouru le pays à une époque où l'archéologie et l'ethnologie africaines étaient encore dans l'enfance. Un grand nombre de tribus arabes enclavées au milieu des tribus kabyles ont berbérisé leur langage et leurs mœurs. Réciproquement les Kabyles descendus dans les basses vallées à côté des tribus conquérantes demeurées dans la plaine se sont peu à peu arabisés comme dialecte et comme coutumes. Il est donc fort difficile de démêler exactement ces races enchevêtrées les unes dans les autres. On sait seulement que les Arabes dominent dans la province du Sahel, dans les plaines autour de Tunis et dans les montagnes du littoral, dans le pays de Mogod et chez les Kroumirs. Pendant que le Berbère pur parle le *chaouia,* langue qui n'a aucun rapport avec les langues connues et dont nous avons très peu de monuments, habite dans des maisons de pierre, laboure, fabrique ses armes et sa poudre, l'Arabe parle toujours la langue des conquérants de l'Islam, vit sous la tente en poil de chameau et passe sa vie à conduire ses troupeaux d'étape en étape ou à courir la grande route pour piller les Maures, les Juifs ou les chrétiens. La femme berbère va le visage nu, la femme arabe est toujours voilée. Le Kabyle est généralement monogame, l'Arabe achète plusieurs femmes dès que ses ressources le lui permettent. Le Kabyle est tenace, généreux, hospitalier, loyal; l'Arabe est plus mobile, d'un commerce peu sûr et menteur autant qu'homme peut l'être.

Les tribus du sud se livrent uniquement à l'élevage des troupeaux et au pillage des caravanes ou des tribus voisines. Les tribus du littoral s'adonnent au contraire volontiers aux travaux agricoles, comme celles qui habitent la vallée de la Medjerdah et les montagnes de la chaîne située derrière El-Kef. Les tribus arabes du nord et du centre pratiquent la vie nomade des Arabes de notre Sahara algérien, faisant paître leurs troupeaux de district en district, l'hiver dans la plaine, l'été sur les hauts plateaux. Elles se font quelquefois la guerre entre elles, mais peut-être moins souvent que nos tribus algériennes, et, si elles s'insurgent fréquemment contre l'autorité beylicale, la faute en est surtout aux agents de celle-ci, qui les pressurent à outrance.

Les Juifs sont relativement nombreux dans la Tunisie, où ils ont été émancipés, il y a une quarantaine d'années, grâce à l'influence française. On évalue à plus de cinquante mille le nombre d'Israélites établis dans la Régence. A Tunis, ils occupent un quartier considérable, et dans presque toutes les villes un peu importantes ils sont un groupe de population. La plupart font le commerce, quelques-uns s'occupent d'arts mécaniques. Il y a quelques années ils avaient obtenu le privilège exclusif du commerce des peaux, de la cire, de la distillerie des alcools. Ils détiennent la plus grande partie du commerce de la Régence avec Naples, Livourne, Gênes et Marseille. Comme, malgré leur émancipation par le bey Ahmed, ils sont généralement mal vus par la population musulmane, les Israélites riches ont soin de se mettre sous la protection d'un consul. Ils changent de nationalité suivant que tel ou tel consul est en faveur auprès du bey régnant. Un certain nombre sont protégés de l'Angleterre, les Israélites maltais surtout. La majorité paraît cependant aujourd'hui placée sous la protection de la France.

La plupart des Juifs, surtout ceux qui s'adonnent au commerce, s'habillent, à l'européenne, mais portent la chiachia ou bonnet de feutre rouge en cône tronqué.

Beaucoup roulent autour de la chiachia une cravate noire en forme de turban, afin de se distinguer des Maures qui portent la chiachia avec gland de soie bleue. Ceux qui s'habillent encore à l'orientale portent deux vestes, soutachées bleu ou rouge, la culotte bouffante et un petit burnous jeté sur l'épaule. Ce n'est que parmi les vieux Juifs qu'on rencontre encore la calotte noire et le châle gris ou bleu. Les Juives de Tunis ont conservé, au contraire, le costume national qu'elles prétendent porter dans toute la pureté biblique. Elles vont dans les rues à visage découvert, portant des pantalons collants en soie brochée, des bas de coton de couleur voyante, des chemises bouffantes avec une casaque de soie rayée et une sorte de bonnet phrygien à pointe recourbée. Elles sont généralement fort belles lorsqu'elles sont jeunes, car, ainsi que toutes les femmes de l'Orient, elles se flétrissent de bonne heure. Les Juifs de Tunis parlent entre eux un hébreu très corrompu, et dans leurs rapports avec les Européens ce qu'on appelle la langue franque, c'est-à-dire un mélange hybride d'arabe, d'italien, de français et d'espagnol. Il leur était interdit, il y a encore quelques années, de se servir de la langue arabe dans leur correspondance.

On appelle plus particulièrement Maures les Arabes des villes. Ces derniers, qui représentent la classe moyenne, sont généralement des descendants des Arabes d'Espagne ou de Sicile, des petits-fils ou arrière petits-fils d'esclaves et de renégats européens, ou bien encore de Turcs ou d'esclaves géorgiens et circassiens affranchis. Ils portent le turban ou le fez avec un petit bonnet de calicot blanc dessous. Leur habillement se compose d'un double gilet, d'une veste brodée de nuance claire et de pantalons bouffants tenus par une ceinture de laine rouge ou bleue. En hiver, ils s'enveloppent dans un burnous ou dans un haïk, burnous laine et soie.

Le Maure est généralement de mœurs paisibles et douces, révélées par son embonpoint. Assis à la turque dans sa boutique, il mesure ses étoffes, récite son chapelet ou bavarde avec son voisin. Il est très fier de son origine comme la plupart des Musulmans, et possède presque toujours sa généalogie établissant qu'il descend d'un ancien Arabe d'Espagne, ou d'un Turc venu avec Sinan-Pacha au milieu du XVIe siècle.

Les Mauresques sont fort belles, très coquettes, aiment beaucoup les bijoux. Quand elles sortent, elles portent la gandoura, espèce de tunique d'étoffe claire attachée sur les épaules, un mouchoir blanc sur la tête, et un long voile brodé qui enveloppe tout le visage sauf les yeux.

Les Koulouglis sont les descendants des Turcs de la conquête et des femmes berbères ou arabes. Ils ont la peau plus blanche et plus fine que les Arabes. Race molle, indolente, au visage placide et au tempérament lymphatique, ils remplissent généralement les petits emplois publics, servent dans l'armée régulière ou font l'office de *zaptiés* (gendarmes). Ils sont tenus en médiocre estime par les autres Musulmans. Il y a du reste peu de pays où les races soient aussi profondément divisées qu'à Tunis. Arabes, Kabyles, Turcs, Maures, Israélites, tous se méprisent et se détestent réciproquement. La haine du chrétien, du Franc, du *roumi*, est le seul lien qui les unit.

Les nomades, Arabes et Berbères, forment, comme nous l'avons dit, plus des deux tiers de la population de la Régence, et l'on peut ajouter la population la moins utile à l'État et la plus difficile à gouverner.

Les liens qui unissent les tribus tunisiennes au gouvernement du bey sont, comme on pense, très faibles et très élastiques. Les Arabes n'obéissent qu'à la force, et le gouvernement beylical n'a jamais su organiser une administration et une armée en état de gouverner les cinq ou six cents mille individus que comptent les tribus tunisiennes. Si les Kroumirs n'ont jamais aliéné leur indépendance, ils n'ont fait en cela que suivre l'usage de presque toutes les tribus frontières de la Régence, aussi bien de celles du sud que de celles de l'ouest. Le bey a pu soumettre à son autorité les tribus à demeure fixe qui habitent les districts fertiles de la basse Medjerdah et de la région comprise entre la mer, Tunis et la ville sainte de Kairouan. Celles-ci payent au kaïd, sorte de gouverneur, receveur général des contributions directes, le *kanoun* ou impôt sur les oliviers, l'*achour* ou dîme sur les grains récoltés, enfin, lorsqu'elles ont quelque industrie, l'*erba* ou impôt sur le commerce et les professions. Les autres tribus, celles qui sont tout à fait nomades, ne payent aucun de ces impôts, les kaïds se contentent de leur demander un tribut unique fort modéré en argent ou en nature, et encore la perception de ce tribut se fait-elle le plus souvent sous forme d'expédition militaire quelquefois accompagnée de coups de fusil. Les Kroumirs, comme les Hammema, les Souassi et les Beni-Zid, au sud de la Régence, non seulement ne sont point soumis aux impôts réguliers, mais ils refusent souvent le tribut au kaïd de Béja, dont ils relèvent. Leurs voisins les Ouchtetas sont un peu plus respectueux de l'autorité du bey : ils font quelques difficultés, mais ils finissent presque toujours par payer.

La conduite de ces tribus est d'ailleurs légitimée par les nombreuses et odieuses exactions dont les tribus à demeure fixe sont l'objet. Partout où l'autorité du bey s'exerce, c'est-à-dire où l'administration beylicale a un personnel suffisant et en face d'elles des populations laborieuses et douces, c'est une exploitation sans pitié et poussée aux dernières limites. Aucune règle fixe ne préside à la perception des impôts. Les kaïds, et au-dessous d'eux les khalifas, les oukils et les cheiks, chargés d'assurer la rentrée de l'impôt, doublent et souvent triplent la quantité et s'approprient tout l'excédent injustement prélevé.

Les tribus tunisiennes qui sont le long de notre frontière, sur les deux rives de la Medjerdah, versent l'impôt au gouverneur d'*El-Kef*, puissant personnage qui fait chaque année une tournée armée pour la levée des contributions. Il y a quelques années, cette tournée donna lieu sur le territoire des Ouchtetas à un combat où les troupes régulières eurent deux hommes tués et la tribu rebelle quatre. Le soir, les Ouchtetas vinrent se soumettre en s'excusant sur ce qu'ils s'étaient crus Français, ce qui prouve avec quelle régularité et quelle bonne foi ils reconnaissent l'autorité du bey. « Il est merveilleux, leur dit le gouverneur d'El-Kef, que ces idées-là ne vous viennent que lorsque je vous demande de l'argent ; mais voilà un consul de France qui pourra vous dire à qui vous êtes. » La scène se passait en effet devant un de nos consuls qui demanda aux Ouchtetas pourquoi, s'ils se croyaient Français, ils étaient allés, l'année précédente, attaquer les troupes françaises. Les cheiks ne répondirent rien et payèrent les mille piastres qu'on leur demandait. Le lendemain, notre consul, faisant route avec eux, fit observer aux Ouchtetas qu'ils avaient pris les armes pour une somme bien légère. « Il est vrai, dirent-ils, c'est peu de chose ; mais, si nous payions sans difficulté une année, le kaïd serait tenté d'augmenter la charge de l'année suivante. D'ailleurs il serait honteux à des montagnards de payer à la première sommation. »

Ce trait de mœurs donne une idée exacte de la nature des rapports qui existent entre les tribus nomades de la Tunisie et le bey. Tout autre, au contraire, est la condition des tribus qui cultivent les terres arables situées au nord-est de la Medjerdah et entre Tunis et Zaghouan.

Ces tribus, composées de Berbères d'origine tripolitaine et connues sous le nom générique d'Ouled-Trabelsia ou Trabersi, habitent des villages formés de cabanes en paille et en terre. Beaucoup de ces indigènes occupent des fermes ou *henchirs* à titre de colons partiaires au cinquième ou *khamas*. Ils se livrent principalement à la culture des céréales, du blé, de l'orge, du millet, du maïs, s'occupent quelquefois de culture maraîchère et ont des vergers où ils élèvent presque tous nos arbres fruitiers d'Europe. Ce sont les plus tranquilles et les plus fidèles sujets de la Régence. Les terres qu'ils exploitent appartiennent soit au bey lui-même, soit aux riches Tunisiens ou aux grands fonctionnaires. Les principaux centres agricoles de ces tribus sont le long de la basse vallée de la Medjerdah, entre Tunis, Djedeida,

Medjez-el-Bab, Tebourba, Testour et Béja. On en compte également un certain nombre entre Mateur et Testour et le long du cours inférieur de la Silianah.

On trouve d'autres tribus à demeure fixe dans la région comprise au sud-est de la Medjerdah, entre El-Kef, Zaoughan et Djougar, c'est-à-dire dans les vallées qui descendent du plateau central qui termine l'Atlas au milieu de la Tunisie. Ces populations très mêlées sont les Ouled-Drid, les Djelas, les Ouled-Saïd, dont une fraction aurait, dit-on, peuplé jadis l'île de Malte; les Ouled-Saïd sont, avec les Ourghémas du sud, les meilleurs cavaliers de la Régence. Les Ourghémas, dont le territoire est situé sur les confins du Sahara et de la Tripolitaine, sont la seule tribu du sud qui se livre un peu aux travaux agricoles. Leur principal marché est le bourg de Ksar el Medenin, au sud de Gabès.

Parmi les tribus de la Régence il en est quelques-unes qui font en quelque sorte partie de l'armée régulière et qui sont exemptées de tout impôt, moyennant l'obligation du service militaire à certaines époques de l'année déterminées par le gouvernement. C'est particulièrement le cas des Zouaouas et des Flittas campés non loin de Bizerte, tribus kabyles venues d'Algérie et que le bey emploie pour la formation des colonnes mobiles chargées d'aller percevoir l'impôt parmi les tribus du sud et de l'ouest. Les Ouled-Drid et les Ourghémas forment ce qu'on appelle les tribus du Makhzen, c'est-à-dire de la réserve. Elles présentent une force de plusieurs milliers de chevaux que le gouvernement prend à son service lorsque des troubles éclatent sur un point du territoire ou que la levée des impôts rencontre des difficultés et exige un déploiement de troupes un peu considérable.

Nous avons signalé cette loi, constatée par tous les historiens et les géographes, que le caractère belliqueux et indépendant des Arabes et des Berbères augmente à mesure qu'on s'avance vers l'ouest. Les tribus nomades de l'Algérie sont plus guerrières que celle de la Tunisie, celles de la province d'Oran sont plus turbulentes que celles de la province de Constantine et les nomades du Maroc sont eux-mêmes beaucoup plus belliqueux que ceux de l'Algérie. Il y a là une singulière loi ethnique bien établie, qui a existé depuis des siècles et que les Romains eux-mêmes avaient vérifiée.

Cette loi est vraie encore dans l'étroit territoire de la Tunisie. Autant les tribus qui habitent la presqu'île du cap Bon et le littoral du Sahel sont de mœurs douces et paisibles, attachées au sol, vivant en paix entre elles et payant régulièrement leurs impôts aux caïds, autant les tribus de l'ouest, celles qui habitent le long de la frontière algérienne, sont turbulentes, pillardes, sans cesse en querelle, toujours en course et vivant dans une sorte d'indépendance absolue à l'égard du gouvernement tunisien. Tel est particulièrement le cas des Kroumirs, puis, à gauche de la Medjerdah, des Ouchtetas et à droite des Ouarka et des Ouled-Bou-Ghanem, enfin, plus au sud, de la grande confédération des Frachiches et de la tribu des Hammema.

Il n'est point de ruse et de mensonge que ces tribus n'invoquent pour se soustraire à l'action du gouvernement et pour légitimer leur indépendance.

Nous avons cité ce propos des cheiks des tribus Ouchtetas revendiquant la qualité de tribus françaises pour ne point payer l'impôt au gouvernement d'El-Kef. Une lettre de M. Legat, au *Temps*, que nous publions plus loin (1), a rappelé que notre frontière de la province de Constantine est tout à fait arbitraire, et que le territoire occupé par les Kroumirs, les Ouchtetas, et les autres tribus habitant entre El-Kef et Tabarcah avait jadis fait partie du royaume fondé à Alger par les célèbres Barberousse au XVIe siècle. Avant la conquête de l'Algérie par les Français, les tribus montagnardes de l'ouest de la Tunisie obéissaient tantôt au bey de Tunis, tantôt au dey d'Alger, et, le plus souvent, n'obéissaient à personne. C'est entre 1830 et 1836 que, profitant de la chute de la dynastie algérienne, le gouvernement de la Régence essaya d'asseoir définitivement son autorité sur cette région. Il songeait même à revendiquer le territoire de la Calle lorsqu'en 1836 nos troupes vinrent occuper cette ville.

A cette époque deux courants régnaient parmi les hommes chargés d'assurer notre domination en Algérie. Les uns, invoquant l'histoire de la Régence d'Alger, les traités conclus avec elle pour la pêche du corail et même ceux conclus avec le bey de Tunis, affirmaient avec raison que les limites politiques de nos frontières à l'est devaient être l'île de Tabarcah et son méridien prolongé au sud. D'autres, parmi lesquels M. de Mirbek, commandant le cercle de la Calle, firent observer, à l'encontre de ces titres historiques et diplomatiques, que les ter-

---

(1) Voir aux documents annexés.

ritoires à réclamer seraient pour nous plus embarrassants qu'utiles. Un long mémoire fut écrit par cet officier, dans lequel il établissait que nous aurions beaucoup de peine à faire respecter notre autorité par les tribus de la région en litige; il ajoutait que, si la frontière politique était au méridien de Tabarcah, la frontière naturelle était au cap Roux et devait suivre les montagnes qui partent de ce cap. L'avis de M. de Mirbek prévalut. On n'insista pas sur la revendication de territoires projetée, mais néanmoins « il n'y eut rien d'écrit à cet égard entre les deux gouvernements ».

On comprend que le bey de Tunis ait, depuis, profité de ce silence pour imposer aux Arabes des frontières une suzeraineté nominale en leur réclamant chaque année un tribut, sauf à s'en tenir là si sa demande était repoussée. Ces tribus indépendantes du nord-ouest comptent au plus, dit-on, trente mille individus. Ce sont, avec les Kroumirs, les Beni-Mazen, les Ouled-Ali, les Merazna, les Ouchtetas et les Ouled-Sedira, dont le principal village s'appelle Ksar-Oum-Naïl. Les carrières de marbre de Chemtou, qui appartiennent à une compagnie belge et que les ingénieurs de celle-ci ont dû abandonner lors de la dernière révolte des Kroumirs, sont situées sur le territoire des Ouled-Sedira. Il y a sur toute cette région des pics très élevés et de grands bois de chênes blancs et de chênes-lièges qui peuvent être comparés à nos plus belles forêts d'Europe. Les tribus que nous venons de citer dépendent nominalement du caïd de Béja, mais c'est le gouverneur ou kaïa d'El-Kef qui dirige les expéditions militaires pour la levée de l'impôt sur leur territoire.

D'après M. Pélissier, les troupes beylicales pénètrent généralement chez les Kroumirs par la vallée de la Bouertma, affluent de la Medjerdah. Le gouvernement tunisien aurait dans le haut de cette vallée, à *Henchir Damous*, sur le territoire d'une petite tribu, les Ouled-Sidi-Abid, un poste d'observation placé au milieu d'anciennes ruines romaines et surveillant un chemin qui conduit à la Calle en passant par le pays des Kroumirs. Mais, au moment où M. Pélissier explorait le pays, en 1847, un marinier de la Calle avait été assassiné par des Arabes des environs de Tabarcah et l'escorte tunisienne qui accompagnait notre consul ne voulut pas aller plus loin que Souk-es-Smah, petit bourg situé sur un plateau très élevé dans le territoire de la tribu Amedoun, c'est-à-dire dans la région montagneuse d'où sortent les oueds Bouertma et Grezela. On trouvera ces deux petites rivières marquées sur les cartes ; elles coulent au sud du pays des Kroumirs et vont se jeter dans la Medjerdah près de la station de Ben-Bachir.

Au sud de la Medjerdah, les tribus nomades de la frontière sont, en partant du fleuve, les Ouarka, les Charen et les Hakim, qui occupent la région comprise entre la Medjerdah et son principal affluent l'Oued-Mellègue, puis au-delà de l'Oued-Mellègue les Ouled-Bou-Ghanem et les Zeralma, et un peu plus à l'est les Ouartan, les Doufan, les Ilmonsa et les Hammema. D'après M. Pélissier, le territoire occupé par ces sept tribus, dont il évalue la population à 33,000 âmes (elle a dû augmeuter depuis), constitue le gouvernement militaire d'El-Kef et est désigné en Tunisie sous le nom de *la Rakba*. Certains auteurs attribuent ce nom de Rakba ou Rekba non pas au territoire, mais à une sorte de confédération qui existerait entre ces diverses tribus.

De ce côté-là comme du côté du nord, notre frontière pourrait donner lieu à des demandes de rectification, car, sous la domination turque, plusieurs de ces tribus payaient l'impôt au bey de Constantine. Près des ruines d'Haïdra et non loin de notre ville algérienne de Tebessa, est une montagne nommée Djebel-Kala-es-Senab, avec un petit village du même nom où le bey de Constantine avait un poste. Aujourd'hui ce village, situé sur le territoire des Zeralma et près de la source de l'Oued-Serrat, est considéré comme faisant partie du gouvernement d'El-Kef. Notre frontière est, de ce côté, tracée par l'Oued-Serrat, qui sépare les tribus que nous venons de nommer des grandes tribus algériennes des Hanencha et des Ouled-Sidi-Yahia-Bou-Thaleb.

Le territoire des Ouled-Bou-Ghanem, des Ouartan, des Ouarka, des Charen et des Zeralma, est compris entre la haute Medjerdah au nord, El-Kef à l'est, l'Oued-Serrat à l'ouest et les montagnes dont cet oued sort au sud. C'est une contrée fertile, assez peuplée et généralement bien cultivée. Les populations qui l'habitent paraissent être d'origine arabe et vivent généralement sous la tente, à l'exception des Ouartan, qui sont des Kabyles et ont des habitations en pierres. On trouve sur leur territoire de très belles ruines romaines dans des localités appelées Medeina et Henchir-Fourna; les montagnes qui s'élèvent à l'est sont d'origine volcanique, et le Djebel-Zerissa, le principal piton, est un volcan éteint d'un grand intérêt minéralogique.

CHAPITRE II

LA TUNISIE SEPTENTRIONALE. — LA VALLÉE DE LA MEDJERDAH

La ville de Tunis. — La Goulette. — Population. — Monuments. — Mosquées. — Les Souks. — Les environs de Tunis. — Les ruines de Carthage. — L'embouchure de la Medjerdah. — Les ruines d'Utique. — Bou-Chater. — Ghar-el-Mélah ou Porto Farina. — La côte jusqu'à Bizerte. — Bizerte. — Le port, la ville et le lac. — Le pays de Mogod. — Mater. — Tehent. — Béja. — La haute vallée de la Medjerdah. — Le chemin de fer de Tunis à Alger par Bône. — Ghardimaou. — Oued-Meliz. — Souk-el-Kmis. — Souk-el-Arba. — Ben-Bechir. — Sidi-Zehiti. — Oued-Zerga. — Testour. — Medjez-el-Bab. — Tebourba. — Djedeida. — Lella-Manoubia. — La vallée inférieure de la Medjerdah. — Sidi-Tabet. — La plaine de Fondouk. — Les Trabelsia et les Ferdjen. — Retour à Bou-Chater.

La ville de Tunis est située à douze kilomètres de la mer, entre deux lacs dont le premier communique avec la Méditerranée ou plutôt avec une vaste échancrure marine appelée le golfe de Tunis. Ce premier lac est nommé par les Européens lac de Tunis ou de la Goulette à cause de la petite ville de ce nom qui est située entre le lac et la mer et qui sert de port à la capitale de la Régence. Les Arabes l'appellent El-Bahira ou la petite mer; il a environ cinq lieues de circonférence et est longé à l'occident par un chemin de fer qui va de Tunis à la Goulette et appartient à la Compagnie Rubattino subventionnée par le gouvernement italien.

Autrefois ce golfe intérieur, formé par les eaux de la mer pénétrant par le canal de la Goulette et aussi par les filtrations à travers les sables, était beaucoup plus profond et recevait des flottes romaines et carthaginoises ; mais, Tunis s'étant agrandie, le lac est devenu depuis des siècles le déversoir des immondices et des eaux ménagères de cette ville. Ce limon fangeux, s'ajoutant aux sables, a élevé peu à peu le sol du lac qui en été se trouve dans certains endroits souvent à sec et exhale des odeurs fétides. Aujourd'hui le lac de Tunis n'a pas plus de un à deux mètres d'eau dans ses plus grandes profondeurs et ne peut être traversé que sur des barques légères. Les Arabes et les Maltais le parcourent sur de grandes barques à voiles latines nommées *sandales*. Au milieu s'élève un petit îlot nommé Chikli et où avait été construit un fortin abandonné. Sur ses bords on aperçoit souvent de grandes troupes de flamants roses, de mouettes, de cormorans et de pigeons sauvages. Le second lac est situé derrière la ville et s'appelle la Sebkha-es-Seldjoum ; c'est un lac salé, presque toujours à sec l'été.

Tunis s'étend mollement en amphithéâtre sur une colline douce, offrant à l'œil du voyageur qui arrive par le lac ou par le chemin de fer l'aspect d'une grande forteresse carrée, flanquée de deux bastions allongés : les deux faubourgs de Souika au nord et de Djezira au sud.

Si l'on fait le trajet par eau, la barque plate qui vous amène longe le canal de la Goulette, traverse le lac en rasant l'îlot de Chikli et vous débarque au quartier de la Marine, près du consulat de France, à quelques centaines de mètres de la principale porte de la ville. Si vous prenez le chemin de fer, de la Goulette à Tunis qui fait quatre ou cinq fois le trajet par jour, vous côtoyez le lac d'El-Bahira, à travers une plaine assez bien cultivée où apparaissent quelques villages, et sur la route de rares voitures ou des chameaux et des passants plus rares encore. Puis vous entrez dans la gare située sur une place du quartier français, au bas de la ville.

La ville proprement dite a 1,600 mètres de long sur 800 de large et est entourée de murailles crénelées, flanquées de tours et se terminant au sud sur le sommet de la colline par une citadelle ou kasbah. Ces murailles, il y a quelques années encore, bien conservées, sont aujourd'hui éventrées et démolies sur plusieurs points. Les deux faubourgs, l'un et l'autre presque aussi étendus que la ville, sont entourés également de murs crénelés au sud et à l'ouest, mais ouverts du côté du lac Bahira. Quelques forts situés sur les collines à l'ouest et au sud, les bordjs Ahmed Rais, Laoua et El-Oustani complètent la défense de Tunis. La Goulette est un amas de maisons sales, entouré de quelques fortifications. Le port n'est autre que le long boyau ou canal qui joint le lac de Tunis à la mer et où sont rangés, en temps ordinaire, une cinquantaine de navires et bateaux italiens, maltais, grecs, français, anglais. Le bourg est à l'extrémité méridionale du canal, près du lac. Il est habité par des marins, des douaniers et des soldats.

Tunis, dont la population dépasse, dit-on, cent

mille âmes, possède aujourd'hui un chemin de fer, une usine à gaz et le télégraphe ; la civilisation européenne a donc pénétré dans la capitale de la Régence. Tunis est cependant restée, plus qu'aucune autre ville de l'Afrique du Nord, une ville orientale.

Lorsqu'on arrive par la voie de terre et qu'on suit les bords du lac sur la route qui mène aux ruines de Carthage, Tunis apparaît comme une grande ligne blanche se profilant sur le fond d'un ciel bleu d'azur. La route est, au printemps et en été, très vivante, car elle conduit au quartier de la Marsa (l'ancienne Megara ou ville basse de Carthage), semé de jolies maisons de campagne appartenant à l'aristocratie tunisienne. C'est entre la Marsa et Tunis qu'habite le consul de France dans un palais nommé la Camilla, qui a appartenu jadis au bey Hussein et qui a été offert à la France par le bey Mohammed le Magnifique, prédécesseur du bey actuel.

On entre de ce côté à Tunis par la porte de Carthage, Bab-el-Carthagen, qui conduit au faubourg el-Souika. La porte a une triple voûte en arc moresque, soutenue par de fines colonnettes. Non loin de là, est un cimetière musulman au milieu duquel on remarque la Kouba de Sidi-Sfian, tombeau d'Abn-Ahmed, l'amant de Blanche de Bivar, et le dernier des Abencerages. Les maisons basses et sales du faubourg Souika passées, on est à la porte de la Marine et l'on arrive bientôt à la place de la Bourse, centre du quartier européen et la partie la mieux bâtie de la ville.

A l'exception de la place de la Bourse, de la place

du palais du bey et de la place de la Kasbah où l'on respire à l'aise et qui ont un certain aspect, tous les autres quartiers de la ville ne se composent que de ruelles étroites, sales, en zigzag, encombrées d'une population malpropre, criarde, déguenillée, souvent couchée par terre. A tout instant on est heurté, coudoyé, renversé, si l'on ne fait attention, par cette foule grouillante; on est obligé d'écarter un cheval, un mulet ou un âne, de se retenir pour ne point glisser sur des détritus de fruits ou des dépouilles d'animaux. Le quartier européen, situé au bas de la ville, est le seul où l'on rencontre quelques belles maisons, de beaux magasins et les hôtels des consuls européens. Autour de ce quartier, sont des fondouks, sortes de caravansérails formés d'une cour intérieure avec des chambres isolées autour. C'est là que logent, entassés les uns sur les autres et dans une promiscuité tout à fait orientale, les ouvriers italiens, maltais et grecs, qui forment la principale population européenne de Tunis.

De la place de la Bourse, située au cœur du quartier franc, partent deux grandes rues qui coupent Tunis; l'une monte à la Kasbah, l'autre conduit aux souks, c'est-à-dire aux bazars.

La rue montant à la Kasbah est très étroite et très mal tenue, parce que la plupart des Italiens et des Maltais qui l'habitent ne veulent point contribuer à son entretien, tandis que dans le quartier maure, par exemple, les habitants se soumettent volontiers à la taxe pour la voirie. Avant d'arriver à la Kasbah, on passe dans le quartier arabe sur la grande place du Dar-el-Bey, palais de ville du souverain où le bey n'habite pas, mais où il reçoit pendant le Ramadan.

Ce palais mauresque, bâti par Hamouda-Pacha, est, à l'intérieur, de toute beauté. Les cours sont pavées en marbre blanc et noir; on admire également les plafonds polychromes des arabesques fort belles et un salon à parois de cristal fort remarquable.

Pour aller aux souks ou marchés, il faut traverser le labyrinthe des ruelles étroites et tortueuses du quartier arabe.

Le bazar des parfums est en quelque sorte l'antichambre des autres bazars dont le nombre dépasse, dit-on, vingt-cinq. Le bazar des étoffes, le bazar des cuirs, le bazar des bijoux, sont les plus riches et les plus célèbres. Les quartiers israélites sont perdus et comme semés au milieu de la ville arabe. Les quartiers arabes, si mal entretenus qu'ils soient, prennent un aspect de propreté relative à côté des quartiers juifs, dont les ruelles tortueuses sont encombrées de femmes et d'enfants à moitié nus, jouant et se roulant au milieu de chiffons sales et d'immondices à soulever l'estomac le plus solide.

Il existe à Tunis un grand nombre de mosquées, dont neuf principales ou khotbas, quatre pour la secte des musulmans maleki et cinq pour les musulmans hanefi. Au XVIIe siècle on en comptait, dit-on, plus de 155. Les mosquées se divisent en quatre catégories : les Djamaa, mosquées avec chaires où l'uléma prononce la prière et prêche sur les versets du Koran; les mosquées Medjed réservées aux prières; les Zaouia, mosquées écoles, et les Marabouts, chapelles servant de sépulture aux personnages arabes réputés saints. Tous ces monuments se ressemblent plus ou moins. Ce sont généralement des voûtes nues avec coupoles, soutenues par des colonnes torses ou droites et plus ou moins ornées d'arabesques et de vitraux de couleur. L'édifice est précédé le plus souvent d'une cour avec fontaine pour les ablutions.

La plus belle mosquée est *Djamaa-el-Zithoun*, la mosquée de l'Olivier, dont l'architecture est fort remarquable. C'est dans cette mosquée qu'est donné l'enseignement religieux aux quinze cents étudiants musulmans qui sont logés dans les médreças ou grands séminaires de la ville. Les professeurs sont au nombre de quarante et sont payés par des fondations pieuses.

La mosquée de l'Olivier, entourée d'un mur très élevé, est bâtie avec d'anciens matériaux de Carthage. On y remarque de fort belles colonnes de marbre provenant des ruines de la ville punique et une bibliothèque relativement riche pour le pays. Les autres mosquées célèbres de Tunis sont Djama-Sidi-Mahrez, Djama-Sidi-Youssef, Djama-el-Tabadji et Djama-Bab-Djezireh. Le clergé musulman tunisien a pour chef un délégué ou vicaire du *Cheik-ul-Islam* de Constantinople et qui s'appelle, comme ce dernier, *Cheik-ul-Islam*. C'est un grand personnage qui exerce une sérieuse autorité sur le monde officiel tunisien.

Le bey habite au Bardo, localité située à une lieue de Tunis, à l'ouest. C'est un assemblage bizarre de maisons irrégulières, au milieu duquel se trouve le palais entouré d'une forte muraille avec créneaux et fossés. Malgré ces fortifications, le palais est hors d'état de subir le moindre siège. Il est en plaine et dominé au nord par une forte colline éloignée de deux à trois kilomètres au plus. On sait que le général Bréart y est entré en mai 1881, sans que les soldats tunisiens aient essayé la moindre résistance. On se rend de Tunis au Bardo par le faubourg Souika et la porte Ali-ben Zaouai. La route est fort large et très fréquentée. Avant d'arriver au Bardo on rencontre un vaste aqueduc construit par les Espagnols.

Le Bardo n'est pas seulement un immense palais habité par le bey, ses ministres et ses grands officiers; c'est en quelque sorte une petite ville avec annexes de toutes sortes, rues et galeries, bazars et prisons. Pour arriver au logis du bey il faut traverser le palais du premier ministre, puis une cour dite des Lions, qui est du plus beau style mauresque. Les appartements du bey, meublés moitié à l'européenne moitié à l'orientale, sont d'un luxe inouï.

Le salon d'apparat est particulièrement d'une magnificence extraordinaire. On y voit de superbes tapisseries des Gobelins, un portrait de Napoléon III d'après Winterhalter, des portraits des principaux beys de Tunis et des souverains d'Europe. Le mobilier est en velours rouge brodé d'or. Le parquet est couvert de tapis de Perse de toute beauté. Le plafond est une coupole bleu et or à laquelle est suspendue une lampe d'or en forme de porte-voix. Parmi les meubles on remarque de très belles consoles Louis XV, des étagères contenant des porcelaines de Sèvres, des bahuts précieux, des glaces entourées de nacre. L'ensemble est disparate et d'un goût douteux, mais a dû coûter des sommes considérables.

A coté se trouve la salle du Conseil, petite, mais contenant une galerie des portraits des sultans de Constantinople des anciennes dynasties, peints par des artistes arabes. Les appartements du harem et ceux des hauts fonctionnaires ne sont pas moins riches.

Le marbre, l'or, les plus riches étoffes, les décorations les plus merveilleuses et les plus coûteuses, rien n'a été épargné pour embellir cette résidence où règne, plus que le bey, une cour de fonctionnaires avides et pressés de faire fortune en pillant l'État et en rançonnant les particuliers. On ne compte pas moins de cent généraux et deux cents colonels pour les trois ou quatre mille soldats de l'armée tunisienne, et la plupart de ces officiers supérieurs et *hors cadres* vivent au Bardo et au palais du bey à Tunis. Ces colonels sont d'ailleurs des gens fort aimables, qui vous font galamment les honneurs des palais qu'ils habitent, moyennant une pièce de cent sous que vous leur glissez dans la main et qu'ils s'empressent de faire descendre dans leur poche.

Les environs de Tunis présentent quelques vues très pittoresques et des localités bien cultivées, d'un aspect assez agréable, au moins pendant la saison des pluies qui rend à ces campagnes brûlées par le soleil une verdure luxuriante. La plus belle vue est certainement celle que l'on a d'une colline située un peu à gauche de la route de Tunis à la Goulette, et nommée par les Européens le Belvédère. C'est dans la plaine située au nord-ouest de cette colline que Charles-Quint gagna contre Barberousse la bataille qui le rendit maître de Tunis.

Lorsqu'on a dépassé la Goulette, en allant vers Carthage, on aperçoit une colline verdoyante au sommet de laquelle se détache le gracieux village de Sidi-Bou-Saïd. C'est entre Bou-Saïd et la mer, sur une série de petites hauteurs se terminant doucement vers le littoral, que se trouvent les ruines de Carthage.

Aujourd'hui cet emplacement est occupé par trois misérables hameaux, qui s'appellent Sidi-Daoud, Douar-el-Sahal et Mahelka ou El-Malgah, et, en poussant jusqu'au cap Carthage, par un fortin nommé Bordj-Djedid ou Château-Neuf. Les ruines apparentes de la grande cité punique se composent de dix-huit grandes citernes, de quelques arcades et quelques fûts de colonnes. Toutes ces constructions et ces débris paraissent appartenir à l'époque romaine ou à l'époque vandale; mais il est très vraisemblable que, si l'on poursuivait les fouilles un peu profondément, on découvrirait des restes de l'ancienne ville carthaginoise. Il y a une trentaine d'années, on voyait encore des traces d'un amphithéâtre et d'un cirque, un amas de ruines qui semblaient avoir appartenu à des thermes, enfin deux restes de jetées. Ces ruines disparaissent peu à peu. Les Arabes du pays les vendent pierre par pierre au voyageur, et même il se fait un commerce assez important de fausses ruines et de fausses monnaies romaines ou byzantines.

On se rend facilement compte d'ailleurs de la disparition à peu près complète de ces ruines, lorsqu'on sait que la plus grande partie des belles colonnes qui décorent les mosquées et les palais arabes du pays ont été prises à Carthage, que les Génois, les Pisans et les Espagnols ont également fait de nombreux emprunts aux anciens temples de la ville africaine pour construire leurs églises. Voici ce qu'écrivait à ce sujet, il y a plusieurs siècles, l'écrivain arabe Edrisi : « On a découvert à Carthage des marbres de tant d'espèces différentes qu'il serait impossible de les décrire. Un témoin oculaire rapporte en avoir vu extraire des blocs de trente pieds de haut sur sept de diamètre. Ces fouilles ne s'arrêtent pas ; les marbres sont emportés au loin dans tous les pays, et nul ne quitte Carthage sans en charger des quantités considérables sur des navires. On trouve quelquefois des colonnes en marbre de trente pieds de circonférence. » On sait que la magnifique cathédrale de Pise a été bâtie avec des marbres pris à Carthage.

Le célèbre aqueduc de la Carthage romaine, dont on a commencé, il y a quelques années, la restauration, aboutissait aux citernes d'El-Malgah. Ses ruines forment encore une longue ligne qui s'étend dans la plaine jusqu'au joli village d'Arianah. Cet aqueduc allait de là vers la Manouba, petit village de plaisance, où il y a une station du chemin de fer de Tunis à Bône, et se dirigeait vers le sud pour recevoir les sources abondantes qui coulent près de Djougar.

De l'autre côté du cap Carthage et séparée de l'ancienne ville par un vallon boisé, est la chapelle élevée à la mémoire de saint Louis sur un terrain concédé à la France, en août 1830, par les beys de Tunis. Cette chapelle occupe l'emplacement où l'on suppose que mourut le roi croisé. La chapelle est de forme octogone avec portail ouvrant du côté de la mer. Elle est construite en marbre blanc de qualité inférieure, connu dans le pays sous le nom de pierre de Soliman. Elle a pour piédestal une plate-forme circulaire, à laquelle on arrive par six marches. Un temple d'Esculape, disent les uns, le palais de Didon, selon d'autres, ont existé jadis à cette place. L'architecture, moitié gothique, moitié mauresque, est d'assez mauvais goût. Le monument est dû à un architecte nommé Jourdain. A l'intérieur est la statue de saint Louis par Seurre ; elle fut portée dans la chapelle par un bataillon de soldats tunisiens, dit un écrivain, M. Léon Michel, et encore aujourd'hui elle est entourée de la vénération des Arabes, une légende musulmane racontant que saint Louis s'est converti à l'Islam avant de mourir. A la chapelle est joint un couvent occupé par les moines des missions chrétiennes, dont le supérieur s'appelle le Père Roger. Ce couvent se compose d'un certain nombre de cellules donnant sur une cour. Cinq moines et quelques novices seulement y habitent, s'occupant spécialement d'archéologie. Au fond du jardin qui domine la côte, des pères montrent un assez grand amas de ruines romaines mises au jour lors des fouilles entreprises par Beulé. Le couvent contient également un petit musée où sont réunis quelques fragments de statues et de colonnes qui paraissent remonter à l'époque punique.

En suivant la côte vers le nord, on rencontre, à une vingtaine de kilomètres de Tunis, la rivière de la Medjerdah qui se jetait auparavant plus au sud dans le golfe de Tunis. Son delta, fort large, et divisé en plusieurs branches, ressemble plus à un marais qu'à l'embouchure d'un fleuve important. La Medjerdah ne se jette pas directement dans la mer, mais dans le lac de Ghar-el Melah bordé au nord par des montagnes qui se terminent au cap Sidi-Ali-el-Meleki et communiquant avec la Méditerranée par un pertuis assez étroit.

Le lac de Ghar-el-Melàh peut avoir huit kilomètres de l'ouest à l'est et cinq du sud au nord. C'est sur les bords de ce lac, entre la rive et les montagnes du nord, qu'est située la petite ville de Porto-Farina qui fut l'un des ports militaires de la Régence et a joué un rôle assez important dans l'histoire des pirateries barbaresques. Le port est assez profond, mais le canal de communication avec la mer a peu d'eau et aurait besoin d'être fortement dragué. Le port est quadrangulaire, fermé par des jetées et d'un assez bon abri, mais ne peut guère contenir plus de 50 petits bâtiments. Il est protégé par trois fortins en mauvais état.

La ville et le port d'Utique, dont il reste encore quelques ruines au misérable village de Bou-Chater, étaient situés à 8 kilomètres plus haut sur le cours de la Medjerdah; mais des atterrissements ne cessent de se former sur cette côte, et Utique a eu le sort qui attend tôt ou tard Porto-Farina. On trouve encore, à Bou-Chater, des citernes, un aqueduc, un amphithéâtre, les ruines d'un temple et de deux châteaux qui attestent la grandeur de l'ancienne rivale de Carthage. Porto-Farina est situé sur l'emplacement d'un ancien port phénicien dont parle Tite-Live et qui s'appelait Ruscinona, c'est-à-dire port aux vivres, ce qui semblait indiquer que le nom de Porto-Farina n'est qu'une traduction franque de l'ancien nom de la ville punique.

Nous sommes sortis du golfe de Tunis, et la côte se développe vers l'ouest, regardant l'Italie. On franchit le cap des Montagnes (Ras-Djebel), puis le cap des Raisins (Ras-Zebib). Entre les deux caps est une petite ville qui s'appelle Ras-el-Djebel et où réside le juge de la contrée ou *cadi*. Le pays est une succession de collines et de vallées d'une assez riche végétation. Près du cap Zebib, le littoral est d'un abord difficile ; mais la pêche y est fructueuse, et l'on y a établi plusieurs madragues pour la pêche du thon.

El-Alia, Beniata, Metelin, Rafaf et surtout Menzel et Djemil (*Beau séjour* en arabe) sont de jolis villages. A 2 kilomètres de ce dernier bourg est l'importante ville de Bizerte.

Bizerte (en arabe *Benserte*) est une ville admirablement située et qui serait le premier port de la Méditerranée africaine si l'incurie orientale n'avait laissé ensabler son lac et ses canaux. La ville est située, comme la Goulette, entre la mer et un lac intérieur, mais avec cette différence que le lac de Bizerte est beaucoup plus étendu et plus profond que celui de la Goulette et que le canal de communication a également plus de largeur et de profondeur (1^m, 20 au moins dans sa partie avoisinant le lac). Le canal, qui a 28 mètres de large, se divise en deux branches. La branche de l'est est la plus considérable et forme avec la branche ouest une île où se trouve le quartier des Européens dont le nombre ne dépasse guère trois ou quatre cents. Cet îlot communique avec la terre ferme par deux ponts en pierre.

Le lac a une longueur de 13 kilomètres sur 7 de large et pourrait abriter plusieurs flottes ; il est remarquable en ce qu'on y observe une sorte de marée ; à certaines heures il verse ses eaux avec beaucoup de force dans la mer ; à d'autres heures, il reçoit un courant marin d'une force égale. Au milieu du lac est une île couronnée par une montagne assez haute.

et que l'on pourrait facilement fortifier. Le lac est très poissonneux et fournit en grande partie, l'hiver au moins, à la consommation de Tunis. La pêche est affermée par le gouvernement.

La ville est entourée d'une muraille de 10 mètres de hauteur, flanquée de bastions. Le principal de ces bastions est le bordj Sidi-Hadid qui domine Bizerte au nord. La casbah est à la pointe nord du canal. En face de la citadelle est le bordj Zenzela. Enfin, au nord de la ville, au-delà du faubourg des Andalous, est le fort de Sidi-Salem et quatre batteries de côte. Toutes ces fortifications sont dans un état de délabrement lamentable. En occupant les collines assez élevées du nord-ouest, le plateau de Dahr-el-Koudiah, on pourrait facilement bombarder toute la ville et s'en emparer. Le pays est d'ailleurs relativement bien cultivé et riche. On y cultive les céréales et on y recueille des fruits et des légumes qui sont très estimés sur le marché de Tunis. L'eau d'alimentation est amenée des montagnes du Djebel-Nadeur situées à l'ouest, et vient par des canaux souterrains.

Un correspondant du *Temps* a visité Bizerte le 6 mai 1881, lors du débarquement de nos troupes dans cette ville, et voici l'intéressant tableau qu'il trace de la cité tunisienne. Le journaliste français arrivait à Bizerte par terre, venant de Tunis :

« Nous n'avons plus maintenant qu'une haute chaîne de collines à traverser pour arriver à la mer. La montée est des plus pénibles, la « route » étant de plus en plus semée de fondrières. L'artillerie franchira ces hauteurs avec difficulté. A droite, par une échancrure des collines, notre conducteur nous montre deux gros bourgs construits en amphithéâtre, et dont les habitations, d'une blancheur de craie, semblent être collées à la montagne. C'est d'abord El-Aouya, puis El-Alia. De près, l'aspect de toutes ces villes est toujours le même, primitif et pauvre, le plus souvent malpropre. — C'est la misère avec des ruines pour cadre.

« A un dernier sommet, nous découvrons enfin le grand lac de Bizerte, en ce moment balayé par un fort vent du nord-ouest qui soulève ses eaux et les fait « moutonner ». La ville et la mer sont encore invisibles, et ce n'est qu'après avoir escaladé un petit mamelon couronné d'un village en ruines (tout est en ruines dans ce pays) que nous avons l'agréable surprise de voir flotter plusieurs drapeaux français au sommet des bastions de Bizerte. Hurrah pour notre pavillon! Puis c'est la mer, avec toute une flotte de grands bâtiments à l'ancre devant la ville...

« Nous entrons par la porte de Tunis, laissant un poste de soldats du 20ᵉ de ligne tout ahuri de cette apparition inattendue de deux êtres vêtus à l'européenne, coiffés de casques et mollement étendus sur les coussins d'une calèche. A peine sommes-nous en ville que nous traversons un pont en pierre, de plusieurs arches, jeté sur un canal qui fait communiquer le lac de Bizerte avec la mer, et nous mettons aussitôt pied à terre sur le petit îlot qui forme le quartier européen; c'est là qu'est le vice-consulat de France, les maisons de la poste, du télégraphe, de la capitainerie du port, etc. Puis nous contournons l'îlot et nous nous trouvons devant un autre canal, le principal, et qui aboutit à la mer. — « Bizerte est une petite Venise! » m'avaient dit quelques enthousiastes. — Bizerte rappelle Venise comme un hameau peut donner l'idée d'une grande ville, et ce petit bassin que nous remontons ressemble au grand canal comme un oued de ces pays à un fleuve d'Europe... Jusqu'à cet autre pont d'une seule arche que nous traversons pour regagner la terre ferme et pénétrer dans la vraie ville, et qui fait songer au Rialto comme une passerelle... au Pont-Neuf. Passons...

« Au-delà de ce pont, à quelques pas seulement, est le mur d'enceinte qui, de ce côté, baigne ses assises dans le lac. Une large ouverture met en communication l'eau du lac avec celle du canal, c'est-à-dire de la mer ; mais cette ouverture est garnie d'un grillage destiné à empêcher le poisson de s'échapper. Le lac est, en effet, très poissonneux et fournit même de très beaux poissons. La pêcherie, qui rapporte au gouvernement un assez beau revenu, est affermée cette année à une Compagnie française.

« Ce principal canal sert de petit port à Bizerte ; mais ce port a si peu de fond, par ses atterrissements successifs, qu'il ne permet plus aujourd'hui l'entrée qu'à de très petits bâtiments, simples bateaux de pêche ou corailleurs. J'ai vu plusieurs fois les canots à vapeur des navires de guerre toucher le fond en manœuvrant pour faire accoster à quai les chalands. Sa largeur est d'environ 40 mètres, et sa longueur, de la mer au mur d'enceinte, ne doit guère dépasser 400 mètres.

« La rade n'est pas très sûre. En ce moment même, le vent du nord-ouest souffle avec force et depuis plusieurs jours. Plusieurs navires ont cassé leurs chaînes d'ancre, et l'un d'eux a dû se tenir sous vapeur, pour, au besoin, gagner le large, Il n'y a ni roches, ni récifs à craindre ; mais il est toujours désagréable d'aller s'échouer même sur le fin sable des dunes.

« Mais quel beau coup d'œil que tous ces navires, mouillés à une distance variant de 600 à 1,000 mètres ! Il y a là des vaisseaux à deux et même à trois ponts, comme *l'Algésiras ;* des frégates cuirassées et des transports ; des corvettes et des canonnières ; des paquebots transatlantiques, etc. Voici la *Galissonnière*, portant le pavillon du vice-amiral Conrad ; l'*Alma*, la *Reine-Blanche*, la *Surveillante*, la *Guerrière*, l'*Intrépide*, la *Dryade*, l'*Yonne*, la *Sarthe*, le *Cassard*, le *Léopard*, les transatlantiques *Isaac-Pereire*, *Abd-el-Kader*, *Ville-d'Oran*, etc. Jamais Bizerte n'avait vu pareille flotte.

« Nous montons à bord d'un navire et voici ce que nous voyons :

« A gauche de l'entrée du canal est la kasbah, énorme bastion. Puis, faisant suite le long de la mer, une ligne de remparts sans cesse battus par le sable fin, qui en de certains endroits, s'est amoncelé presque jusqu'à la hauteur des créneaux. Très peu de maisons de ce côté. Au delà, c'est le lac et la route par laquelle nous sommes venus. Tout est plat.

« A droite du canal, c'est d'abord une petite jetée formant ce qu'on appelle « la Pointe de Bizerte » ; ensuite, et comme pendant à la kasbah, un gros bastion dénommé Zenzela, auquel se rattache la ligne des remparts qui, de ce côté, sont d'abord perpendiculaires à la mer, sur une étendue d'environ deux cents mètres, puis la muraille reprend une direction presque parallèle au rivage. La ligne de créneaux monte aussi, mais en pente toujours douce, jusqu'aux hauteurs de Dahr-el-Coudia, dont le point culminant est occupé par le fort de Sidi-Hadid, qui se trouve former ainsi la pointe d'un triangle dont le côté sud regarde le lac et dont la base est figurée par le canal ou l'îlot européen.

« A moitié de la ligne des remparts de droite, se détache un faubourg isolé et sans défenses, dit le « faubourg des Andalous ». Tout à fait à droite, à une distance de mille mètres et complètement détaché de l'enceinte, émerge d'un petit mamelon le fort de Sidi-Salem. De ce côté seulement l'horizon est borné par quelques collines verdoyantes, clair-semées d'oliviers, et sur les pentes desquelles s'étagent les tentes de la colonne. La ville est seulement occupée par le 20e de ligne qui a dressé ses tentes sur le chemin de ronde intérieur des remparts et sur le sommet des bastions.

« En ville, l'animation est grande, surtout sur l'étroit quai du canal après la petite jetée, où se continue le débarquement des troupes et du matériel, commencé depuis le 1er et qui se fait avec lenteur à cause du mauvais état de la mer et de l'insuffisance du nombre de chalands.

« En parcourant le chemin de ronde des remparts et l'intérieur des bastions, j'ai constaté que la plus grande partie des pièces étaient étendues par terre, sans affût, toutes couvertes de rouille. Au moins, au Kef, les pièces étaient montées sur affûts. Je dois cependant rappeler que la plupart des affûts manquaient de roues.

« Dans la ville, ce sont toujours les mêmes maisons arabes, blanches, à terrasse, élevées d'un rez-de-chaussée, rarement d'un premier étage. Des rues étroites, sales, effondrées. A Bizerte, la plupart des maisons sont reliées par des arceaux ou contreforts comme on en remarque d'ailleurs dans d'autres villes. Çà et là on rencontre le petit dôme d'un marabout ou d'une mosquée. Je n'ai trouvé à relever aucun détail d'architecture.

« Jadis la ville était réputée pour son commerce de céréales, d'huiles et de laines ; elle possédait alors une population relativement nombreuse. Elle n'a plus aujourd'hui qu'environ 5,000 habitants dont 300 Européens, Maltais, Italiens et Français. Ces derniers sont au nombre de sept, dont deux naturalisés. Les Italiens s'adonnent surtout à la pêche du corail, qui se fait dans le golfe à l'époque de la belle saison. La ville est en complète décadence, et plus d'un tiers des maisons sont effondrées, en ruines.

« L'occupation française fera revivre l'ancienne colonie romaine. »

Nous espérons que le vœu du journaliste se réalisera. Bizerte est la seule ville de Tunisie que nous ne puissions pas abandonner sous peine de voir notre influence disparaître de ces contrées et le gouvernement de la Régence retomber dans des mains hostiles à la France. Avec quelques centaines de mille francs il sera facile de débarrasser l'entrée du port des sables qui en rendent l'abord difficile. Avec une somme égale on pourra draguer le canal et en rendre le passage accessible à des navires de haut bord. La rade n'est pas sûre lorsque les vents d'est soufflent, mais elle est abritée contre les vents de nord et nord-ouest qui sont les plus dangereux dans ces parages. Ajoutons que Bizerte est à 60 kilomètres seulement de Tunis, que des troupes peuvent s'y rendre à pied en deux jours, par un pays plat où l'on peut difficilement les arrêter, enfin qu'une voix ferrée mettra prochainement Bizerte en relations directes avec la capitale de la Régence et que, par conséquent, qui sera à Bizerte sera à Tunis.

Après Bizerte la côte se dirige vers le nord pendant quelques kilomètres pour atteindre le cap Blanc (Ras-el-Abiod), le point le plus septentrional de toute l'Afrique. Le littoral incline ensuite vers l'ouest en redescendant un peu vers le sud. Toute cette côte est couverte de coraux; on y remarque plusieurs promontoires : le cap El-Kéroun, le cap El-Doukara et plus à l'ouest le cap Serrat, où viennent se terminer en pointe deux contreforts montagneux venant l'un du sud, du côté de Béjà, l'autre de l'est, et partant des environs de Mater, enfin le cap Negro où la compagnie française d'Afrique avait autrefois un comptoir et qui sépare le pays des Mogod de la région des Kroumirs. Entre le cap Serrat et le cap Doukara sont les deux îlots des Frères.

La région comprise entre Bizerte et le cap Negro est habitée par des tribus arabes remuantes connues sous le nom générique de Mogodys. Ces tribus belliqueuses et pillardes vivent à l'état d'indépendance, bien qu'elles soient nominalement placées sous l'autorité du kaïd de Mater. On sait que, lors de la marche de nos troupes de Bizerte sur Béja, ces tribus ont assailli notre avant-garde aux portes de Mater et qu'elles ont prêté également leurs concours aux tribus rebelles du pays des Kroumirs. Le pays qu'elles habitent est composé de deux massifs montagneux séparant trois vastes plaines où l'on ne rencontre guère que des marabouts, ces tribus vivant en nomades et n'ayant point de villages bâtis. Ces peuplades, qui comptent, dit-on, dix mille fusils se divisent, d'après certains voyageurs, en neuf tribus, les Djemiack, les Ouled-Saïd, les Ouled-Nail, les Chitena, les Lakara, les Aïch, les Malia, les Saabna et les Shadjan.

Ce littoral septentrional est une des parties les moins connues de la Régence, aussi ne faut-il point s'étonner si l'on a peu d'informations sur les ruines qui peuvent s'y trouver et marquer l'emplacement d'anciennes cités romaines ou phéniciennes. On sait seulement que Bizerte est l'ancienne Hippone Diarrhyte ou Zaryte de l'*Itinéraire* d'Antonin et de Pline le Jeune. On trouve d'ailleurs à Bizerte de nombreux vestiges d'antiquité, fragments de colonnes et de chapiteaux. La Tunisa de l'*Itinéraire* paraît être Menzel-el-Djemil, suivant les uns; suivant d'autres, la petite ville de Ras-el-Djebel; Badjou serait probablement la ville romaine de Membrone. Ptolémée parle d'un temple d'Apollon qui devait être au cap Negro, et M. Pélissier croit qu'on doit reconnaître dans les îlots Fratelli, ou les *Frères,* ce que le géographe ancien appelle les « Autels de Neptune ».

Nous devions poursuivre notre description du littoral par la région des Kroumirs; mais l'importance que cette région a prise dans la géographie de la Tunisie, à la suite de la dernière guerre, nous a engagé à lui consacrer une description spéciale qu'on trouvera plus haut dans les chapitres relatifs à l'expédition française de 1881. Nous allons donc quitter le littoral pour regagner, par Mater, Tehent et Béja, la vallée de la Medjerdah, parcourant ainsi toute la grande presqu'île que les Romains appelaient la Zeugitane, et qui était comprise entre la mer, la vallée de la Medjerdah et le golfe de Tunis. La Zeugitane comprenait, il est vrai, en plus la presqu'île du cap Bon, située de l'autre côté du golfe jusqu'à la ville d'Hammamet, mais ces districts ont moins de rapports géographiques et commerciaux avec la vallée de la Medjerdah qu'avec la province du Sahel ; aussi les décrirons-nous avec cette dernière.

Bizerte, Mater, Tehent et Béja semblent comme des sentinelles placées entre la riche et populeuse vallée de la Medjerdah et les régions montueuses et désertes du littoral parcourues par les tribus nomades et pillardes du pays des Mogodys et des Kroumirs. Elles forment comme une ligne parallèle à la Medjerdah, dont elles ne sont séparées que par une distance qui varie de 20 à 10 kilomètres.

La ville de Mater, qui compte environ trois mille habitants, est le chef-lieu de l'outhan dont dépendent les tribus du littoral entre le cap Blanc et le cap Negro. C'est aussi là que ces tribus vont s'approvisionner d'objets manufacturés et vendre leurs laines et les rares produits agricoles qu'elles ont en superflu les années d'abondance. La ville est située au milieu d'un pays fertile, bien cultivé, mais insalubre, dans un repli de l'Oued-Djoumine, rivière le plus souvent à sec et que dominent à l'est des collines peu élevées. Cette rivière se jette dans un lac assez considérable qui communique par une petite rivière, l'Oued-Tindja, avec le lac de Bizerte. A l'ouest de ce lac est un pic assez élevé qui s'appelle le Djebel-Echkeul.

La route ou plutôt le sentier de mulets qui va de

Mater à Béja serpente sur les collines qui suivent la rive orientale de l'Oued-Djoumin. Elle traverse un pays ombragé qui possède de bonnes eaux et est occupé par la tribu des Badjaoua. Après avoir franchi le hameau El-Khraib où il y a de belles ruines et une jolie cascade, le sentier arrive au hameau de Tehent où l'on rencontre également des vestiges d'antiquités. Ce village se composait, il y a quelques années, d'une cinquantaine de cabanes pouvant loger trois à quatre cents personnes. Lorsque M. Pélissier y passa, les habitants de Tehent pratiquèrent à son égard la plus généreuse hospitalité. N'osant lui donner asile dans leurs modestes huttes, ils lui permirent de passer la nuit dans la mosquée, témoignage de grande tolérance de la part de musulmans. On sait, en effet, que l'entrée des mosquées est rigoureusement interdite aux infidèles dans tous les pays de l'Islam. M. Pélissier cite d'ailleurs, dans ce pays, ce fait curieux d'un cadi qui n'observait aucune des prescriptions du culte, mais qui, rendant la justice avec une grande intégrité, était vénéré de tous ses justiciables.

On peut aller également de Mater à Béja par une autre route qui passe plus à l'est et suit la vallée de l'Oued-Tin. La distance par les deux sentiers est à peu près la même, 60 kilomètres. La ville de Béja (en arabe Badja) a une importance stratégique par sa position aux confins sud-est du pays des Kroumirs et par le peu de distance qui la sépare de la vallée et du chemin de fer de la Medjerdah, 11 kilomètres. Elle est la base d'opérations naturelle d'un corps qui veut observer la vallée, pouvoir pénétrer rapidement au cœur des montagnes du nord-ouest et donner la main soit à des troupes qui opèrent dans la haute Medjerdah, soit à des troupes venant de Mater et de Bizerte.

Béja est une vieille ville romaine, carthaginoise ou numide peut-être ; c'est la Vacca des anciens. Aujourd'hui elle a le caractère de la ville arabe pure. De loin, avec ses murs blancs et ses minarets élevés, penchée sur sa colline, elle a un aspect assez pittoresque. Sa forme est celle d'un pentagone irrégulier dont la casbah serait le sommet. L'intérieur de Béja présente malheureusement, au dire des voyageurs, un aspect hideux de malpropreté et de tristesse. Au milieu de la ville est une fontaine abondante, située au fond d'une tranchée où l'on descend par un escalier. Les murs de soutènement de cette tranchée sont bâtis avec d'anciennes pierres romaines où l'on voit encore quelques fragments de sculpture. On voit dans l'Oued-Béja des restes d'un ancien pont romain. Quelques piles sont assez bien conservées. Au sud de la ville sont quelques ruines éparses près d'une ferme nommée Henchir-es-Seman ; on en trouve également à l'ouest du côté du territoire des Bou-Salem, vers une localité appelée Grisia. Shaw, un voyageur anglais du XVIIIe siècle, a rapporté une inscription latine qu'il a trouvée à Béja, qui a l'apparence d'une inscription tumulaire et dont le savant M. Hase a restitué le texte.

La population de Béja est évaluée à 4 ou 5000 habitants, parmi lesquels on compte 300 Israélites, 25 Italiens, 30 Maltais et 2 Français, dont l'un, M. Radenac, un Breton, est agent consulaire et agent du télégraphe.

L'intérieur de la ville est encore aujourd'hui ce qu'il était y a trente ans. Les rues étroites et tortueuses, traversées par des rigoles où coule une eau infecte, sont des fondrières, des ravins avec des blocs de pierre jetés au travers en guise de trottoirs. La mosquée de Sidi-Aïssa est assez belle comme proportions architecturales, mais elle est dans un état d'entretien déplorable. La ville, qui regarde à l'est, est entourée de vieilles murailles grises, crevassées, sans bastions ni canons, percées de portes étroites. La casbah, qui domine la ville, paraît être de construction byzantine. Nos troupes y ont trouvé sept canons en fonte sur des affûts pourris, une centaine de boulets de cent livres rouillés, dans les magasins d'armes quelques fusils à pierre et quelques sacs du temps de Louis-Philippe, achetés à Paris sans doute par les officiers français qui organisèrent alors l'armée tunisienne. Au centre de la ville est un bazar peu intéressant, où l'on remarque cependant une belle colonnade de marbre rouge.

Autrefois, cette même ville de Béja, aujourd'hui sale et presque en ruines, était une des cités les plus florissantes de la Tunisie. Elle avait des bains, des caravansérails, des marchés, des jardins superbes. Ses environs étaient couverts d'oliviers, et les historiens célébraient la fertilité de son sol. A l'heure présente elle est encore un marché agricole important, mais elle a perdu son ancienne splendeur et elle ne tente le voyageur que par sa position gracieuse et la vue magnifique dont on jouit du haut de sa casbah. L'œil parcourt plus de dix lieues à l'est, sur toute la plaine de la Medjerdah et sur toutes les collines qui s'étendent du côté de Mater, du pays de Mogod ou des Kroumirs.

Les environs de Béja sont généralement bien cultivés, surtout au sud et à l'est, mais les arbres manquent. Pas même d'arbustes ni de broussailles. L'œil n'aperçoit que de vastes champs d'orge et de blé ou des landes émaillées de liserons, de coquelicots ou d'asphodèles. Il faut être au pied des murailles pour trouver des oliviers, des arbousiers, quelques figuiers de Barbarie et quelques maigres arbres fruitiers de nos jardins d'Europe. Malgré le coup d'œil pittoresque que présente Béja avec ses murs blancs et jaunes, dans sa ceinture verdoyante et avec son panorama de plaines fertiles, le séjour de cette ville est peu goûté, le pays étant un des plus insalubres de la Tunisie.

Béja est située à 11 kilomètres, nous l'avons dit, de la grande ligne d'eau et de la voie ferrée qui joignent Tunis à l'Algérie, à travers les collines et les montagnes de l'Atlas. La Medjerdah entre sur le territoire tunisien à 50 kilomètres à l'est de Soukarrhas, à 200 kilomètres de Tunis. La rivière, pendant les trois quarts de l'année, ne roule qu'une eau rare et boueuse, très mauvaise à boire. Elle arrose, en entrant en Tunisie, à gauche, le territoire broussailleux des Ouled-Sedira et des Hakim, tribus faisant partie de la confédération des Ouchtetas du sud. Au sud sont les Ouarka, les Charen et les Ouartan, tribus appartenant à la confédération dite de la Rekba.

A 5 kilomètres de la frontière suivant la rive droite du fleuve, on trouve les premiers douars tunisiens et le chemin de fer à la station de Ghardimaou. La vallée, qui était étroite, profonde et resserrée, s'ouvre subitement pour former une vaste plaine où coulent la Medjerdah et son affluent de gauche, l'Oued-Ghraghai et Bidour. La voie ferrée entre Ghardimaou et Guelma est concédée et en construction, mais en Tunisie elle s'arrête à 7 kilomètres de la frontière, et en Algérie plus de 60 kilomètres sont à faire, la voie n'atteignant encore que la ville de Soukarrhas. La première station française à la frontière doit être située à Sidi-Hamici. La station de Ghardimaou se compose de deux bâtiments pour les voyageurs, deux halles pour les marchandises, deux remises à voitures, une citerne, une maisonnette et un abri, le tout en briques ou en moellons et en bois. Auprès de là est une ferme habitée par quelques colons arabes. Un peu plus au nord et à l'est se trouvent les ruines célèbres de Bulla-Regia. Au moment où les opérations militaires ont commencé, une équipe de 150 ouvriers avait entrepris les travaux de construction de bâtiments pour la douane tunisienne, mais devant l'agitation des tribus de la frontière tout a été abandonné. On avait commencé également les travaux pour une route carrossière de Ghardimaou à Sidi-el-Hamici, poste frontière français; on y a également renoncé. Mais à l'heure qu'il est ils doivent être repris.

On sait que cette ligne ferrée, construite depuis deux ans seulement, appartient à la compagnie française du chemin de fer de Bône-Guelma, à laquelle le gouvernement tunisien a également concédé les lignes de Tunis à Bizerte et de Tunis à Sousa par Radès, Grombalia et Hammamet. La compagnie de Bône-Guelma, à laquelle le gouvernement français accorde une garantie d'intérêt pour la ligne de Tunis à la frontière, a fait construire cette ligne aussi économiquement que possible. Les constructions sont des plus simples et le matériel est réduit au strict nécessaire; la ligne n'a qu'une seule voie sur tout son parcours. Les stations se composent d'un bâtiment pour le service des voyageurs et d'une habitation pour quelques employés. Un hangar pour les marchandises, une citerne avec réservoir pour l'alimentation des machines, complètent le matériel fixe des stations. La plupart des constructions sont en briques ou en pierres prises aux ruines les plus proches. Aux haltes de Sidi-Sehiti et du Bordj-el-Toum on ne trouve qu'une maisonnette basse, un hangar, le tout entouré d'un jardin bordé d'une haie de cactus. Tous les 2 kilomètres, il y a une maison de garde avec une citerne, car l'eau du fleuve n'est pas buvable. Dans la saison chaude, ces citernes sont souvent à sec, ou leur eau est tellement mauvaise que la compagnie en fait venir dans des wagons-citernes où les employés de la ligne puisent leur approvisionnement.

A 11 kilomètres de Ghardimaou se trouve la station d'Oued-Meliz, ainsi nommée parce que la petite rivière l'Oued-Meliz, venant des montagnes du sud, se jette dans la Medjerdah en face de la gare. Cette station n'est importante que parce qu'elle dessert les carrières de marbre de Schemtou appartenant à une société belge et situées à 3 trois kilomètres au nord-est, près d'un petit oued qui s'appelle l'Oued-Melah et à faible distance de Bulla Regia.

En sortant de Ghardimaou la voie s'engage sur la rive droite du fleuve, entre des berges étroites et profondes, à travers un terrain légèrement accidenté. Sur les deux rives on voit un certain nombre de douars ou réunions de tentes arabes. Les coteaux sont verdoyants et la plaine bien cultivée. Les douars sont ceux des Hakim, dont la station de l'Oued-Meliz est le marché agricole. Tout près de là est une carrière de pierre exploitée par des Français, un peu avant les carrières de Schemtou. D'après M. Tissot, cette localité était le point de rencontre de deux routes romaines, l'une la route de Vacca ou Béja à Hippone Royale ou Bône suivant la Medjerdah, l'autre une route venant du pays des Kroumirs, partant de Tabarcah et passant par Bulla Regia.

Le chemin de fer franchit l'Oued-Meliz sur un pont en pierre de 15 mètres. La rivière traverse le territoire des Ouled-Arfa et décrit un grand nombre de sinuosités. A gauche s'élève le Bordj Zouba, commandant la route qui passe au pied du dernier contrefort de la chaîne des montagnes Kroumires, le Koudiet-Telil-Abessa. A cet endroit la rivière s'encaisse et tourne vers le nord. Le chemin de fer s'arrête à la halte de Sidi-Meskine, qui se compose d'un bâtiment pour voyageurs, une citerne et une maisonnette de garde. Sur la rive gauche, bien cultivée, on compte un certain nombre de fermes. L'altitude, qui était de 178 mètres à l'entrée de la Medjerdah en Tunisie, est de 158 en face la station de Sidi-Meskine. Le chemin de fer passe sur plusieurs ponts, puis, traversant une plaine bien arrosée et large de 20 kilomètres, atteint la gare de Souk-el-Arba à 153 kilomètres de Tunis.

La station de Souk-el-Arba est une des plus importantes de la ligne. Autour sont plusieurs douars, une ferme assez considérable, des jardins bien cultivés. Enfin elle reçoit au sud tous les produits de la vallée de l'Oued-Mellègue qui se jette dans la Medjerdah 1 kilomètre plus bas. Le chemin de fer traverse le delta fort riche et bien cultivé qui s'étend entre la Medjerdah et l'Oued-Mellègue, delta occupé par la tribu des Djendouba et nommé le Dakkelat des Djendouba. La rivière, qui se rétrécit à 10 mètres de largeur, et la voie ferrée, continuent de descendre vers le nord pendant 8 kilomètres, pour atteindre la station de Ben-Bachir et la vallée du Bouertma, que le railway franchit sur un pont métallique de 40 mètres. Cette vallée du Bouertma est importante au point de vue stratégique, en ce qu'elle conduit par ses affluents, l'Oued-Grezouan et l'Oued-Ghrezela dans les vallées plantureuses qui descendent des hautes chaînes kroumires. Elle est habitée par les Ouled-Chiaia et les Ouled-Bou-Salem. Un combat d'avant-garde a eu lieu dans cette vallée lorsque le général Logerot, venant du Kef, occupait la station de Ben-Bechir.

A 12 kilomètres plus loin est la station de Souk-el-Kmis. Le chemin de fer se tient, à partir de Ben-Bechir, presque toujours sur la rive gauche de la Medjerdah; il franchit encore plusieurs ponts dans une plaine fertile, puis, vers la halte de Sidi-Zehiti (120 kilomètres de Tunis), s'engage dans une vallée rétrécie et pierreuse pour gagner la station de Béja située à 10 kilomètres de la ville de ce nom. Entre Sidi-Zehiti et Béja le chemin de fer passe près du Bordj Zouam, construit, dit-on, sur l'ancien champ de bataille de Zama. Entre les stations de Béja et de l'Oued-Zerga la voie exige neuf ponts dans un trajet de 21 kilomètres, trois ponts en pierre et six métalliques sur la Medjerdah et ses affluents, quelques-uns ayant trois et quatre travées et de 70 à 80 mètres de long.

La Medjerdah et la voie ferrée se séparent au-delà de l'Oued-Zerga. La rivière fait un grand coude vers le sud et va recevoir deux de ses principaux affluents méridionaux, l'Oued-Kralled et l'Oued-Silianah près de la vallée de Testour, résidence du caïd de la contrée et chef-lieu d'un district agricole assez fertile.

Testour est une ville de 3,000 habitants presque tous descendant des anciens Maures d'Espagne, qui compte de nombreuses mosquées et zaouias, et qui est relativement bien bâtie. C'est l'ancienne colonie romaine Bisica-Lucana et la dernière ville importante en remontant la Medjerdah. Située à la jonction de l'Oued-Medjerdah et de l'Oued-Silianah, elle a en face d'elle une plaine superbe très bien cultivée. Testour est bâtie sur une colline entourée d'oliviers et que couronne le tombeau d'une sainte arabe nommée Lella Zora.

A 8 kilomètres plus à l'est, en suivant la rivière, apparaît sur un monticule de la rive droite le petit village de Celoudja, ou Seloukia, où l'on remarque quelques belles ruines et une mosquée dont le minaret est riche et élégant. A partir de ce point la vallée se resserre, devient pierreuse et se dirige vers le nord-est. A 15 kilomètres de Testour est le gros village de Medjez-el-Bab, qui compte environ 1,500 habitants et possède un magnifique pont en pierre de huit arches. On croit que ce village est le Vicus Augustus des Romains. Il possède un arc de triomphe de la fin de l'empire romain et qui portait encore des inscriptions au siècle dernier.

A Medjez-el-Bab nous retrouvons la voie ferrée

qui, à la station de l'Oued-Zerga, a quitté la Medjerdah et franchi sous des tunnels le petit massif de collines autour duquel la rivière fait un grand coude vers le sud. Ces tunnels sont courts. Entre les stations de Béja et de l'Oued-Zerga on trouve au contraire un tunnel de près de 400 mètres de longueur.

Entre les villes de Medjez-el-Bab et Tebourba la vallée de la Medjerdah se resserre de nouveau, bordée au sud par une rangée de collines peu élevées et au nord par de véritables montagnes, le Djebel-Eidouss et le Djebel-Meguella. Le chemin de fer s'arrête à la halte de Bordj Toum, située près d'un vieux village arabe nommé Toukaber, qui paraît avoir été l'ancienne Tuccaboni de saint Augustin et de saint Cyprien. L'étroite vallée qui est entre les pentes du Djebel-Eidouss, le chemin de fer et la rivière, est bien cultivée et montre de riches vergers d'oliviers et de frais jardins. On y trouve de nombreuses et belles ruines romaines, notamment au village de Henchir-Hamine, où s'élève encore une tour arabe construite avec des matériaux romains. Cette vallée avait été remarquée par le bey Mohammed le Magnifique, qui y fit planter un grand nombre d'arbres fruitiers, tels qu'orangers, citronniers, abricotiers, pêchers, disposés par bouquets isolés. Ce prince avait fait construire, à 4 kilomètres plus haut que Tebourba, une vaste maison de campagne aujourd'hui ruinée, et où l'eau arrivait en abondance par un canal dont on voit encore les restes. Il avait fait pratiquer des écluses afin de faciliter l'arrosage des plantations. Tout cela est détruit, mais pourrait facilement être remis en état et utilisé pour l'agriculture de la vallée, si la Tunisie avait un gouvernement éclairé et actif.

La rivière et le chemin de fer inclinent un peu vers l'est, dans un vallon très resserré, et arrivent à Tebourba, gros bourg de 2,000 âmes où le bey Mohammed a fait construire un beau pont. La ville, qui est l'ancien Tuburbum minus des anciens, est entourée de riches et pittoresques vergers. Le général Ben-Aïad y avait fondé, il y a trente ans, une importante manufacture de draps qui a été abandonnée. La population de Tebourba se compose presque exclusivement d'anciens Maures Andalous. Non loin de la ville on aperçoit encore quelques débris d'un amphithéâtre dont les pierres ont servi à la construction du pont et des mosquées. D'après une inscription trouvée auprès de là, cet amphithéâtre aurait été construit sous l'empereur Hadrien.

A 10 kilomètres plus loin, nous trouvons le petit village de Djedeida, composé de maisons de plaisance appartenant à de riches Tunisiens et entouré de jolis jardins et de riches vergers d'oliviers. On n'est plus qu'à 25 kilomètres de Tunis, et à 15 kilomètres du Bardo. Djedeida est un point stratégique assez important. Ce village se trouve au point de jonction de la basse vallée de la Medjerdah qui descend vers le nord et conduit à Porto-Farina, et du chemin de fer qui se dirige directement à l'est vers Tunis. A 2 kilomètres de Djedeida, à l'est, se croisent trois routes, une route qui vient de Mater, une autre venant de Bizerte, enfin la grande route de Béja à Tunis.

En suivant cette dernière route parallèle à la voie ferrée, nous arrivons à la Manouba, localité qui emprunte son nom au tombeau d'une sainte célèbre, Lella Manouba. La station du chemin de fer est située un peu plus à l'est, à un kilomètre du Bardo. En face, au nord, se dresse la magnifique colline du Djebel-Ahmar. La Manouba se compose de quelques maisons et d'un ancien palais inhabité qui sert aujourd'hui de caserne de cavalerie, et où le général Bréart a logé ses troupes lorsqu'il a marché de Bizerte sur le Bardo par Fondouk. C'est un peu au-dessus de la Manouba que se voit l'aqueduc qui conduisait les eaux de Djugar à Carthage et passait par le massif du Djebel-Ahmar. Les populations de la contrée ont une grande vénération pour le tombeau de Lella Manouba, dont voici la légende : « La sainte avait fait vœu de chasteté ; mais, un kadi riche et puissant l'ayant recherchée en mariage, ses parents la promirent, malgré ses protestations. Le jour du mariage arrivé, elle déclara au kadi le vœu qu'elle avait fait, mais celui-ci prétendit n'en tenir aucun compte et user de ses droits. Alors la vierge indignée, faisant usage de la puissance surnaturelle que Dieu avait mise en elle, le changea en femme, d'une seule parole. Le kadi, consterné de cette métamorphose, implora pardon et miséricorde, mais Manouba ne lui rendit son sexe primitif qu'après qu'il eut signé un acte de répudiation en bonne forme. Depuis lors elle fut à l'abri des prétendants et put vaquer tout à son aise aux choses divines. »

Nous avons laissé la Medjerdah à la station de Djedeida. En quittant ce bourg, la rivière descend vers le nord, à travers une plaine de 20 kilomètres d'étendue, dont la partie orientale est marécageuse, mais dont les districts tirant vers le nord-ouest sont de bonnes terres arables très bien cultivées par les Ouled-Trabelsi ou Trabelsia, Arabes d'origine tripolitaine. A droite dans la plaine, au pied du Djebel-Ahmar, est l'établissement des haras du bey, à Sidi-Tabet. Cet établissement a été fondé et est encore administré par un Français, ancien consul, M. de Sancy. A quelques kilomètres plus loin, est le hameau de Fondouk, où les routes de Tunis à Bizerte et à Porto-Farina traversent la Medjerdah sur un pont en pierre, près d'un marabout célèbre nommé Sidi-Abid. Toute cette contrée est relativement riche, coupée de bois d'oliviers aux troncs énormes, semée d'exploitations agricoles appartenant à des familles riches de Tunis ou à des établissements religieux de cette ville, et cultivées par des colons partiaires ou khamas. Ces colons sont presque tous ou des Trabelsia à demeure fixe ou des Ferdjen nomades qui prennent à cheptel du bétail avec lequel ils voyagent de district en district, suivant la saison, dans le triangle compris entre Fondouk, Mater et Porto-Farina.

Avant d'arriver à Fondouk, on rencontre une jolie fontaine ornée d'une galerie à arcades et de colonnes ioniques. A 1 kilomètre à droite est la Kouba de Bou-Chater, située sur une éminence au-dessus des ruines d'Utique. Nous avons déjà donné la description de cette contrée au commencement de ce chapitre.

CHAPITRE III

LA TUNISIE CENTRALE. — LA FRONTIÈRE
ALGÉRIENNE. — LE DJERID

Les plateaux du grand Atlas tunisien. — La hamada des Ouled-Ayar. — Les crêtes boisées du nord. — Les pentes pierreuses du sud. — Action du sable sur les grès et les schistes. — Système fluvial. — Les trois grands affluents méridionaux de la Medjerdah. — La vallée de l'Oued-Mellègue. — El-Kef. — Nebur. — La vallée de l'Oued-Kralled. — Les ruines de Dougga. — Teboursouk. — La vallée de l'Oued-Silianah. — — Les ruines de Makter. — Les Ouled-Ayar. — La route romaine de Tébessa à Sousa. — Les Ouled-Medjer et les Zeralma. — Ruines d'Haidra. — Versant de l'est. — L'Oued-Merkelil, l'Oued-Zeroud et l'Oued-Fekka. — Les Djelas, les Frachiche et les Hammema. — Sbaitla. — Ksarin et Feriana. — Les ruines de Suffetula, Scillium et Thala. — Le Djerid ou pays des Palmiers. — Les oasis. — Gafsa. — Hamma. — Oudiane. — Touzer et Nefta. — Population, agriculture et commerce du Djerid. — Le désert. — Les Chotts ou lacs salés. — La route de Ghadamès et du Soudan.

La Tunisie centrale, qui a pour principale ville et chef-lieu la ville sainte d'El-Kef, est formée par les plateaux du grand Atlas, et par un soulèvement transversal d'origine volcanique qui semble avoir rompu et comme bouleversé ces massifs montagneux, du sud-ouest au nord-est. Ces plateaux ont une apparence toute différente, suivant qu'on regarde les pentes pierreuses et dénudées de leur versant sud ou qu'on remonte les vallées et les ravins profonds des contreforts et des chaînes du versant septentrional. D'un côté le vent du désert a fait la sécheresse, la ruine, la désolation ; de l'autre le vent du nord et les pluies qu'il amène ont créé une végétation souvent puissante, des sources et un régime d'eau relativement abondant. C'est en effet par les vallons, les ravins qui séparent les promontoires et les contreforts nombreux et mouvementés du versant nord que coulent les rivières qui vont grossir la Medjerdah. C'est par les vallées de ces trois rivières, l'Oued-Mellègue, l'Oued-Kralled et l'Oued-Silianah que la vie agricole a pénétré ces contrées, et leur a donné quelques éléments de travail et de richesse. Le long de ces trois grandes routes, nous trouverons les débris des avant-postes de la civilisation romaine, et aujourd'hui encore là seulement se rencontrent les rares villages où habitent les tribus à demeures fixes, les centres agricoles où l'on pourra plus tard développer la colonisation, des régions boisées d'où l'on pourrait tirer de grandes richesses. Au sommet des plateaux et sur les pentes méridionales il n'y a que la pierre, le grès qui se pulvérise ou un schiste friable que ronge le sable du désert, et, dans les ravins où croupit une eau saumâtre, un peu d'herbe qui suffit à peine aux troupeaux des nomades. Là, pas d'autres ressources comme eau que de petits ruisseaux qui se perdent dans les sables ou dans des lacs salés, et qui n'offrent, les trois quarts de l'année, qu'un lit de pierres; plus de villes ni de villages, mais de rares tribus sans cesse en voyage et qui vivent plus de leurs pillages que du produit de leurs troupeaux.

Plus au sud, l'Atlas jette deux grands promontoires montagneux, le Djebel-Beni-Younès et le Djebel Arbet, dont les vagues du désert viennent battre les pieds. Ensuite c'est la mer mouvante, la mer de sable au milieu de laquelle apparaissent de loin en loin les îlots verdoyants des oasis de Gafsa, de Nefsa, de Touzer. Là, point de limites entre l'Algérie et la Tunisie qu'une ligne idéale courant du nord au sud au milieu de solitudes immenses, ligne sans cesse déplacée par les mouvements des tribus qui parcourent ces régions à la recherche d'herbages à donner à leurs troupeaux ou de caravanes à dépouiller. Puis, au-delà des oasis du Djerid, les grands chotts ou lacs salés, et le désert de la Tripolitaine à l'extrémité duquel est la riche cité marchande, Ghadamès, située à onze journées de marche des oasis tunisiennes.

De la Medjerdah jusqu'au désert, la frontière entre la Tunisie et l'Algérie n'est marquée par aucune chaîne de montagnes ou par aucune rivière, sauf à trois ou quatre lieues au nord de Tébessa, où l'Oued-Houair sert de limite sur un parcours de quelques kilomètres. De chaque côté ce sont les tribus qui servent à reconnaître les territoires. Tout ce qui est Hanencha est Algérien, tout ce qui n'est pas Hanencha est Tunisien. Le pays ressemble par la configuration de ses montagnes à la Suisse française ou aux Vosges. Des collines verdoyantes, des pics aux longues arêtes, des ravins pierreux, de grandes plaines ondulées, des montagnes en forme de longues tables, des forêts de pins et de chênes, tel est le paysage varié qui s'offre à la vue. De temps en temps des ruines, un fortin, bordj de la frontière où fument, à moitié endormis, quelques douaniers tunisiens ; sur les coteaux, les douars aux tentes noires, entourées de haies d'épines ou de cactus suivant l'altitude, point de routes, des sentiers perdus courant sur les plateaux ou dégringolant sur les flancs des ravins, ou dans les gorges que les torrents se creusent au milieu des roches friables.

Les montagnes se dirigent toutes du sud-ouest au nord-ouest, leurs pentes douces tournées vers l'Algérie, leurs fronts regardant la mer, ou leurs crêtes venant se perdre sur les sommets des plateaux du centre. En franchissant la frontière, on descend d'abord de vallons en vallons, de plateaux en plateaux, vers la vallée de l'Oued-Mellègue qui sort des montagnes de l'Aurès et va se jeter dans le Medjerdah un peu au-dessous de Souk-el-Arba. C'est dans le triangle formé par les deux rivières qu'eut lieu la célèbre bataille de Zama. Au milieu de ce triangle, au-delà de la frontière est le poste français de Sidi-Youssef, d'où est partie la colonne du général Logerot.

Plus au nord est la petite vallée de l'Oued-Meliz, qui porte en arrivant près de la frontière française le nom d'Oued-Zeitoun. Cette région, où il n'y a point de villages, mais seulement quelques douars, sert de territoire à deux tribus fort remuantes, les Ouarka et les Kharen. En suivant la frontière, on rencontre ensuite la vallée de l'Aallègue, affluent du Mellègue. C'est par cette vallée que passe le télégraphe qui rejoint le Kef à Souk-Ahras. L'Oued-Mellègue traverse la frontière quelques lieues plus haut par le défilé du Djebel-Arrabia, gorges sauvages aux pentes raides où la terre n'est retenue que par quelques arbustes rabougris, genévriers ou thuyas.

Sortie de ce défilé, la rivière Mellègue arrose une vallée large de plus de dix lieues et coupée d'ondulations douces où les landes sablonneuses alternent avec les terres arables semées en orges et en blés. A l'ouest apparaît le rocher gris du Kef, avec la ville blanche suspendue à ses flancs. On franchit les berges escarpées du Mellègue à l'eau saumâtre et bourbeuse ; puis, après avoir parcouru un plateau couvert de romarins et de lentisques, on franchit une autre petite rivière, l'Oued-Rmel. Voici, à l'extrémité de la plaine, les murailles du Kef et derrière la chaîne du Djebel-Zaafran. On pénètre dans la ville par quatre portes : Bab-el-Kheder, Bab-Chamfa, Bab-el-Aouerts et Bab el Anin.

El Kef (en arabe le Rocher) a la forme générale d'un demi-cercle orienté de l'est à l'ouest ; au sommet et au centre du demi-cercle sont la Kasbah et le château dont les murailles sont en assez bon état et peuvent avoir environ 12 mètres de hauteur. Le pourtour a un développement de 3 kilomètres, la hauteur des murs varie de 3 à 10 mètres. La Kasbah est alimentée par une source au moyen d'un aqueduc souterrain venant du Djebel-Cheraga, montagne située à l'ouest. Lorsque nos soldats ont pénétré dans la Kasbah, ils y ont trouvé quelques canons en fonte, des boulets trop grands ou trop petits et rouillés, des affûts à moitié pourris et qui n'auraient pas résisté à la première décharge, et 1,200 fusils à pierre. La garnison se composait de 200 cavaliers, 300 fantassins et une trentaine d'artilleurs.

Voici quelques inscriptions à moitié effacées qui ont été lues sur les pièces de canons, dont la plupart sont de fabrication italienne et une de fabrication française :

Inscriptions relevées sur les canons de la kasbah

— 1º —

DJVANOSSORIO
DEIGVEROA CAPITA
GENERAL DLARTILLA
DI REYNIODNAPOL

OPVS FRANCISCIATONL .. ORDANINEAPOLI
ANNO MDCXXXVPESA CTA XXIII ERo LX

— 2º —

STRASBOVRG LE 6 SEP 1786
BA ··· EINECVYER COMre GENERAL DES FORTS

— 3º —

DUX
ETR   III
1593

— 4º —

IMPERANTE
FERD. M E D
HÆT. III. MAG

— 5º —

Sur le bout :

GIROLAMO E IVLIO SVO FIL MORDi

Sur le bas :

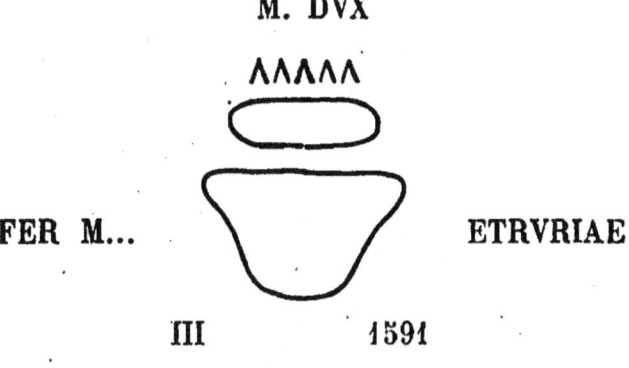

M. DVX

ΛΛΛΛΛ

FER M...   ETRVRIAE

III   1591

— 6° —

FERD. MED
GOVANE .. ALBERGtɪ
\ENEtv FVNDBtʌ

— 7° —

FER M CAR MAG
DVX ETRVRIÆ ΛΛΛ

Ces inscriptions peuvent se traduire ainsi :

— 1° —

Don Juan Osorio (de la famille) des Gueroa, capitaine général de l'artillerie du royaume de Naples.
Ouvrage de François-Antoine Jordan, Napolitain. An 1635.
Pèse 23 quintaux 60 livres.

— 2° —

Strasbourg, le 6 sept. 1786.
Ba...ein, écuyer, commissaire général des forts.

— 3° —

Troisième grand-duc de Toscane.
1595.

— 4° —

Régnant Ferdinand de Médicis, troisième grand-duc de Toscane.

— 5° —

(Sur le haut)
Jérôme Morandi et Jules, son fils.
(Sur le bas)
Ferdinand de Médicis, troisième grand-duc de Toscane.
An 1591.

— 6° —

Ferdinand de Médicis,
Fondu par Jean Albergati, Vénitien.

— 7° —

Ferdinand de Médicis, cardinal, troisième grand-duc de Toscane.

La Kasbah ne résisterait pas à un feu d'artillerie un peu violent, et la partie de l'enceinte située au nord-ouest est particulièrement mal entretenue, mais les fortifications remises en état pourraient constituer une bonne défense, surtout si l'on occupait et fortifiait un plateau situé au nord et qui domine la ville.

Ce plateau de Ben-Smida est situé au-delà d'un ravin formant fossé devant l'enceinte. Les pentes sud, est et nord-est sont d'un accès facile et en partie dérobé aux feux de la place. Une fois installé sur le plateau de Ben-Smida, on peut bombarder la ville et la Kasbah sans en rien craindre, car on les domine et l'on est séparé d'elles par une tranchée naturelle profondé. Enfin, à l'est, l'éminence du Djebel-Cheik-Aga domine également une partie de la ville.

El-Kef est une des villes les mieux pourvues de la Régence comme alimentation d'eau. Elle possède une belle fontaine souterraine, immense caverne au travers de laquelle coule une véritable rivière canalisée dans d'anciennes constructions romaines. Il y a une autre source à 300 mètres de la porte Bab-el-Aouert, et la Kasbah est alimentée par une troisième source venant d'un ravin de l'est, au moyen d'un aqueduc souterrain. A l'ouest et au sud-ouest de la ville sont de jolis bois d'oliviers. Enfin, à l'est des murs d'enceinte, presque au pied des fortifications, sont treize citernes romaines, construites comme celles de Carthage et communiquant entre elles.

L'intérieur de la ville est laid et malpropre, les rues sont étroites et escarpées. Le bazar n'a rien de pittoresque; les maisons sont basses, à moitié en ruines. La ville, qui comptait près de 40,000 âmes il y a un demi-siècle, n'a plus que 4,000 habitants, dont une vingtaine d'Européens et quelques centaines d'Israélites. Le Kef, qui était autrefois le rendez-vous des caravanes du sud et le lieu des échanges avec la population du littoral, n'est plus aujourd'hui que le marché agricole de la région. Les populations voisines apportent leurs orges et leurs olives qu'elles échangent au bazar contre des cotonnades, de la quincaillerie, du café, du sucre et de la poudre.

Le Kef est bâti sur l'emplacement d'une ancienne ville romaine, *Sicca Venerea*, fondée, dit-on, par une colonie sicilienne qui mit en honneur le culte de Vénus Érycine, d'où vient l'épithète de Venerea. Cette colonie daterait du temps d'Agathocle, c'est-à-dire 300 ans avant l'ère chrétienne, lors des premières guerres carthaginoises. D'après Valère Maxime, Vénus était très honorée à Sicca, ce qui y causait même de graves désordres dans les mœurs. L'ancienne cité paraît, d'après les ruines qu'on rencontre autour d'El-Kef, avoir eu une étendue au moins double de celle de la ville actuelle. On rencontre les plus belles ruines à 1 kilomètre des murailles, dans une localité que les Arabes appellent Ksar-el-Roul, c'est-à-dire le Château de l'Ogre.

A quelques kilomètres du Kef, dans la vallée du Mellègue, sont des ruines assez importantes que les Arabes désignent sous le nom de Henchir-Gardou et qui ont été récemment explorées par un jeune archéologue français. M. Cagniat a notamment découvert une inscription très intéressante, dont il a envoyé une copie et un estampage à M. Léon Renier. Cette inscription contient une dédicace faite par des citoyens romains en l'honneur d'Auguste divinisé; elle paraît être du commencement du règne de Tibère. Elle nomme une ville dont nous ne connaissions que vaguement les ruines, *Masculula*, ville portée sur les itinéraires sous le nom de *Mascula*.

Le texte de l'inscription est ainsi conçu : *Divo Augusto sacrum. Conventus civium romanorum et Numidarum qui Mascululæ habitant.* « Consacré à Auguste, divinisé par l'assemblée des citoyens romains et des Numides qui habitent Masculula. »

Si du Kef on regagne la vallée de l'Oued-Mellègue en se dirigeant vers le nord, on rencontre un terrain sinueux, composé de maigres pâturages, coupé de ravins profonds et de taillis assez serrés. On passe près de ruines romaines et arabes à Aïn-Abassia, puis l'aspect change ; en approchant de la rivière, les champs d'orge et les bouquets d'oliviers succèdent aux landes stériles et aux fourrés épineux. On arrive au gros bourg agricole de Nebeur, qui possède de beaux jardins et de vastes vergers. Les tribus nomades sont remplacées par des populations fixes, douars d'Arabes cultivateurs, parmi lesquels on compte beaucoup d'Ouled-Trabersi et d'Ouled-Drid. Çà et là on rencontre des roches volcaniques fort originales et qui ont la forme de grandes murailles.

Quand on a dépassé Nebeur, on franchit deux rangées de hautes collines entre lesquelles coule le ruisseau de l'Aïn-Safra. Le pays se compose de monticules et de ravins, puis le terrain descend en pentes vers l'Oued-Mellègue, et l'on aperçoit, à l'extrémité d'une plaine de plusieurs kilomètres, la vallée de la Medjerdah et la station de Souk-el-Arba.

La seconde vallée par laquelle on peut pénétrer dans le grand Atlas tunisien, en partant de la Medjerdah, est la vallée de l'Oued-Khaled ou Kralled, qui se jette dans la grande rivière tunisienne entre la station de l'Oued-Zerga et la ville de Testour dont nous avons parlé plus haut.

Cette vallée est séparée de celle de l'Oued-Mellègue par une série de plateaux et de pics dont les plus importants sont le Djebel-Morira, le Djebel-bou-Debouz, le Djebel-Korra et le Djebel-Zaafran, situé derrière le Kef. Cette dernière montagne se relie par un double chaînon étroit à l'Hamada des Ouled-Ayar, plateau le plus élevé des montagnes centrales de la Tunisie.

L'Oued-Kralled descend de ce plateau pierreux, par plusieurs ruisseaux dont les principaux sont l'Oued-Zanfour, et l'Oued-Sers. En suivant l'Oued-Sers, on parcourt une série de belles plaines formées de terres excellentes et habitées par des tribus paisibles qui se livrent aux travaux agricoles, les Ouled-Drid et les Ouled-Sahel. On atteint bientôt l'Oued-Kralled, et l'on aperçoit sur un mamelon à gauche le village de Douggah, où sont les anciennes ruines de la ville romaine de Thugga.

Les ruines de Thugga comptent parmi les plus importantes de la Régence. Les débris de l'ancienne cité romaine ne couvrent pas moins de 4 kilomètres. On y remarque plusieurs tombeaux antiques, un arc de triomphe, les restes d'un ancien aqueduc, les portiques d'un temple orné de belles colonnes avec un aigle les ailes déployées au fronton. Les colonnes sont d'ordre corinthien. Elles ont plus de 3 mètres de circonférence et sont espacées de 4 mètres. On lit sur le fronton :

>   IOVI OPTIMO MAXIMO ..... MINE
>   PRo SALUTE   ERI AVG
>   . .   .   . IMP.

Il semble résulter, d'une inscription relevée par M. Pélissier, que la ville daterait du premier ou du second siècle de l'Empire romain. Aujourd'hui ces ruines sont occupées par quelques Arabes, que la présence d'une source a attirés au milieu de ces débris. Le télégraphe du Kef à Tunis, qui suit la vallée de l'Oued-Khalled, passe à quelques centaines de mètres au-dessous des ruines de Dougga.

Un peu plus bas dans la vallée est une autre localité nommée Heudja, et où l'on trouve des ruines d'un grand château, qui doit être le Municipium Agbiensium des *Tables* de Peutinger; une inscription trouvée plus loin à Kern-el-Kbech semble indiquer qu'une ancienne route romaine avait été construite par Constantin dans cette région.

A 6 kilomètres de Douggah et à 20 kilomètres du confluent de l'Oued-Khalled avec la Medjerdah, est la petite ville de Teboursouk, au milieu d'un territoire riche, bien cultivé et entouré de bois d'oliviers. Cette localité, qui est le marché agricole de la vallée, a des eaux abondantes et une population de deux à trois mille âmes. On y remarque de fort belles ruines auprès d'une belle et abondante fontaine; une citadelle byzantine construite par Justin II, et un grand nombre d'inscriptions romaines constatant que les habitants de la ville étaient chrétiens et que Teboursouk est l'ancienne cité de Thibursicumbure, qui figure dans la liste des villes dont parlent les historiens de l'Église d'Afrique.

Nous avons dit que parmi les montagnes qui séparent la vallée de l'Oued-Khalled de l'Oued-Mellègue figure le Djebel-Korra. Cette montagne, qui a l'aspect d'un large plateau à bords escarpés, rappelle la Table du cap de Bonne-Espérance et nos « causses » de la Lozère et de l'Aveyron. C'est dans ce massif montagneux que se trouvent les mines de plomb de Djeba, que le gouvernement tunisien a fait jadis exploiter sous la direction d'un ingénieur français. C'est aussi dans cette région que devait être la ville de Madaure, patrie du conteur Apulée et des célèbres martyrs chrétiens.

La troisième vallée qui descend des hamadas centrales vers la Medjerdah est la vallée de l'Oued-Silianah, dont le cours est, comme étendue, presque aussi considérable que celui des vallées du Mellègue et de l'Oued-Khalled, mais qui ne compte que deux villages importants, Kaba-Açouda et Kala-el-Ouled-Aoun. Son développement agricole est relativement peu avancé, malgré la fertilité des plaines que l'Oued-Silianah traverse dans la partie inférieure de son cours. L'Oued-Silianah prend naissance, comme l'Oued-Khalled, dans le plateau des Ouled-Ayar et recueille près de sa source les eaux de très hautes montagnes, comme le Djebel-Belota qui a près de 1,100 mètres, le Djebel-Zilk qui en a 1,363. Ces montagnes sont couvertes de bois d'essences résineuses et surtout de pins d'Alep, dont on retire du goudron. L'hiver y est très froid et la neige persiste quelquefois jusqu'au mois de mars. Aussi les sources sont-elles abondantes et les plaines qui sont au pied des montagnes offrent-elles de riches pâturages.

Les tribus pastorales qui habitent ces régions sont les Ouled-Ayar, les Ouled-Aoun, les Siliana, les Sfin et les Ouled-Sameth et en approchant de la Medjerdah les Ouled-Riah. La basse vallée de la Silianah est fort large, et assez bien cultivée par des Ouled-Trabelsi.

Le principal centre des Ouled-Ayar est le village de Magueraoua, non loin des ruines de Makter. Toute cette région montagneuse est semée de ruines superbes. Makter, située à l'extrémité occidentale du plateau des Ouled-Ayar, paraît avoir été une ville importante. On y trouve encore un grand arc de triomphe à une seule arcade, un long aqueduc, un mausolée de 17 mètres de hauteur orné de pilastres corinthiens et ayant un toit cubique, un petit amphithéâtre, deux temples fort dégradés et un arc de triomphe élevé à l'empereur Trajan. Makter serait, d'après les archéologues, l'ancienne ville de Tucca-Terebinthina. A quelques kilomètres de Makter, au sud, à Bou-Fatha, se trouvent les ruines d'un château byzantin.

Le plateau des Ouled-Ayar et surtout la grande hamada qui s'étend au sud sont particulièrement intéressants au point de vue stratégique en ce qu'ils sont la voie de communication naturelle et facile entre les hauts plateaux du Tell algérien et le littoral du Sahel tunisien. Nous tenons en effet, par l'Algérie, les sommets de la haute vallée de l'Oued-Serrat, et par cette vallée nous pouvons aborder, sans rencontrer d'obstacles, les hamadas centrales de la Tunisie, et de ces hamadas descendre vers Kairouan par les vallées de l'Oued-Rouhia et de l'Oued-Zeroud. Il convient d'ajouter que, par un léger détour au nord du plateau des Ouled-Ayar, un corps d'expédition est assuré de trouver les ressources en eau et en vivres qui lui seraient nécessaires. Les Romains connaissaient certainement ce chemin, et il a été suivi à diverses reprises par les généraux arabes qui avaient à soumettre les tribus de l'Aurès toujours en révolte.

La route romaine devait subsister d'ailleurs du temps de la conquête musulmane, car l'*Itinéraire* d'Antonin nous fait savoir qu'une excellente route conduisait des environs de Tébessa à Tucca et à Hadrumète, c'est-à-dire à Sousa, et l'on trouve encore des traces de cette route. Sur le Djebel-Kissera, situé à l'ouest du plateau des Ouled-Ayar, M. Pélissier a trouvé au milieu de ruines romaines des pierres levées pareilles à celles de nos monuments druidiques, et une inscription qui autoriserait à croire qu'une légion composée de Gaulois a séjourné dans les postes romains de cette contrée. Il serait bien utile que notre gouvernement envoyât une mission archéologique pour visiter toutes ces ruines et au besoin pratiquer des fouilles, car il est très vraisemblable que la terre qui montre encore tant de débris et de monuments doit cacher un grand nombre d'objets d'art, de médailles, d'inscriptions et de morceaux d'architecture des plus intéressants.

En suivant la direction de l'ouest et en marchant vers la frontière algérienne, du côté de Tébessa, on arrive dans le bassin de l'Oued-Serrat, affluent de l'Oued-Mellègue, sur le territoire des Ouled-Medjer et des Ouled-Zeralma. On rencontre peu de villages dans cette contrée où les populations nomades se réunissent, pour leurs échanges, autour des marabouts et de petits fortins nommés ksars. On aperçoit, en revanche, de nombreuses traces de cités romaines et des bornes miliaires indiquant la direction de l'ancienne voie impériale construite sous les Antonins. Sur le territoire des Zeralma on remarque plusieurs kilomètres de l'ancienne route pavés avec des laves provenant du Djebel-Zerissa.

Un peu plus loin, à Henchir-el-Hammam, est une source thermale et auprès les ruines d'un arc de triomphe ayant appartenu à la colonie Saltus-Massipianus. Enfin, à deux pas de notre frontière et à quelques lieues seulement de Tébessa, sont les magnifiques ruines de la belle cité d'Haïdra, couvrant les deux rives d'un petit cours d'eau. Ici les monuments abondent; une citadelle byzantine, deux temples avec des colonnes de marbre, trois autres temples plus grands, deux mausolées, une série d'habitations particulières, deux arcs de triomphe datant du règne de Septime Sévère et des Antonins. Sir Grenville Temple suppose qu'Haïdra est l'ancienne *Ad-Medera-Colonia* de l'*Itinéraire* d'Antonin. On trouve également dans Ptolémée une ville nommée Arraidara, dont l'emplacement serait à peu près le même que celui d'Haïdra.

Entre les hamadas centrales et le Sahara tunisien se prolongent une série de contreforts de l'Atlas, ouvrant de petites vallées vers l'est et vers le sud et ayant l'aspect d'un vaste éperon à plusieurs pointes. Sur le versant oriental, ces cours d'eau ou plutôt ces torrents sont, en allant du nord au sud, l'Oued-Merkelil, l'Oued-Zeroud, l'Oued-Djilma, l'Oued-Fekka et l'Oued-Souinia. Ces vallées ravinées, presque dépourvues de terre végétale, n'offrent pas de sol arable, tout au plus quelques rares pâturages. Le sol montre un schiste friable mêlé de tuf sablonneux et, comme couche supérieure, de grandes masses de chaux carbonatée et sulfatée.

Cette région désolée est parcourue par quatre grandes tribus arabes : les Djelas et les Madjer à l'est, les Frachiche à l'ouest et les Hammema au sud, près du Djerid. Ces tribus peuvent, réunies, mettre en ligne dix mille cavaliers, mais elles sont généralement en guerre les unes avec les autres : les Hammema sont particulièrement réputés pour leur turbulence et leur amour du pillage. Chaque année le bey du camp passe dans ces districts avec une colonne composée d'Ouled-Drid, de Zaouas et de troupes régulières pour percevoir le tribut. Mais il reçoit quelquefois plus de coups de fusil que de pièces d'argent, et il faut livrer une véritable chasse aux Hammema et aux Frachiche pour obtenir d'eux la faible redevance qu'ils doivent au gouvernement.

Sur le territoire des Frachiche et des Madjer, l'archéologue rencontre un grand nombre de belles ruines romaines, dont les plus importantes sont à Sbaitla, la célèbre Suffetula des anciens, où, au v° siècle, le paganisme luttait encore victorieusement contre les prédications chrétiennes, et à Ksarin et Feriana. Ce qui reste de Suffetula, ville d'origine carthaginoise très vraisemblablement, est peu étendu, mais offre un ensemble fort curieux. Voici la description très intéressante qu'en donne M. Pélissier, qui l'a visitée vers 1847 :

« Cette cité s'est, pour ainsi dire, affaissée sur elle-même sans disparition ni confusion de matériaux. Les rues et les places publiques y sont encore tellement distinctes, que j'ai pu très facilement en lever le plan. Une grande et large rue la traversait du nord au sud et était coupée à angle droit, vers son milieu, par une autre aussi large mais moins longue. Vers le nord, cette rue commençait à un arc de triomphe dont il n'existe plus que les décombres; au midi elle finissait entre deux édifices carrés dont on ne distingue plus que les bases. De ce point une chaussée à larges dalles, coupant à angle obtus l'axe de la grande rue, conduit à un autre arc de triomphe qui, sauf quelques dégradations partielles, est encore complètement debout. Deux rues parallèles à celles du milieu coupent la grande vers ses deux extrémités; celle du nord aboutit, à l'est et à l'ouest, à deux petits temples. Le temple de l'ouest est complètement ruiné, mais celui de l'est présente un ensemble encore très saisissable. C'est un monument à murs simples, surmontés seulement d'une corniche à grande saillie et d'un fort bon effet..... Entre la grande rue et la rivière gisent, dans la partie du midi, les ruines imposantes d'un temple magnifique. On arrive d'abord, par un beau portique d'ordre ionique, dans un péribolos de 141 mètres de long sur 67 de large. La celle appuyée sur la face du péribolos, opposée à celle où est le portique, a 11 mètres 40 centimètres de longueur et 7 mètres 90 centimètres de largeur. La toiture et le péristyle sont renversés, mais les faces latérales et l'opisthodome sont encore debout. Les premières sont ornées de six colonnes corinthiennes engagées, l'opisthodome en a quatre... Les colonnes et les frises très ornées des trois péristyles sont amoncelées sur les marches... Un canal de dérivation faisait arriver les eaux de l'Oued-Djilma dans l'intérieur de la ville. Un aqueduc en conduisait une partie sur le plateau de la rive gauche qui devait être couvert de jardins. »

Les ruines de Ksarin, situées un peu plus au sud

et à l'ouest que celles de Sbaïtla, sont moins bien conservées, mais encore très belles. On y remarque plusieurs tombeaux chrétiens, un arc de triomphe et un grand nombre d'inscriptions intéressantes. Ksarin est l'ancienne ville de Scillium, célèbre par le martyre que subirent au IIe siècle cinq de ses citoyens qui avaient embrassé le christianisme. Un peu plus au sud encore, est le hameau de Ferianah, bâti sur les ruines romaines de Thala.

La province tunisienne du Djerid, ou pays des Palmiers, est située au sud de la région montagneuse dont nous venons de parler, à laquelle elle se relie par les chaînons du Djebel-Beni-Younès et du Djebel-Arbet. C'est au pied de ces montagnes que commence la mer de sable et qu'est bâtie la ville de Gafsa, l'ancienne Capsa des Romains, prise et saccagée par Marius lors des guerres contre Jugurtha. Gafsa est bâtie sur une éminence à 50 kilomètres de Ferianah, dans une sorte d'oasis de 10 kilomètres carrés où les sources abondent et où l'œil se repose sur d'admirables jardins et de gracieux bois de palmiers. Tous les arbres de nos vergers d'Europe, le poirier, le pêcher, le pommier, se rencontrent là à côté des longues tiges du dattier et d'oliviers aux troncs énormes et aux branches gigantesques. Au milieu de cette forêt verdoyante apparaissent les coupoles peintes des minarets, les grandes pierres blanches des murailles d'enceinte et d'une citadelle assez bien construite. Dans un grand nombre de maisons on trouve encore parmi les matériaux employés des entablements, des colonnes, des autels avec inscriptions provenant de l'ancienne ville forte de Jugurtha. Saint Cyprien cite Capsa parmi l'un des chefs-lieux des diocèses africains. Le christianisme avait donc pénétré jusque-là, et au IIIe siècle les oasis du désert avaient des églises et un évêque. La population de Gafsa est évaluée à trois ou quatre mille âmes.

Le caïd qui réside dans cette ville a, dans son commandement, plusieurs villages situés à l'est et dont le principal est El-Guettâr. Ces villages peuvent avoir une population totale de huit à dix mille âmes. Ce sont, en général, des oasis riches et bien cultivées. Leur principal commerce est au sud avec Ghadamès et à l'est avec le port de Gabès.

MM. Rebatel et Tirant, qui ont séjourné à Gafsa, tracent de cette merveilleuse oasis un tableau dont nous détachons les principaux traits :

« Nous ne voulons pas ici décrire les merveilles d'une forêt de palmiers comme celle de Gafsa. Aucune description ne peut donner une idée de cette gigantesque serre chaude dont la toiture de palmes ondoyantes protège, à 100 pieds de hauteur, les cultures les plus diverses.

« Sous l'ombre protectrice de ces palmiers, la plupart des arbres fruitiers de l'Europe méridionale peuvent atteindre des proportions gigantesques. La vigne s'élance au sommet des oliviers et donne des raisins destinés plus tard à entrer comme condiment dans le couscoussou de luxe.

« En mars et en avril, la plupart de ces arbres sont en fleur et des senteurs délicieuses s'épanchent de tout côté, dans une atmosphère à lumière tamisée, à travers les palmes ondoyantes. Pendant la nuit, les clartés diffuses d'un ciel d'une pureté incomparable et les rayons de la lune viennent prêter à ces bosquets des teintes fantastiques, et on comprend les accès d'enthousiasme de tous ceux qui ont pénétré dans les oasis du Sahara et particulièrement dans celle de Gafsa.

« Le sol sablonneux peut tout produire, à condition de recevoir une quantité suffisante d'eau. Ici elle est d'une abondance extrême et le système d'irrigation d'une simplicité particulière. Le terrain est partagé en petits carrés bordés de petites digues formant des canaux avec les digues voisines. De temps à autre, on inonde le terrain tout entier en faisant une coupure à la digue. L'eau coule à la surface du sol ; il n'est pas besoin de puits artésiens comme dans l'Oued-Rihr et de barrages comme dans l'Oued-Mzab, de puits à galeries souterraines comme dans le Fezzân, le Touât et l'oasis voisine d'El-Guettâr. Aussi les cultures se succèdent-elles avec une rapidité merveilleuse, sans jamais laisser reposer la terre, et l'art des assolements a été poussé très loin par les jardiniers arabes, à la suite d'expériences séculaires,

« Outre sa richesse agricole, Gafsa est encore un véritable centre industriel. Les immenses troupeaux des Hammemas, qui occupent la région environnante lui fournissent amplement la matière première, et c'est à Gafsa que se tissent la plupart des couvertures et des burnous vendus à Tunis. On y fait principalement l'article courant en laines quelque peu grossières : les pièces plus luxueuses en soie légère tramée avec de la laine très fine, dont se parent les riches Mauresques, se font surtout à l'île de Djerba.

A Gafsa un bon burnous vaut de quarante-cinq à

cinquante francs ; quant à ces immenses couvertures aux vives couleurs, unique luxe de la literie maure, elles varient de cinquante à cent soixante francs, suivant la grandeur. Ces prix ont déjà doublé à Tunis. »

Les deux voyageurs donnent les renseignements qui suivent sur les édifices de la ville :

« Dans l'intérieur de la citadelle, où jaillit une source, on voit encore un beau bassin romain et les restes d'un établissement de bains qui s'étendent en dehors de l'enceinte de la forteresse. C'est là que sont les bains des Juifs, et lors de notre séjour les femmes et les enfants israélites venaient s'y purifier. La grande mosquée est ornée d'un très élégant campanile, de style mauresque. La citadelle ou casbah est également fort belle. C'est une immense forteresse, entourée de murs et de bastions, dont quelques parties, le portail d'entrée principalement, sont fort remarquables. A l'intérieur jaillit une source abondante, et une garnison devait pouvoir y tenir indéfiniment. Aujourd'hui cette enceinte fortifiée, où l'on pourrait loger une petite armée, abrite seulement quelques soldats tunisiens qui occupent leurs loisirs en tricotant des bas. »

La population de Gafsa est d'environ cinq mille âmes, dont un quart israélite. Les juives de ce pays ont en Tunisie une réputation de beauté que quelques-unes justifient dignement. Les habitants, quoique peu habitués à voir des étrangers, sont assez bienveillants pour eux.

De Gafsa, on gagne la côte par des plaines arides et sablonneuses où la seule station importante est l'oasis d'El-Guettâr, située au pied des rochers perpendiculaires du Djebel-Arbet.

« Le village, comme tous ceux des oasis, est entouré d'une double et triple enceinte de terre, en partie écroulée; la plupart des maisons sont en ruine, ce qui lui donne un aspect misérable. Comme l'indique le nom arabe *Guettâr* (puits alimenté par des suintements), les sources célèbres de ce lieu sont souterraines, et c'est à l'aide de machines primitives, mises en mouvement par des chameaux, que l'on tire l'eau nécessaire à l'irrigation. Des palmiers s'étendent sur environ 3 kilomètres de long sur 500 mètres de large. »

A quelques kilomètres au sud de Gafsa, on entre dans la région des grands chotts ou lacs salés que le projet du capitaine Roudaire veut faire communiquer avec la Méditerranée par le seuil de Gabès et transformer en mer intérieure. Ces lacs, comme toutes les sebkhas du littoral de l'Afrique septentrionale ou des extrémités du désert, sont des terrains bas dont le sol est imprégné de sel qui se cristallise en été lorsque l'eau qui le tient en dissolution s'évapore. Ces chotts reçoivent les eaux des torrents et sont formés dans certains endroits par des sables si fins et si peu consistants, que chevaux et cavaliers y enfoncent et y disparaissent. Aussi, les Arabes ont-ils comme jeté des bouées dans ces mers mouvantes et marqué par des pierres et des troncs d'arbres les chaussées solides que les caravanes peuvent suivre sans péril.

Le Chott-Djerid ou Pharaon a plus de 120 kilomètres de long sur une largeur moyenne de 20 kilomètres; il est relié à la mer en hiver par trois ou quatre petits chotts que des torrents font communiquer, mais qui sont à sec pendant toute la saison chaude. A l'ouest du chott Djerid, séparé par l'oasis de Touzer, est le petit lac salé d'El-Korsan, et à 15 kilomètres plus à l'ouest un autre grand chott nommé le chott Rharsa, qui trace la limite entre le Sahara tunisien ou Djerid et le Sahara de Constantine ou pays de Souf.

Plus au sud, est le hameau de Bou-Nab, qui est l'extrême limite du Djerid. De Bou-Nab au Souf, il y a deux journées de marche. On couche près d'un puits nommé Bir-Oudaia lorsqu'on a le bonheur de ne pas être pillé et laissé nu au milieu du désert par les cavaliers de la tribu pillarde des Nememcha.

En allant à l'ouest du Chott-Djerid, on rencontre l'oasis d'Hamma qui est à deux journées de marche de Gafsa, et, en longeant au sud le chott, les oasis des Nefzaoua occupant un territoire de 25 kilomètres carrés comptant trente-deux villages et 15,000 habitants.

Les tribus de cette région semblent d'origine berbère et sont très attachées au sol. Leurs jardins sont bien cultivés et elles tirent de leurs forêts de palmiers un revenu assez considérable. De mœurs paisibles, et ayant des relations commerciales suivies avec Ghadamès, le Soudan et les ports tunisiens de Sfax et de Gabès, ces populations seraient très heureuses si les agents du bey ne leur faisaient point subir des exactions et surtout si elles n'avaient pas à redouter continuellement les attaques et les déprédations des pillards du désert et surtout de la tribu des Nememcha.

Entre le chott Pharaon et le chott Korsan sont les trois grandes oasis d'Oudiane, de Touzer et de Nefta, les plus méridionales et les plus importantes du Djerid. Touzer, comme Oudiane et Nefta, est une agglomération de villages noyés au milieu d'une végétation magnifique de palmiers et d'oliviers dans un territoire sablonneux où sont des sources très abondantes. Ces oasis fournissent les meilleures dattes et l'huile la plus estimée de toute la Régence. Oudiane et Touzer sont à 80 kilomètres de Gafsa et à 120 kilomètres de Gabès.

Nous avons dit plus haut que la population du Djerid se composait en moyenne partie de tribus à demeure fixe, d'origine berbère. La race est rarement belle à cause des nombreux croisements avec l'élément nègre qui vient du Soudan, fuyant la traite. Elle a par contre des qualités précieuses; elle est laborieuse, intelligente, affable, et montre un goût assez vif pour la littérature.

La culture du palmier est beaucoup plus savante et soignée dans le Djerid que dans les autres districts de la Tunisie. Les indigènes conservent et propagent le palmier par des rejetons qu'ils transplantent. Le pied de chaque arbre est entouré d'une couche épaisse de fumier et de terre battue. On l'arrose tous les quatre ou cinq jours. Les fruits sont également l'objet de nombreux soins surtout au moment de l'emballage.

Les habitants du Djerid ne sont pas seulement de patients cultivateurs, ils fabriquent des chapeaux de paille en feuilles de palmier, des ouvrages de vannerie, des couvertures bariolées en laine, des burnous et des haïks laine et soie fort estimés.

Les villes du Djerid n'ont pas de monuments, sauf une ou deux mosquées. Les maisons sont bâties en mauvaises briques cuites au soleil et couvertes de rondins de bois de palmier ; comme elles ne sont point peintes, on les prend de loin pour des huttes en terre d'un aspect fort désagréable.

Les oasis du Djerid tunisien sont le chemin le plus facile pour aller à Ghadamès, la grande cité marchande du désert, dont elles sont séparées par onze journées de marche.

CHAPITRE IV

LA CÔTE ORIENTALE. — LE SAHEL

La côte orientale, sa configuration générale, son sol et ses productions. — Ses richesses. — La vallée de l'Oued-Milianah. — Zaghouan. — Radès. — Hammam-el-Lif. — Suleiman. — La presqu'île du cap Bon. — Gorumbalia. — Le cap Bon. — Ses îles. — El Aouria. — Les anciennes villes romaines. — Khalibia. — Menzel. — Nabel. — Le golfe d'Hammamet. — Le massif du Djebel-Djedidi. — El-Arbaïn et Tebernok. — Le domaine de l'Enfida. — Son étendue, ses cultures. — Les stations romaines du littoral. — Hergleah. — Sidi-Bou-Ali. — Kala-Kebira. — La banlieue de Sousa. — Le port et la ville de Sousa. — Leur antiquité, leur importance stratégique et maritime. — Monastir. — Sfax. — Les oasis de Gabès. — L'Arad. — Les îles Kerkennah. — Djerbah. — Les frontières de la Tripolitaine.

La côte orientale de la Tunisie est certainement, avec la vallée inférieure de la Medjerdah, la région la plus riche de toute la Régence. Si elle n'a pas un port aussi commode que Bizerte et des terres arables comme celles qui s'étendent entre Souk-el-Arba, Testour et Medjez-el-Bab, elle est d'une navigation moins dangereuse que la côte nord, elle compte un grand nombre de petits ports, suffisants pour le cabotage, et un littoral qui, sur une profondeur de 10 kilomètres, offre un terrain marneux et sablonneux très propice à la culture de l'olivier, du blé, des fruits et des légumes. Ses plaines unies ou coupées par de petites collines sont d'un parcours facile et offrent quelques bonnes routes. Les populations qui l'habitent jusqu'à Gabès sont laborieuses, paisibles, point fanatiques, habituées au contact des Européens et d'un commerce facile.

C'est dans cette région, qui regarde l'Orient et fait face à la Grèce et à l'Asie, que les Phéniciens établirent leurs premières colonies. Carthage y fit prévaloir sa domination sans difficulté et les Romains y fondèrent plusieurs colonies qui, à l'avènement du christianisme, avaient déjà une prospérité remarquable. Les villes construites sur le littoral, Hammamet, Sousa, Monestir, Mahediah, Sfax, Gabès, ont principalement souffert lors des invasions musulmanes et au xvie, xviie et xviiie siècle, lorsque les flottes espagnole, française et anglaise vinrent venger sur ces ports les injures faites à leurs pavillons et à leur marine marchande, par les pirates de Tunis, de Porto-Farina et de Bizerte. Aujourd'hui elles sont appelées à un grand avenir, si un gouvernement intelligent et honnête vient alléger le fardeau d'impôts sous lequel elles plient et protéger la population agricole de leur banlieue, contre les déprédations des nomades des plateaux montagneux du centre ou des déserts sablonneux du sud.

En sortant de Tunis, le premier petit village qu'on rencontre à l'est, sur le golfe, est Radès, l'ancienne Adès, un des champs de bataille des guerres puniques. Radès est à l'embouchure de l'Oued-Milian ou Milianah, rivière qui coule directement au sud en inclinant un peu à l'ouest. En suivant le cours de l'Oued-Milianah, on arrive à Mohamedia, séjour de prédilection de l'ancien bey Ahmed, aujourd'hui abandonné.

A 12 kilomètres de Tunis, la vallée est coupée par l'aqueduc de Carthage, qui remontait autrefois jusqu'à 40 kilomètres plus loin dans les montagnes de Zaghouan. Cette vallée, entourée de montagnes peu élevées, boisées et d'où sortent un grand nombre de sources, est assez bien cultivée. La température y est relativement fraîche en été et les eaux en sont bonnes. Zaghouan, la seule ville de ce district, a trois ou quatre mille âmes. C'est un centre agricole et industriel assez important. Les environs montrent des jardins et des olivettes entretenus avec soin, et, le long des ruisseaux, qui sont près de la ville, on voit quelques teintureries où l'on apporte les fameuses chiachias, préparées à Tunis. Les eaux de Zaghouan sont renommées pour la belle couleur qu'elles donnent aux teintures.

Zaghouan est entourée au sud, à l'est et à l'ouest, par un massif montagneux assez élevé et couvert de forêts, dont quelques-unes ont 20 et 30,000 hectares et sont plantées en thuyas magnifiques. Les pentes de ces montagnes montrent un grand nombre de belles ruines romaines. C'est là que commence le magnifique aqueduc construit par des ingénieurs français, et qui va porter à Tunis l'eau des sources du Djebel-Zaghouan, en empruntant une partie de 'lancien aqueduc de Carthage.

En abordant le massif du Zaghouan par les passages situés à gauche du Djebel-Takroun, route délaissée par les voyageurs et les caravanes, deux voya-

13.

geurs français, MM. Rebatel et Tirant, ont découvert, à quelque distance du pied de la montagne, une agglomération de deux cent cinquante à trois cents dolmens en parfait état de conservation. Cette vaste nécropole historique occupe un carré de 500 mètres de côté environ. Chaque dolmen, uniformément orienté de l'est à l'ouest, est entouré d'une enceinte de pierres enfoncées en terre, ayant 6 à 7 mètres de diamètre.

« Sur quelques-uns, disent les voyageurs cités, la pierre supérieure, qui mesure de 2 à 3 mètres de côté, a été renversée; mais la plupart sont parfaitement intacts. Nous n'avons trouvé leur existence signalée dans aucune relation de voyage en Tunisie. Malheureusement il fallut nous contenter de relever exactement l'endroit, et l'on comprendra avec quels regrets nous avons dû laisser vierge un pareil trésor que nous n'avions ni le temps ni les moyens d'explorer ! »

Si nous redescendons la vallée de la Milianah, pour regagner le littoral, nous trouvons, à 6 kilomètres de l'embouchure de l'oued, au pied d'une petite montagne, le village d'Hamman-el-Lif, célèbre par ses eaux thermales déjà connues des Romains. Au sud s'élèvent les croupes du Djebel-el-Ressas ou montagne de Plomb, ainsi nommée à cause des minerais de galène qu'elle renferme, puis le pays s'abaisse et nous pénétrons dans la riche et luxuriante presqu'île du cap Bon, où les Carthaginois et les Romains se livrèrent de si sanglantes batailles.

Cette presqu'île, comprise entre la Méditerranée à

l'est et le golfe de Tunis à l'ouest, est formée par un prolongement de l'Atlas, dont les pentes viennent mourir dans la mer en d'étroites collines ou de gras plateaux. La population qui l'habite est uniquement occupée aux travaux agricoles, dispersée en de nombreux villages sur le bord de la mer ou sur les pentes des vallons. Elle se compose en majeure partie de colonies de Maures Andalous, fuyant les persécutions des rois catholiques d'Espagne et auxquelles Othman-Dey offrit l'hospitalité et de bonnes terres à mettre en culture.

La première localité un peu importante qu'on rencontre est Suleiman ou Soliman, jolie petite ville, bâtie en plaine, près d'une rivière, à l'angle le plus profond et le plus méridional du golfe. Les habitants, Maures pour la plupart, ont un dialecte mélangé d'espagnol, qui fait reconnaître leur origine. Un peu plus au sud-est dans les terres, en remontant l'un des ruisseaux qui forment l'oued de Suleïman, apparaît Gorombalia, une des étapes de la route de Tunis à Hammamet et la seconde station du futur chemin de fer franco-tunisien de Tunis à Sousa. Gorombalia est un village de sept à huit cents habitants.

En s'enfonçant dans la presqu'île par le chemin qui va de Gorombalia au cap Bon, on trouve successivement Menzel-bou-Zalfa, village de cinq cents âmes, puis le plateau montagneux du Djebel-Sidi-Abderhaman au pied duquel apparaît, près de la mer, le village d'Hammam-Kourbès, eaux minérales que les Romains désignèrent sous le nom d'Aquæ-Calidæ. Kourbès serait, d'après certains géographes, la Carpis de Piolémée. A 20 kilomètres plus loin au nord, est la Zaouia de Sidi-Daoud.

Sur cette plage se rencontrent un grand nombre de ruines qui ont appartenu vraisemblablement aux villes romaines de Néphéris, Maxula, Aquilaria et Misua. A Sidi-Daoud est une importante ruine romaine que les Arabes vénèrent comme le tombeau d'un marabout, et où l'on voyait encore il y a quelques années les restes d'un prétoire antique, orné de belles mosaïques représentant des scènes de chasse et de pêche.

Quelques kilomètres seulement séparent Sidi-Daoud de la pointe du cap Bon, limite extrême du pays de Maghreb, c'est-à-dire de la grande île verte formée par l'Atlas et qui s'étend du Maroc à la Tunisie, sur une longueur de plus de six cents lieues. Au cap Bon, l'ancien promontoire de Mercure, appelé par les Arabes Ras-El-Addar, l'Atlas vient mourir et comme se coucher au bord de la Méditerranée; après avoir atteint plus de 4,000 mètres de hauteur au Maroc, 3,000 mètres dans le Kabylie et 1,500 mètres dans les plateaux des Ouled-Ayar et les monts Zaghouan, l'Atlas n'est plus, entre Sidi-Daoud et Aouria, qu'une longue colline boisée de 20 à 10 mètres de hauteur, couverte d'oliviers superbes, traversée par des ruisseaux ombragés de lauriers-roses et creusée par une série de grottes fort curieuses et où coulent de fraîches et abondantes sources. C'est au-dessus de ces grottes, dont parle Strabon, qu'est situé le village arabe d'El-Aouria, l'Hermès de Procope et la Misua de Pline.

En face, séparés de la terre par un étroit pertuis, sont les deux îlots Djamour-el-Seghir et Djamour-el-Kebir, appelés par les Italiens Zembra et Zembretta. Un seul de ces îlots a des sources et peut être cultivé, l'autre n'est qu'un rocher stérile. Lorsque le temps est clair, on aperçoit à l'est, à 40 kilomètres en mer, l'île volcanique de Pantellaria qui appartient à l'Italie. Les Italiens ont essayé à diverses reprises de s'établir sur les îles Zembra, Zembretta et sur les îles Plane et des Deux-Frères qui sont à l'ouest; le gouvernement de la Régence s'y est toujours opposé.

En partant du cap Bon et en longeant la côte orientale, on atteint, à 20 kilomètres au sud, le bourg arabe de Khalibia, situé entre la mer et le plateau en forme d'ellipse. A 2 kilomètres du village est un mouillage où les navires relâchent pour se remettre à l'abri des vents violents de nord-ouest, et qui est dominé par un château mauresque servant de corps de garde et habité par quelques douaniers. Khalibia est l'ancienne ville de Clypea où débarquèrent Régulus et auparavant Agathocle.

La route suit la côte et, à 13 kilomètres au sud, rencontre le bourg de Menzel-el-Tenin, situé au milieu d'une plaine fertile, et entouré de belles cultures de blé et de champs d'oliviers. La population de Menzel-el-Tenin est de quinze cents habitants.

De Menzel à la ville de Nabel on parcourt une quarantaine de kilomètres au milieu de plaines richement cultivées et bordées à gauche par des collines plantées d'oliviers. Ce district, habité par des populations laborieuses, compte un grand nombre de petits villages, Menzel-Hour, Oum-Douil, Bir-Messaoud, Kourchine et Kourba. Ce dernier bourg, le plus important de tous, est situé près d'une sebka. On y remarque une grande tour mauresque et les vestiges d'un ancien port, qui doit être celui de la ville de Curubis mentionnée par Pline et par l'*Itinéraire* d'Antonin. Ce port, qui était assez considérable du temps des Romains, a été détruit par la mer qui ronge ces rivages. On aperçoit encore un grand nombre de débris des anciennes jetées lorsque la mer est calme. Près du rivage se trouvent quelques citernes et les ruines d'un aqueduc, et un peu plus loin, sur un torrent, un pont évidemment construit par les Romains.

La route passe auprès de plusieurs marabouts, traverse le bourg arabe des Beni-Khiar qui compte cinq cents habitants, puis arrive à la jolie petite ville de Nabel ou Nebeul, la Néapolis des anciens. Ici les plateaux s'abaissent, et nous pénétrons dans une riche plaine au milieu d'une végétation luxuriante. Nebeul est une des rares villes industrieuses de la Tunisie. Les habitants ne se livrent pas seulement à la culture du blé, des oliviers et des arbres fruitiers. La ville contient plusieurs fabriques de poteries renommées dans toute la Régence, et dont les produits s'exportent jusqu'en Algérie et dans la Tripolitaine. On y fabrique aussi des étoffes de laine et des couvertures.

Nabel, ville de cinq mille habitants, entourée de jardins où croissent en abondance les jasmins, les orangers et les rosiers, compte un certain nombre de maisons de plaisance, et serait une ville d'avenir si une administration prévoyante la protégeait contre les inondations d'un torrent qui de temps en temps ravage ses cultures et emporte quelques-unes de ses maisons. L'ancienne ville romaine était située plus près de la plage. On remarquait encore, il y a quelques années, sur son emplacement, de grandes pierres portant de nombreuses inscriptions, et le docteur Frank y a vu un bas-relief de marbre blanc, fragment d'une scène de chasse. La plus importante partie de la vieille ville semble avoir été détruite par la mer.

La route, très mauvaise, longe la Méditerranée à travers des bois d'oliviers, puis se développe sur les pentes du Djebel-Hamad et touche, après 12 kilomètres de parcours, le port d'Hammamet, où le chemin de fer de Tunis à Sousa doit atteindre le littoral après avoir quitté Gorumbalia et côtoyé les collines du Djebel-Djedidi.

La ville d'Hammamet, dans laquelle on a voulu voir à tort l'ancienne colonie phénicienne d'Adrumète, est, au dire des écrivains arabes, une ville datant de la conquête musulmane. C'est un gros bourg fortifié situé au bord du rivage, sur une langue de terre formant cap, mais qui est plutôt un centre agricole qu'une ville maritime. Au sommet de la ville, est une mauvaise citadelle où quelques soldats tunisiens tiennent garnison. Les murailles qui l'entourent forment un parallélogramme qui n'a pas plus d'un kilomètre de tour. Les rues sont bien bâties, et l'on y remarque quelques jolis édifices construits avec des ruines romaines, parmi lesquelles d'assez belles colonnades; les mosquées d'Hammamet ont de gracieux minarets qu'affectionnent des pigeons sauvages fort communs dans cette localité. La cité ne compte pas plus de trois mille habitants, mais les environs sont bien cultivés et assez peuplés. Elle donne son nom à un golfe de 20 kilomètres d'étendue et dont la ville de Sousa occupe l'extrémité méridionale.

Hammamet ferme pour ainsi dire à l'est la péninsule du cap Bon, dont la ville de Suleiman garde l'extrémité occidentale. Entre ces deux villes s'étend un massif montagneux d'où s'échappent, par de fraîches et ombreuses vallées, quelques petites rivières qui vont se jeter dans le golfe de Tunis. Ces rivières, bordées de lauriers-roses, arrosent les villages de Turchi, de Djedeida. Sur le sommet de la montagne la plus élevée du massif sont des bois de thuyas et de sapins, au pied desquels se trouve, près de la source de l'Oued-Tebernok, une localité appelée El-Arbaïn, c'est-à-dire les *Quarante*, à cause d'une réunion de quarante tombes de guerriers arabes morts dans les guerres contre les Espagnols. Le voyageur anglais Shaw pense que c'est en cet endroit qu'il faut placer l'Oppidum Tuburnicense mentionné par Pline. Cette région montagneuse et fort pittoresque compte d'ailleurs un grand nombre de ruines romaines qui sont considérées comme les restes des villes de Maxula et de Civitas Siagitana.

En s'écartant, à droite de la route d'Hammamet à Sousa, le long du golfe, on pénètre dans une riche plaine bien cultivée, où se trouve le fameux domaine de l'Enfida ou la Nefida, qui, après avoir appartenu à l'ancien ministre Kéreddine, a passé des mains de celui-ci dans celles d'une société marseillaise. Cet immense domaine, situé à 74 kilomètres de Tunis, entre le golfe d'Hammamet et les derniers prolongements méridionaux des monts de Zaghouan, a l'étendue d'un arrondissement français, près de 120,000 hectares. Sa population agricole est évaluée à 15,000 habitants, et recrutée en grande partie dans la paisible et laborieuse tribu des Ouled-Saïd. L'Enfida, que Kéreddine avait reçue en cadeau, un jour que le bey était d'humeur généreuse, a été vendue par lui à la compagnie marseillaise pour la somme de 2,500,000 francs, plus 200,000 francs versés dans les caisses du bey pour droits de mutation.

Le domaine de l'Enfida, qui a la forme d'un triangle dont la base serait au nord, commence non loin d'Hammamet, à une localité nommée Kénatir ou les Ponts. A 4 kilomètres plus loin est une grande tente qui sert de lieu de repos ou de station aux agents de la société marseillaise qui se rendent à l'Enfida. Le centre d'exploitation, où sont les principaux bâtiments de la compagnie française, est à 22 kilomètres plus loin. Pour y arriver, on traverse une plaine d'alluvion toute cultivée en blés et en orges et coupée par des ruisseaux fort habilement canalisés. Cette canalisation n'a pas seulement l'avantage de fertiliser le terrain, elle évite aussi les ravinements et les dénudations; car ces ruisseaux, le plus souvent à sec, deviennent des torrents à la première pluie un peu abondante.

L'habitation centrale de l'Enfida, appelée pompeusement Dar-el-Bey, a été construite par l'ordre du bey actuel, avant que la propriété en eût été cédée au général Kéreddine. Voici la description qu'en donne un correspondant du *Temps*, qui l'a visité au mois de mai 1881 :

« Il ne faudrait pas pourtant que cette appellation pompeuse de Dar-el-Bey évoquât chez vos lecteurs l'idée d'un palais de Mille et une Nuits, ni même d'une confortable habitation bourgeoise. Figurez-vous tout bonnement un rectangle de 26 mètres sur 22, fermé extérieurement de murs nus et blanchis à la chaux. Dans ce rectangle est encadrée une cour intérieure de 6 mètres sur 8, écornée à l'un des angles par le rentrant d'un logement de garde s'ouvrant à l'extérieur. Pour façade, un mur percé d'une porte unique ; sur l'un des côtés latéraux intérieurs, un hangar couvert en terrasse et servant d'écurie ; vis-à-vis l'écurie, une aile formée d'un rez-de-chaussée, de trois pièces pour la cuisine et le logement des domestiques ; enfin, pour corps de bâtiment au fond de la cour, un autre rez-de-chaussée composé d'une pièce centrale et de deux chambres à coucher, le tout voûté en plein cintre et surmonté de terrasses dont les lignes droites sont interrompues çà et là par des combles maçonnés de forme demi-cylindrique. Murs intérieurs aussi blancs et aussi nus que les murs extérieurs, une fenêtre à grillage de fer et un béton dans chaque pièce. Voilà Dar-el-Bey.

« Point d'arbres dans la cour, pas plus qu'aux approches de l'habitation,—la Compagnie en fait planter en ce moment même.—Au dehors et attenant aux constructions, deux rectangles d'un hectare chacun, entourés de haies de cactus, sont destinés à servir plus tard de vergers ou de jardins. Entre ces deux rectangles, à 100 mètres environ en avant de l'habitation, une solide construction de maçonnerie soutient un terre-plein élevé autour d'un puits fort large et très abondant. Sur ce terre-plein est installé l'appareil un peu primitif d'une noria arabe avec ses roues en bois, ses cordes en paille tressée et ses godets de poterie. Voilà pour les environs immédiats. Un peu plus loin, des tentes arabes dressées au milieu d'enclos formés de fagots épineux de jujubier sauvage ; çà et là, rompant l'uniformité de la plaine, quelque jardin d'oliviers toujours entouré de l'inévitable haie de cactus. A l'horizon du côté de l'est, précédé d'une ligne de dunes et d'un autre ruban gris sale, formé par le fond d'une sebkha ou lagune salée, un long ruban bleu indiquant la mer distante de 5 ou 6 kilomètres. Du côté de l'ouest, à 5 ou 6 kilomètres également, les premiers escarpements d'une chaîne de hauteurs, parmi lesquelles se fait remarquer par sa forme bizarre la curieuse roche de Takrouna, dont les masures d'un village arabe couronnent le double plateau terminal. Enfin, tout à l'arrière-plan, et s'élevant au-dessus de cette première chaîne, les cimes dentelées du Djebel-Zaghouan, le point culminant de cette partie de l'Atlas tunisien, bien qu'il n'ait que 1,350 mètres de hauteur. Voilà pour l'encadrement et le paysage. Pour terminer, un détail qui fera tressaillir le cœur de plus d'un archéologue : toute cette région est semée de ruines romaines, dont beaucoup n'ont jamais été l'objet de fouilles sérieuses. »

Ce grand domaine est composé de terres très différentes comme qualités et comme cultures. Vingt-cinq mille hectares seulement sont cultivés en céréales. Les pentes des plateaux de l'ouest sont couvertes de forêts de thuyas et de pins résineux ; le reste, à l'ouest et au sud, se compose de terres de parcours, pâturages et landes qui sont affermés à des douars arabes pour y faire paître leurs troupeaux. Les 15,000 indigènes qui représentent la population agricole se divisent en fermiers ayant en location des *enchirs* ou fermes ; en khamas ou colons partiaires au cinquième et en rayas ou bergers nomades. Les premiers sont plus nombreux dans la partie septentrionale du domaine, la plus fertile et la plus étendue puisqu'elle a près de 30 kilomètres de large. Les nomades sont, au contraire, au centre et au sud du côté des sebkhas ou lacs salés qui ferment la propriété vers Kairouan et Hergleah.

Dans les bonnes années, dit le correspondant du *Temps*, la mise en adjudication des lots de culture (telle est la forme d'exploitation la plus usitée dans cette partie de la Tunisie pour la grande propriété), le droit « d'acheba » ou de pâturage, les droits de coupe d'alfa, ceux d'usage des puits, etc., etc., ont rapporté au général Khéreddine, lequel, soit dit entre parenthèses, n'a jamais visité ce magnifique domaine, — jusqu'à 180,000 piastres tunisiennes, ou 108,000 fr. Mais, depuis le départ du général pour Constantinople, les revenus gérés par des intendants indigènes n'ont fait que décroître ; ils étaient tombés en 1880 à 70,000 piastres ou 42,000 fr. Cette diminution aussi rapide qu'anormale, qui ne s'est point bornée sans doute aux revenus de l'Enfida, expliquerait peut-être l'empressement du général à se défaire de ses immeubles de Tunisie, et le prix modique en apparence (2,500,000 fr.), auquel a été conclu le marché définitif. Le directeur de l'exploitation agricole de l'Enfida est M. de Frécheville, l'ancien administrateur des exploitations de la Société genevoise à Sétif en Algérie.

En laissant le domaine de l'Enfida, sur les bords du golfe d'Hammamet, on rencontre un caravansérail fort sale et peu hospitalier, Bir-Bouita. « Au-là de Bir-el-Bouita, disent les docteurs Rebatel et Tirant qui ont visité cette région en 1874, commence une plaine basse et triste limitée par la mer d'un côté, de l'autre par un vaste lac d'étendue variable suivant l'abondance des pluies. Nous fûmes fort émus, comme du reste l'avait déjà été M. Kratik, de voir ce lac figuré sur la carte de l'état-major sous la forme d'une petite lagune de 5 kilomètres de long et de 2 de large, recevant un cours d'eau au sud. Au moment de notre passage, il avait au moins 30 kilomètres de longueur et son extrémité méridionale dépassait la latitude d'Hergleah. Les salicornes et les salsolas forment la végétation principale de ce triste marécage. Il nous fallut neuf heures pour en sortir : deux semaines auparavant, il nous eût été impossible de le traverser. »

A 8 kilomètres de Bir-Bouita est le petit bourg d'Hergleah où l'on voit une assez jolie mosquée et de belles ruines. Hergleah, qui compte environ quinze cents habitants, est l'Horrea Cœlia de l'*Itinéraire* d'Antonin. Le port d'Aphrodisium, qu'on a voulu placer à Hergleah, était plus au nord à quelques kilomètres de Hammamet, dans une localité que les Arabes appellent Menara, et où l'on remarquait encore il y a quelques années une tour ronde et de nombreuses inscriptions romaines. Un peu plus à l'ouest, dans une gorge entre les hameaux de Sidi-Khalifa et de Aïn-el-Halouf (la source du sanglier) sont les ruines de Phradise, parmi lesquelles on distingue un arc de triomphe de style byzantin, une fontaine et les restes d'un château. Entre Aïn-el-Halouf et Hergleah se trouvent les ruines d'un château appelé par les Arabes Ksar-el-Begral et que les archéologues croient être un débris de la ville romaine de Putput.

La route franchit une sebkha et nous conduit au hameau de Sidi-Bou-Ali, situé à 10 kilomètres de Hergleah. A 5 kilomètres à l'ouest, à Zembra, sont des ruines très étendues, mais où l'on n'aperçoit guère que les débris d'un théâtre. M. Pélissier croit que ces ruines représentent l'ancienne ville de Vacca qui fit sa soumission à César après la prise de Zeta sa voisine.

La route traverse une plaine de plusieurs kilomètres et s'arrête à une petite ville de quatre mille habitants, Kala Kebira, ou la Grande Kala. Cette ville assez importante possède de nombreuses mosquées et plusieurs zaouia. La population devient plus dense. Nous sommes dans le riche district de Sousa. Les gros bourgs se suivent. Après Kala Kebira, c'est Kouda avec deux mille habitants, trois mosquées et plusieurs zaouias, puis Hammam avec deux mille habitants, deux mosquées et trois zaouias, enfin Kala Seghira ou la Petite Kala comptant trois mille habitants, trois mosquées et quatre zaouias. Ces trois gros bourgs sont situés au bord d'une rivière assez importante, l'Oued-Laya, qui descend des montagnes du sud-ouest et contourne la grande Sebkha de Sidi-el-Hani avant de se jeter dans la mer à 6 kilomètres au nord de Sousa.

L'importante ville de Sousa est certainement, après Tunis et Bizerte, le centre agricole et maritime le plus considérable de la Régence. Chef-lieu de la province du Sahel, placée au milieu du grand golfe qui s'étend du cap Bon à la Tripolitaine, ayant un port sinon sûr du moins meilleur que la plupart de ceux de la côte orientale, entourée de nombreux bourgs habités par une population agricole laborieuse, Sousa est, beaucoup plus que Kairouan, la véritable capitale de la Tunisie centrale et méridionale. Lorsqu'elle sera reliée à Tunis par un chemin de fer et que son port aura été agrandi et protégé contre les vents d'est et de nord-est par quelques travaux, cette ville retrouvera facilement son ancienne splendeur du moyen âge.

Les avantages politiques, commerciaux et maritimes de cette position ont été appréciés de tout temps. Les Phéniciens y fondèrent une de leurs premières colonies, sur la côte libyenne, et les annales romaines nous apprennent, autant que les ruines que l'on trouve à Sousa, l'importance de l'ancienne ville d'Hadrumète. Cette ville, véritable capitale de la Byzacène, était le point de départ de toutes les flottes romaines qui allaient chercher le blé et l'huile de cette riche contrée. Elle était également le centre de bifurcation des routes impériales qui, suivant la côte, allaient de Carthage à Cyrène, pénétraient dans l'intérieur, couraient dans le désert chercher les dattes et les laines de Capsa, ou bien encore, franchissant les grands plateaux du centre aujourd'hui dénudés et inhabités, alors riches de moissons et de villes, ouvraient aux légions romaines le chemin des montagnes de la Numidie et des repaires des Gétules par Suffetula, Haidra et Tébessa.

On voit encore à Sousa un château carré byzantin, flanqué de huit tours, dont l'une fort élevée et de proportions élégantes ; de nombreux fragments de colonnes, un sarcophage, et, dans plusieurs maisons particulières, de belles mosaïques provenant des anciens édifices romains. Près de la porte de l'Ouest (Bab-el-Gharb) on remarque plusieurs citernes et des masses énormes de maçonnerie qui semblent indiquer la présence d'un ancien fort.

Le musée d'Alger possède un beau sarcophage en marbre blanc qui vient de Sousa et a été envoyé en Algérie par M. Saccoman, vice-consul de France.

Sousa est d'ailleurs, avec Tunis et Bizerte, la seule grande ville de la Régence qui n'ait jamais été complètement détruite. Les diverses invasions qui ont dévasté la Tunisie l'ont épargnée, et, si elle a été saccagée par les Vandales et par les Arabes, bombardée par les flottes espagnoles, vénitiennes et françaises, elle s'est toujours relevée de ses désastres. Les écrivains arabes nous enseignent qu'au XIe siècle l'émir Badi-ben-Mansour y passsa en revue une flotte nombreuse, et les rapports du commandant de frégate de Broves nous montrent qu'au XVIIIe siècle Sousa était une ville encore considérable.

Aujourd'hui Sousa a une population de 8 à 10 mille âmes enfermée dans une enceinte de murailles peu épaisses. Bâtie sur le penchant d'une colline, avec ses murailles blanches, les minarets de ses mosquées et les panaches verts et flexibles de ses jardins de palmiers, Sousa a un aspect pittoresque et gracieux. Contrairement à ce qu'on voit dans la plupart des villes de Tunisie, l'intérieur de la ville est propre, les rues assez larges et bien bâties; le bey y possède un palais, et on n'y compte pas moins de douze mosquées dont deux khotba, l'une pour la secte des Maleki, l'autre pour la secte des Hanefi, neuf zaouias, un hôpital, trois casernes et huit écoles. A l'angle sud-ouest du carré irrégulier que forme l'enceinte est la citadelle ou casbah, qui, avec un fortin situé au bord de la mer (Ksar-el-Bahr) constitue le principal moyen de défense de la ville. Quelques boulets auraient du reste raison de toutes ces fortifications, très peu épaisses, mal entretenues, et dont les canons hors d'usage et rouillés ne pourraient tuer que leurs servants.

L'ancien port de Sousa est aujourd'hui ensablé. On voit encore au nord de la ville, à l'extrémité d'un champ de manœuvres situé sur la plage les deux môles et le brise-lames de la ville romaine. Le port actuel est situé plus au sud, en face de la ville. Il est bordé par un quai assez bien construit au pied des remparts. Ce port, qui abrite fort mal contre les vents d'est et du nord, a une activité relativement considérable. Il est le centre d'un mouvement de cabotage important et a des relations suivies avec toute la côte, avec Naples, Gênes et Marseille et particulièrement avec Malte. Les principales matières exportées sont les huiles, les céréales, les laines, les os d'animaux, le savon, et les éponges qu'on pêche en grande quantité sur cette côte. Le commerce de Sousa est aux mains de maisons israélites indigènes et de cinq à six cents Européens, la plupart Italiens ou Maltais.

Les Romains, administrateurs et stratégistes incomparables, avaient tracé quatre grandes routes pour pénétrer du littoral dans l'intérieur de la Tunisie. La première allait de Carthage à Cirta (Constantine) par la vallée de la Medjerdah ; la seconde partait d'Hadrumète (Sousa), franchissait le plateau central par les vallées accessibles de l'Oued-Rouhia à l'est et de l'Oued-Serrat à l'ouest, pour atteindre Tébessa et dominer les montagnards de l'Atlas ; la troisième partait de Thenæ, aujourd'hui Tinah près de Sfaks, et, traversant le pays d'Arad, s'infléchissait au sud au travers des dernières gorges de l'Atlas pour conduire les légions romaines dans le désert par les oasis de Capsa ; la quatrième joignait Tacape, c'est-à-dire Gabès à Capsa (Gafsa) en longeant le Chott-Djerid.

La route de Sousa à Tébessa est encore aujourd'hui une des grandes voies de la Tunisie, bien que le gouvernement ne fasse rien pour entretenir cette route, qui n'est plus qu'une piste. A quelques kilomètres de Sousa elle s'engage entre deux sebkhas, la petite sebkha de Kalibia qui borne le domaine de l'Enfida et au sud la grande sebkha de Sidi el Hani. En suivant les plateaux qui se dirigent au sud-est, on atteint à 20 kilomètres le marabout de Sidi-el-Hani, puis à 50 kilomètres, au milieu d'une plaine, apparaissent les murailles crénelées de Kairouan, la cité musulmane par excellence, fondée au VIIIe siècle par le général Okba. Kairouan, dont la population est évaluée à 10 ou 12,000 habitants, a été pendant plusieurs siècles la capitale de l'Islam dans ces régions. On y compte encore un grand nombre d'édifices religieux, plus de quarante zaouias et une vingtaine de mosquées, dont la principale est célèbre dans tout le monde musulman. Okba l'avait fondée sur les ruines d'une cité romaine. En l'an 155 de l'hégire Yezid-ben-Kaddem la fit démolir et la reconstruisit. Quelques années plus tard, Ziadet-Allah, de la dynastie des Aglabites, la fit démolir et reconstruire à nouveau. Enfin Mansour-Billah-Ismaël, troisième khalife fatimite, fit bâtir à côté la ville de Sabra, appelée aussi Mansouriah.

Kairouan est aujourd'hui une ville assez bien bâtie, dont les rues sont relativement régulières et qui compte quelques beaux bazars. Autour de la ville sont des jardins attenant à des maisons de plaisance, mais les environs sont généralement stériles à cause des couches d'eaux salées qui forment le sous-sol. Plusieurs géologues admettent que cette région était autrefois sous l'eau, et qu'elle n'a été réunie à Sousa que par un soulèvement des plateaux qui s'étendent entre les deux lacs salés, plateaux où l'on remarque beaucoup de roches coquillières. Kairouan est une ville peu salubre, où l'eau potable fait souvent défaut dans les années de sécheresse. Cependant, en suivant vers l'ouest la vallée de l'Oued-Merketil on trouve quelques sources, des citernes et un district relativement fertile où l'on remarque plusieurs fermes bien tenues.

Pour rencontrer quelques localités importantes il faut regagner le littoral et se diriger vers le sud. A 20 kilomètres de Sousa, à l'extrémité méridionale du golfe d'Hammamet, est le port fortifié de Monestir dont la population est environ de 8,000 âmes. Cette ville, qui est le chef-lieu d'un kaïdat comme Kairouan et Sousa, a un aspect gai, un mouillage sûr et des environs fertiles. Trois petites îles s'élèvent en face. La plus considérable est appelée Kouriat par les Arabes et Tounnara, par les Maltais et les Italiens, qui y ont établi une madrague pour la pêche du thon.

Monestir est une des villes les mieux fortifiées de la Régence, elle possède une Kasbah; des murailles intérieures la divisent en trois quartiers, et deux forts extérieurs, le Bordj-el-Kebir et le Bordj-Sidi-Messaoud. Monestir, qui est l'ancienne ville de Ruspina, où débarqua César, est une position maritime et statégique importante dont un gouvernement intelligent pourrait développer les ressources et améliorer le port, l'un des meilleurs de la côte. Située dans une région riche et fertile, elle possède une banlieue où la population est assez dense. On compte dans ce district plus de vingt villages dont quelques-uns ont une population de 500 à 1,000 habitants. Un de ces villages, Lemta, est bâti sur l'emplacement d'une ville qui joua un rôle important dans l'Afrique ancienne, *Leptis minor*, colonie phénicienne fondée, dit-on, avant Carthage et Tunis.

Un peu plus au sud, vers le cap Dimas, sont les ruines de Thapsus, où César battit Scipion et le roi Juba. On y remarque surtout une ancienne digue qui fermait un port vaste et sûr, un amphithéâtre et de belles citernes. A quelques kilomètres à l'ouest, derrière une petite sebkha, apparaît le gros bourg de Tebeulba contenant deux ou trois mille habitants et situé dans un territoire très fertile, puis plus au sud Bokalta, bourg de la même importance, au milieu de bois d'oliviers, et de champs de blé et d'orge bien cultivés; enfin Mokennina, petite ville de 4,000 habitants.

A 10 kilomètres du cap Dimas est le port de Mahediah ou Mahdiah, fondé par l'imnam El-Mahedi, sur l'emplacement de la tour d'Annibal, au lieu où, selon Tite-Live, l'adversaire de Scipion s'embarqua en quittant Carthage. Mahediah a joué un grand rôle dans l'histoire des luttes entre les musulmans et les chrétiens au moyen âge. Fondée au xi° siècle, elle tomba en 1147 au pouvoir des Siciliens, fut attaquée en 1390 par les Génois et les Français, et prise d'assaut en 1551 par les Espagnols, qui firent sauter ses fortifications. Mahediah a un bon mouillage et un ancien port creusé dans le roc, aujourd'hui ensablé, mais qu'on pourrait rendre à peu de frais praticable. A la pointe de la presqu'île est un château fortifié.

En quittant Mahediah la route s'éloigne un peu du rivage et passe à Soursef, localité riche, qui compte plusieurs milliers d'habitants. En pénétrant plus avant dans les terres, à 22 kilomètres de Soursef, est le village d'El-Djem, qui contient près de 1,500 âmes et où l'on trouve le fameux amphithéâtre de Thysdrus, la ville où les deux Gordien furent proclamés empereurs. Cet amphithéâtre, considéré comme l'un des plus beaux monuments de l'Afrique du nord, a 30 mètres de hauteur et la même distribution que le Colisée de Rome. Il ne compte pas moins de soixante-quatre arcades et porte quelques sculptures qui semblent indiquer qu'il remonte à l'époque des Antonins. De l'amphithéâtre part une galerie souterraine qui se prolonge à plus d'un demi-kilomètre à l'est, et par lequel, suivant l'écrivain arabe Bekri, la célèbre héroïne berbère Damiya se serait sauvée lorsqu'elle fut assiégée par les Arabes dans Thysdrus. Les inscriptions les plus importantes qu'on ait trouvées à El-Djem ont été transportées au musée punique et romain de la chapelle Saint-Louis de Carthage.

« Sur les soixante-quatre arcades de l'amphithéâtre, disent MM. Rebatel et Tirant, un tiers environ est renversé du côté ouest. Le côté Est est intact et son aspect est des plus imposants. Les Arabes y ont adossé leurs huttes de pierres, ou ont creusé des portes pour habiter les caveaux situés au-dessous de la première galerie. Dans un de ces caveaux, où est installé le grand café d'El-Djem, les habitants viennent boire le kaoua en fumant du tabac ou du hachich.

« Quand on pénètre à l'intérieur, le spectacle d'une dévastation aussi grandiose étonne. Les couloirs voûtés sont en partie conservés, et c'est de là qu'on peut le mieux admirer les dimensions colossales de l'édifice. Quoique les escaliers et les gradins soient presque tous en ruine, on peut cependant se rendre compte de la disposition intérieure, qui est d'ailleurs commune à tous les amphithéâtres. Quelques-unes des dernières places réservées (*mæniana*) sont encore intactes, ainsi qu'une des portes de sortie (*vomitorium*) du côté du sud. Le sol de l'arène est surélevé par l'amoncellement des décombres. Les orchis et les saxifrages de Rome sont remplacés par des champs d'orties ornementales et de graminées servant de pâturage aux moutons d'El-Djem. Au-dessous sont des loges destinées aux bêtes féroces et les réservoirs renfermant l'eau pour les naumachies.

« Vers l'an 1700, des tribus rebelles s'enfermèrent dans l'amphithéâtre d'El-Djem. Mohammed-Bey dut, pour les réduire, ouvrir une brèche à coups de canon. De plus, il fit démolir trois arcades pour que les révoltés n'y pussent trouver abri désormais. C'est à partir de ce moment que commença la destruction, et que l'amphithéâtre a servi tour à tour de fabrique de salpêtre et de carrière de pierres de taille.

« Le village arabe d'El-Djem, appuyé contre l'amphithéâtre et comprenant une population sédentaire de 2,000 âmes, n'a rien de remarquable. Les puces y pullulent d'une façon inusitée même pour la région, et ont valu au caravansérail une réputation bien connue de tous ceux qui voyagent dans l'intérieur de la Régence. La population est bienveillante pour les étrangers, et prend orgueil et plaisir à les conduire à travers les ruines. »

Au sud du district de Monestir est celui de Sfaks, qui est plus étendu comme littoral, mais pénètre moins profondément dans l'intérieur, et présente une suite de plaines sablonneuses et arides entrecoupées de rares collines plantées d'oliviers. A 25 kilomètres de Mahediah est le Ras-Kapoudiah ou cap de Capoudia, près duquel est un établissement de pêche situé sur l'emplacement de l'ancien Caput-Vada où débarqua Bélisaire lors de la guerre contre les Vandales de Gélimer. La route se développe ensuite jusqu'à Sfaks sur une longueur de plus de 60 kilomètres qui servent de terrain de parcours aux deux grandes tribus des Methetith et des Souassi.

La ville de Sfaks, chef-lieu du district, est bâtie en

amphithéâtre, entourée d'un mur d'enceinte crénelé et flanqué d'une casbah à l'angle ouest. La population, que M. Pélissier évaluait en 1848 à 8,000 âmes, et que MM. Rebatel et Tirant portaient en 1875 à 12,000, compte environ 3 milliers d'Israélites, d'Italiens, de Grecs et de Maltais. Les commerçants français y sont au nombre d'une dizaine.

Sfaks est un centre commercial très actif. C'est dans ce port que viennent les produits du Djerid que les marchands indigènes échangent contre des tissus anglais, de la mercerie, de la quincaillerie et des matériaux de construction. Ses matières d'exportation sont les huiles, les essences de rose et de jasmin, les dattes, les amandes, les pistaches, les poissons secs, les tissus de laine, et surtout les éponges, dont la pêche est très abondante sur cette partie de la côte. Le principal commerce est avec Malte, et se fait sous pavillon anglais. C'est par Sfaks et Gabès que les négociants anglais introduisent les armes et la poudre dont se servent les Touaregs et les tribus pillardes du sud de l'Algérie. Sfaks est entouré d'une ceinture de sable de 3 kilomètres de largeur, mais au-delà de ces 3 kilomètres s'étend un territoire fertile où les jardins et les maisons de plaisance abondent.

« Sfaks est relié avec Tunis par un télégraphe de construction française et forme le point extrême de la ligne. La distance par terre entre Sfaks et Tunis est d'environ 350 kilomètres. La route, que l'on peut franchir en quatre jours, est continuellement sillonnée par de nombreuses caravanes.

« Le port, peu profond et mal protégé contre les vents du large, est d'un aspect insolite pour un port de la Méditerranée. La marée se fait à Sfaks, de même qu'à Gabès, et les alternatives de flux et de reflux y sont d'autant plus sensibles que le rivage est moins en pente. La hauteur de la marée est de 2^m,60 en moyenne; elle peut s'élever à 3 mètres au moment des équinoxes. Aussi, à la marée basse, les navires sont couchés sur le flanc, dans la vase, comme au bord de l'Océan.

« Il y a toujours en rade un très grand nombre de bâtiments, de petite taille en général. Une seule maison française, la maison Colombel, de Paris, emploie plus de quatre cents bateaux de pêche pour la recherche des éponges. M. Mattei, représentant de cette maison en même temps qu'agent consulaire de France, est l'homme le plus connu du sud de la Tunisie et celui qui la connaît le mieux. Ses bonnes relations constantes avec les Beni-Zid et les Ourghemmas nomades des territoires entre Sfaks et la Tripolitaine lui ont permis de tout voir et de prendre dans le Sud une influence personnelle qu'il a su reporter avec noblesse sur le drapeau français. Il est né dans le pays, et est initié à la langue, aux usages, aux associations religieuses et militaires des Arabes. »

A 30 kilomètres au sud de Sfaks est le misérable village de Mahrés, situé au milieu d'une plaine de sable peu fertile. Toute cette région est dépourvue d'eau, et s'alimente avec des citernes. En suivant le littoral, on rencontre une tribu arabe, qui est exemptée d'impôts sous la condition de recevoir et d'héberger tous les voyageurs qui les visitent, les Mahedebah ou descendants de Sidi Mahedeb, marabout célèbre. Leur principal douar est autour d'une zaouia qui porte le nom du saint personnage. Les

Mahedebah exercent, dit-on, aussi largement qu'il est en leur pouvoir, l'hospitalité à laquelle ils sont tenus par leurs engagements envers le bey. La limite de leur territoire est un torrent, l'Oued-Akerit, qui descend du Djebel-Sekra.

A l'ouest du territoire de parcours des Mahedebah, est le massif montagneux du Bou-Hedma, auquel on parvient en traversant la Sebka-Naïl, située à 78 mètres au-dessus du niveau de la mer et longue en hiver d'une vingtaine de kilomètres. Depuis trente ans, ce district a attiré l'attention de tous les voyageurs qui ont parcouru le sud de la Régence, M. Pélissier y ayant signalé la présence de forêts de gommiers ou acacias à gomme. Les docteurs Rebatel et Tirant, qui ont visité ce pays en 1874, en font la description suivante :

« Le massif du Bou-Hedma, qui protège la vallée à l'ouest, occupe le centre d'une des régions les moins connues de la Tunisie. Entouré de toutes parts de vastes déserts où viennent errer les tribus nomades des Hammémas à l'occident, des Beni-Zid et de leurs alliés à l'orient, il n'a guère été exploré jusqu'ici. Ses chaînons parallèles occupent toute la région comprise entre l'Oued-el-Leben et Gafsa. La vallée de Talah est comprise entre le massif central, donnant naissance à un oued qui se perd dans la Sebkha-Naïl, et des ondulations s'élevant peu à peu jusqu'au niveau des ksars des Aïaïcha. Les points culminants peuvent atteindre 1,300 mètres. L'oued, dont les eaux salines sont un bien triste calmant de la soif, descend du massif principal par une gorge étroite, qui nous paraît fort pittoresque en comparaison du paysage monotone des jours précédents. Les parois très abruptes se composent de couches stratifiées bizarrement tourmentées.

« Le site est vraiment sauvage, et l'on ne s'étonne pas que les Marocains à la recherche de la pierre philosophale se soient installés là pour se livrer à leurs manipulations d'alchimie : nous retrouvons des traces de leurs cabanes et de leurs travaux, dissimulées dans les réduits les plus abrités. Nous apercevons aussi plusieurs cavernes peu profondes que nous n'avons malheureusement pas le temps de fouiller.

« Bientôt la vallée s'élargit ; le terrain forme un véritable marais couvert de roseaux élevés, au milieu desquels on se fraye un passage avec peine. Les sangliers sont les seuls habitants de ces parages, et nous les voyons fuir à notre approche.

« Les gommiers occupent la vallée du Talah, longue de plus de 30 kilomètres, et protégée à l'ouest par le massif du Bou-Hedma. Répandus sur un immense espace qui ne dépasse pas 150 mètres au-dessus du niveau de la mer, ces arbres, si indifférents sur la nature du sol, croissent très espacés, en raison du besoin qu'ils ont d'air et de lumière. Aussi fûmes-nous un peu désappointés en apercevant la prétendue forêt de M. Pélissier. De loin en loin apparaissait un acacia isolé, souvent, il est vrai, de belle venue ; parfois un bouquet de deux ou trois. Bref, si on essayait de faire une évaluation, c'est tout au plus si on pourrait fixer à quarante mille le nombre de ces gommiers. Les tribus nomades s'en servent comme de bois de chauffage ; les pluies et les animaux détruisent peu à peu les exsudations, et c'est à grande peine que M. Doumet-Adanson a pu en donner quelques échantillons.

« Deux grands partis se divisent ce pays : les *Bachia* ou Arabes indépendants, véritables Bédouins, et les *Ahsinia*, ou parti du gouvernement. Le premier est représenté par la grande tribu des Beni-Zid, le second par celle des Hammémas. Autour de ces deux tribus, les plus puissantes de la Tunisie, viennent se ranger toutes les autres, suivant leur opinions et leurs intérêts. »

En revenant vers le littoral, au-delà de l'Oued-Akerit, nous entrons dans l'outhan ou district de Gabès ou pays d'Arad. A quelques kilomètres de l'Oued-Akerit, à Terel-El-Ma, est une plaine marécageuse qui communique avec les grands chotts du Djerid et qui forme ce qu'on appelle le seuil de Gabès. C'est vers ce point que le capitaine Roudaire voudrait ouvrir le canal qui, selon lui, permettrait de transformer la région des chotts tunisiens en mer intérieure. Au-delà de ces basses terres, sont quelques riches oasis qui ont des eaux courantes et un territoire riche et fertile; Metouia, Bou-Chema et Hamma où sont des sources d'eau chaude. Enfin, à 6 kilomètres de Bou-Chema, est le groupe d'oasis dont la petite ville de Gabès est le centre. Gabès, chef-lieu de la province de l'Arad, est situé sur les bords de l'Oued-Gabès. L'embouchure de cette petite rivière forme une sorte de baie ouverte à tous les vents et dont l'entrée est fort dangereuse. Les barques et les felouques du pays peuvent seules y pénétrer, les navires d'un peu d'importance mouillent un peu plus au sud. A côté de Gabès, et formant groupe autour, sont les oasis de Menzel, Sidi-Boulbaba, Chemema, Sidi-Ali, toutes entourées de jardins admirablement cultivés en céréales, arbres fruitiers, palmiers et légumes. On remarque à Gabès de très belles vignes qui donnent d'excellents raisins de table. Tout le district de Gabès est fertile, gracieux et pittoresque, mais laisse beaucoup à désirer au point de vue de la salubrité. Le sous-sol, rempli d'eau que la sonde artésienne ferait jaillir en grande abondance, donne une grande fécondité à ces terres, mais y entretient en même temps des fièvres paludéennes très redoutables pendant la saison chaude. On évalue la population de ces oasis à 15,000 habitants, auxquels il faut ajouter plusieurs milliers de nomades appartenant aux tribus remuantes des Beni-Zid.

Au sud des oasis de Gabès s'étend une vaste plaine tantôt stérile, tantôt fertile et cultivée, qui forme le territoire de plusieurs tribus, notamment les Ourghema, les Ouderna et les Akara. Ces tribus, moitié nomades, moitié attachées au sol, vivent dans une demi-indépendance et remplacent l'impôt par un service militaire. Ce sont elles qui sont chargées de la défense de la frontière contre les tribus tripolitaines ou les hordes pillardes du désert. Leur territoire est borné au sud et à l'ouest par une chaîne de montagnes assez basses, qui part des environs de Gabès, se dirige vers le sud-est parallèlement à la mer et se prolonge jusque dans la Tripolitaine. Elles ont plusieurs villages dont quelques-uns, Ksar-el-Medenin, Toudjan et Kala, ont une certaine importance. Bien que ces tribus se livrent aux travaux agricoles et qu'elles aient des récoltes à sauvegarder, elles sont d'humeur querelleuse, divisées en factions rivales et souvent en guerre. La tribu la plus belliqueuse est celle des Ourghema, dont les principaux douars sont dans la montagne et vivent en quelque sorte à l'état de république indépendante. Les Akara, la tribu la plus méridionale, ont pour centre un petit village maritime nommé Zerziz, dont le territoire est fertile et compte de beaux bois d'oliviers et de palmiers.

A 30 kilomètres au sud de Zerziz est une grande sebkha qui communique avec la mer et qui forme la frontière entre la Tunisie et la Tripolitaine. Le pertuis qui relie la sebkha à la mer est divisé par plusieurs îlots qui communiquent avec la terre ferme à marée basse, et sur lesquels se trouve le fortin des Biban (les Portes), occupé par une dizaine de soldats tunisiens. Les Biban sont le dernier poste tunisien. Le vieux Tripoli est à trois journées de marche et Ghadamès à six journées. Les Biban se trouvent à l'extrémité occidentale de la grande dépression méditerranéenne comprise entre la Tunisie et le pays de Barcah ou la Tripolitaine orientale. Dans cette région, la mer est peu profonde et très calme et d'un parcours facile pour le petit cabotage. Aussi le mouillage des Biban reçoit-il la visite d'un certain nombre de felouques maltaises qui font le commerce de la côte avec Gabès, Sfaks et Tripoli.

Le golfe de Gabès contient plusieurs groupes d'îles dont deux ont une importance assez notable; ce sont, au nord, les deux grandes îles Kerkennah, les Cercinna des anciens, et, au sud, l'île de Djerba qui a plus de 100 kilomètres de tour et dont la population dépasse cinquante mille âmes.

Les deux îles de Kerkennah sont situées en face de Sfaks, dont elles sont séparées par un détroit de 34 kilomètres. La plus grande, qui est au nord, a 32 kilomètres de longueur sur une largeur moyenne de 8 kilomètres et compte plus de huit villages. La petite Kerkennah ou Gharbi, beaucoup moins considérable, n'a qu'un village du nom de Melita. Ces deux îles ont un terrain excellent qui produit en abondance du blé, de l'orge, des fruits et de magnifiques raisins, mais la principale ressource de leurs habitants est la pêche. La mer est, dans ces parages, très poissonneuse, contient des éponges et un *fucus saccharinus* qu'on donne en nourriture au bétail. Ce même fucus porte souvent une galle que les indigènes appellent olive de mer et qui n'est pas désagréable à manger. Les pêcheurs des îles Kerkennah s'adonnent surtout à la prise du poulpe qu'ils font sécher et qu'ils expédient en grande quantité sur les côtes d'Orient et dans le désert. La plus grande des îles Kerkennah sert de lieu de déportation pour les filles publiques de Tunis qui ont violé les lois de la régence ou les prescriptions du Coran.

Du temps de Pline, les îles Cercinna étaient réunies par un pont. Marius, chassé d'Italie, se cacha longtemps dans ces îles, et Auguste y exila Sempronius Gracchus, amant de sa fille Julie.

L'île de Djerba est beaucoup plus étendue que les Kerkennah, et la Tunisie tout entière n'a pas de territoire plus riche, plus peuplé et mieux cultivé.

Bien qu'il n'y ait que de l'eau de puits et de citerne, comme aux Kerkennah, Djerba n'est qu'un vaste jardin où les champs de blé et d'orge alternent avec les bois de dattiers et d'oliviers. La population, en grande majorité d'élément berbère et mozabite, n'est point seulement adonnée aux travaux de l'agriculture. Les bourgs de Djerbah contiennent un certain nombre de tisserands qui produisent de belles étoffes de laine et de soie, des potiers qui fabriquent des grandes jarres à huile dont on se sert dans toute la régence, des mariniers qui pratiquent la pêche du poulpe et des éponges. Les principaux de ces bourgs sont Houmt-Souk, Houmt-Cédrien et Houmt-Cedouikh. Le mouillage des navires, peu commode d'ailleurs, est à 1 kilomètre de Houmt-Soukh. Les autres bourgs sont peu importants, les Djerbiotes disséminant leurs habitations au milieu de leurs cultures. L'île est plate, mais le terrain se relève vers la côte ouest qui forme des falaises. Elle est défendue par quatre petits châteaux ou fortins appelés Bordj-Joliba, Bordj-el-Castil, Bordj-el-Kantara et Bordj-Marsa. Les habitants de Djerba jouissent d'une grande liberté. L'autorité du bey ne leur pèse que par l'impôt. L'île est administrée par un caïd entouré d'un conseil de mekkadem ou chefs des tribus qui peuplent Djerbah.

Djerbah est la célèbre île des Lotophages ou Meninx des anciens. Des fouilles faites il y a une trentaine d'années ont amené la découverte de marbres, de colonnes superbes et de statues qui ont été emportées en Angleterre.

On a beaucoup discuté sur le fruit du lotus qui, d'après les Grecs, était si délicieux qu'il faisait oublier leur patrie aux étrangers qui en mangeaient. M. Pélissier, qui a visité l'ancienne île des Lotophages, pense que le lotus était le fruit d'un arbuste épineux qu'on appelle *damouche* et qui produit une baie rougeâtre d'un goût exquis ressemblant à la fraise et à la framboise.

CHAPITRE V

CLIMAT. — AGRICULTURE. — INDUSTRIE. GOUVERNEMENT. — RELIGION.

Climats divers de la Tunisie. — Les vents. — La température. — Les saisons. — Les pluies. — La saison chaude. — Le sol. — Marnes et argiles. — Sables et grès. — Terrains volcaniques. — Minerais de fer et de plomb. — Sels de chaux. — Eaux minérales. — Agriculture. — Céréales. — Moissons. — Culture de l'olivier et du palmier. — Vergers et jardins. — Arbres fruitiers. — Bétail. — Industrie. — Les fabriques de Chiachia. — Les monnaies tunisiennes. — Gouvernement de la Régence. — Monarchie absolue. — La justice du bey. — L'armée. — La marine. — Administrations provinciales. — Perception des impôts. — La justice du férik. — Les exécutions capitales. — La juridiction consulaire. — Religion. — Tolérance des Tunisiens. — Sectes malékite et hanéfite. — Le clergé musulman. — Le pèlerinage à la Mecque. — Cimetières, Marabouts et Zaouias. — Associations religieuses. — Les Assaouas. — Les Khouans. — Les Moatelistes. — Les Wahabites ou Medeniah. — Esprit de tolérance religieuse en Tunisie.

Le climat et le sol de la Tunisie sont divers, suivant les régions. Dans les contrées montagneuses du nord et du centre, le climat est salubre, mais la température très mobile. Le thermomètre descend comme limite extrême à 5 degrés au-dessous de zéro et il atteint souvent 45 degrés dans les grandes chaleurs. Sur le littoral, à Tunis en particulier, le thermomètre oscille ordinairement en hiver entre 10 et 18 degrés au-dessus de zéro. Il descend rarement à zéro, et l'on compte les années où il tombe de la neige. Pendant l'été, la température varie de 25 à 35 degrés en temps ordinaire; mais lorsque le sirocco, le vent du sud, souffle, elle monte parfois jusqu'à 40, 45 et 50 degrés. La température est alors accablante, l'atmosphère est troublée par des vapeurs étouffantes. Les personnes un peu délicates éprouvent un malaise général qui ne cesse que lorsque le vent est tombé. A mesure qu'on descend vers le sud et qu'on approche du Djerid, la température augmente encore et la durée de l'hiver diminue.

Les saisons ont à peu près la même distribution que dans le sud de l'Italie, de la France et de l'Espagne. L'automne, qui commence en septembre, est pluvieux et souvent orageux et se prolonge jusqu'en janvier. L'hiver ne dure guère plus de deux mois, quelquefois huit semaines. C'est la saison des grandes pluies, des vents d'ouest et de nord-ouest. Quand les vents du nord et de l'est soufflent pendant cette saison, c'est la sécheresse, c'est-à-dire la disette et la ruine pour l'année. L'hiver pluvieux, au contraire, c'est la promesse d'abondantes récoltes, c'est l'approvisionnement d'eau assuré dans toutes les citernes. Le printemps, comme l'hiver, dure environ deux mois; c'est la plus belle saison de l'année; il commence vers le milieu de mars et finit au milieu de mai. Vient ensuite l'été, qui dure cinq longs mois.

La température de l'été n'est pas également chaude durant ces cinq mois. Les vents du sud, le *libeccio* ou le *sirocco*, sont très chauds et très violents; mais ils ne soufflent presque jamais plus de cinq à six jours de suite. Les vents du nord et du nord-ouest sont les plus sains et les plus agréables. Sur le littoral septentrional, où ils règnent assez fréquemment, ils rendent la température estivale beaucoup plus supportable. Ils sont quelquefois accompagnés de grosses pluies et de tempêtes. Ces pluies sont d'ailleurs assez rares et ne durent jamais plus de trois ou quatre jours. Dans le sud il ne pleut presque jamais, deux ou trois fois par an au plus ; au commencement ou à la fin de l'hiver, il éclate des orages qui alors ravagent tout, brisent comme verre les huttes de paille et de torchis des villages sahariens et causent souvent des inondations.

Le sol de la Régence est généralement sablonneux sur les côtes, marneux et argileux dans les vallées. Quand aux montagnes de l'Atlas, elles ont une constitution géologique à peu près pareille à celle du sud de l'Europe avec lesquelles, au dire des géologues, elles ont beaucoup plus de rapports qu'avec les massifs de l'Afrique centrale. Les terrains cristallisés anciens sont rares. Le terrain dont les couches sont les plus puissantes paraît être le terrain crétacé. Il se compose, en général, de larges assises de marne et de calcaire ou de grès de toutes couleurs, bouleversés, se relevant en crêtes, en dents de scie, en pics aigus, et qui contiennent de riches filons de quartz mélangés de pyrites et de galène argentifère. Dans les montagnes du nord-ouest, on trouve de ces filons, comme ceux d'Oum-Theboul, dont la puissance va de 10 à 12 mètres et possède des affleurements de 20 à 25 mètres de longueur. Le minerai donne en moyenne 24 grammes d'argent par kilogramme et 40 0/0 de plomb.

D'après M. Vélain, géologue attaché à la mission hydrographique de l'amiral Mouchez, les grès des massifs septentrionaux de la Tunisie n'appartiendraient pas au terrain crétacé. « J'estime, dit-il, que ces roches particulières, très siliceuses, souvent ocracées et chargées de fer, appartiennent au terrain tertiaire et qu'elles doivent être en relation directe avec les terrains nummulitiques dont on connaît l'existence en Tunisie. » Une partie des montagnes de la Tunisie orientale, notamment certains chaînons qui courent du sud-ouest au nord-est et qui coupent l'Atlas, semble de nature volcanique. Toutes les îles qui bordent la Tunisie à l'est, un grand nombre de pics des environs de Kef et de la région des Kroumirs ont ce caractère et montrent des trachytes et des basaltes. Les hamadas ou plateaux arides du versant méridional de l'Atlas sont composés de grès marneux dont les roches se décomposent sous l'influence de l'air et des changements violents de température.

Cette décomposition est fort bien expliquée dans un travail d'un savant géologue, M. Rolland, sur la formation des dunes du Sahara. M. Rolland établit que le sable, la poussière siliceuse, agit pour ainsi dire comme un burin sous l'action des grands vents qui lui font parcourir les plateaux du sud de l'Atlas algérien et tunisien. « Le sable sec, dit M. Rolland, transporté par le vent, est un agent puissant de dénudation. Tel plateau calcaire est poli comme une glace; le flanc de tel monticule est buriné, fouillé et réduit par places à une véritable dentelle de pierre ; les escarpements de grès offrent des sillons larges et profonds dus à de véritables érosions par le sable. » Les grandes dunes du désert, qui se composent de sable quartzeux, en grains roulés, d'un millimètre en moyenne, hyalins ou légèrement colorés en jaune, forment comme des vagues de 10 à 15 et 20 mètres de haut. « L'ouragan le plus violent, dit M. Rolland, au milieu des grandes dunes, ne les remue que sur bien faible épaisseur. Le spectacle est effrayant, l'impression des plus pénibles, le danger réel ; les sables obscurcissent la vue et cinglent le visage ; ils remplissent les yeux, la bouche, les oreilles ; ils altèrent les gosiers et dessèchent les peaux de bouc des caravanes indigènes menacées de périr de soif. Mais quand le calme renaît, on retrouve les choses en l'état et les mêmes dunes aux mêmes places. »

Les pyrites et les mines de galène argentifère des montagnes du nord-ouest ne sont pas les seules richesses minières de la Tunisie. On exploite depuis longtemps des mines de plomb, de fer et de cuivre dans les montagnes de la presqu'île du cap Bon et dans les massifs qui séparent l'Oued-Silianah de la Medjerdah. D'abondants gisements de minerai de fer se trouvent répandus dans les chaînes de montagnes qui longent la frontière algérienne. Le sel marin est exploité dans un grand nombre de sebkhas ou lacs salés du Sahel et du Djerid. En été, l'évaporation naturelle laisse le sel cristallisé sur le sol en beaux cristaux ; on n'a qu'à le recueillir. puis on l'amoncelle, et on le recouvre de broussailles et de feuilles sèches auxquelles on met le feu. Il se forme siur chaque tas une couche solide, imperméable, qui met le sel à l'abri de l'action des pluies. On exploite ensuite ces amas en creusant à l'intérieur comme dans une carrière. Au Djebel-Hadifa, près du Djerid, est une riche mine de sel gemme. Enfin, dans toute la Tunisie, le sulfate de chaux, le carbonate de chaux et l'argile à poterie abondent. Dans le sud du Sahel on trouve des cristaux magnifiques de chaux sulfatée, notamment vers Sousa. L'argile à poterie se rencontre plus particulièrement dans la presqu'île du cap Bon, et le centre de fabrication dont les produits sont les plus estimés est Nabel.

La Tunisie compte un grand nombre de sources thermales dont quelques-unes étaient déjà célèbres du temps des Romains et possèdent de réelles qualités curatives. Les plus connues et les plus fréquentées sont celles d'Hammam-el-Lif, petite localité située à quelques kilomètres de Tunis, au bord du lac, et qui doit être prochainement une des stations du chemin de fer franco-tunisien de Tunis à Sousa. Ce sont des eaux salines purgatives d'une température de 60 degrés, contenant des carbonates et des sulfates de chaux et de magnésie, et quelques traces de fer. Elles sont limpides, incolores, inodores, mais ont une saveur saline très prononcée. Les Romains, qui avaient les eaux d'Hammam-el-Lif en grande estime, avaient établi dans cette localité des thermes magnifiques dont on voit encore les ruines. Les médecins de Tunis recommandent les eaux d'El-Lif pour les maladies du système nerveux, de l'estomac, de la vessie et de la peau.

Un peu plus à l'est, en tournant le golfe de Tunis,

on arrive à Kourbès, autre source d'eau minérale qui jouit d'une grande réputation et qui est dans une situation très pittoresque, au pied d'un vallon resserré et au bord de la mer. Les eaux de Kourbès, plus chaudes que celles d'Hammam-el-Lif, contiennent une grande quantité d'alumine et de fer ; elles sont fortifiantes ; mais, prises en trop grande quantité, elles irritent les intestins et occasionnent des purgations violentes. D'autres eaux minérales existent dans la Régence, près de Zaghouan, à Bou-Chater, dans l'île du lac de Bizerte, à Gafsa et à Hammam-el-Gabs, sur la frontière de la Tripolitaine.

Le sol de la Tunisie n'a plus la fécondité de l'ancienne Afrique romaine. L'invasion musulmane et l'administration imprévoyante des gouvernements qu'elle a établis n'ont pas su conserver les procédés de culture et les irrigations savantes qui avaient donné à ce pays sa fertilité. Les forêts des massifs montagneux du centre et l'est, qui protégeaient les vallées contre les vents du sud et contre la sécheresse, ont été détruites par les incendies et par les troupeaux des tribus nomades. Il ne faudrait cependant qu'un demi-siècle d'un gouvernement éclairé et d'une administration honnête et prévoyante pour rendre à ce pays son ancienne richesse, au moins dans les districts du Sahel, de la côte nord et de la vallée de la Medjerdah, c'est-à-dire dans toutes les régions où il y a de la terre végétale, un peu d'eau et des populations à demeure fixe.

Les travaux agricoles commencent à l'époque des pluies, vers la mi-septembre. Les Arabes donnent deux façons à leurs terres. Ils labourent au moyen de petites charrues comme on s'en servait encore il y a cinquante ans dans le Midi de la France.

Si les pluies ne viennent qu'en octobre ou vers novembre, ce qui se voit souvent, les semailles sont tardives, la plante est surprise par les chaleurs avant terme, le grain avorte et la récolte est perdue ou maigre.

Le froment et les fèves se sèment vers la mi-octobre; l'orge, les lentilles, les pois chiches se sèment en novembre. La moisson de l'orge se fait en mai, celle du froment en juin et quelquefois en juillet. On coupe les javelles avec des faucilles. Dans beaucoup de fermes ou *enchirs*, la moisson est faite par des ouvriers nomades. Deux boisseaux et demi de froment et d'orge suffisent pour ensemencer le champ qu'une paire de bœufs peut labourer en un jour. Un boisseau rend, dans les terres ordinaires, de huit à douze; dans les terres bien arrosées et façonnées seize, dix-huit, et quelquefois trente et quarante. Dans certains districts privilégiés, on a vu un seul grain donner quarante et même quatre-vingts tuyaux ayant plusieurs épis chacun. Du temps de Pline, les bonnes terres de la Tunisie, le long du littoral, donnaient cent à cent cinquante mesures pour une seule semée. Aujourd'hui les meilleures terres sont encore dans le Sahel, le long de la côte orientale, autour de Tunis et dans quelques-unes des plaines arrosées par la Medjerdah et ses petits affluents. Dans cette dernière région, on cultive beaucoup d'orge, du maïs, un peu de riz et un millet blanc avec lequel les Arabes engraissent leurs bestiaux.

Les procédés agricoles des Arabes sont des plus

simples. Ils façonnent très légèrement la terre, ne la fument jamais, et l'arrosent encore plus rarement. Ils ne battent jamais le grain, mais le foulent sous les pieds des chevaux et des mulets, ou avec un lourd plateau de bois ferré traîné par ces bêtes. L'opération se pratique sur des aires battues et recouvertes de fiente de vache. La paille destinée aux bestiaux sort de là brisée et hachée. Le blé ainsi foulé, on vanne le grain en le jetant à la pelle à l'opposé du vent, puis on le conserve dans des silos qui peuvent contenir 3 et 400 boisseaux.

Après les céréales, la principale culture est celle des oliviers, qui est relativement une des plus soignées, bien que la plupart des oliviers ne soient pas greffés, ce qui donne à l'huile une amertume insupportable. Dans les fermes dirigées par de bons colons, la terre est labourée, l'arbre émondé, et des tranchées faites pour recueillir l'eau de pluie et la faire circuler dans des rigoles aux pieds des arbres. Les olives se cueillent au mois d'octobre au moyen du gaulage, ce qui y mêle beaucoup de feuilles et de petites branches. La récolte ainsi faite est conservée avec du sel dans des fosses en attendant qu'on la porte au moulin. On a établi déjà autour de Tunis quelques huileries à l'européenne, mais dans la plupart des localités les moulins se composent d'une meule roulant sur un axe horizontal fixé à un arbre de course mis en mouvement par un manège. Les olives broyées et mises en pâte sont traitées par l'eau. L'huile qui surnage est l'huile fine. Si la pâte est soumise au pressoir, c'est l'huile commune; la troisième huile ou huile de marc, obtenue par une seconde pression, sert souvent, mêlée à de la farine d'orge, à faire un pain détestable que mangent les Arabes les plus pauvres.

Les vergers des maisons de campagne des environs de Tunis contiennent presque tous les arbres fruitiers de nos jardins d'Europe, mais les arbres qui sont les plus répandus sont les figuiers hâtifs dont il existe deux espèces, l'une donnant une figue noire, l'autre une figue blanche, qu'on expédie en grande quantité dans les ports de la Méditerranée ; les figuiers nopals dont le fruit hérissé de piquants fait la nourriture d'un grand nombre de familles pendant l'été ; les palmiers dattiers qui croissent en grande abondance dans l'est et le sud de la Régence, mais dont les régimes ne viennent à parfaite maturité que dans le Djerid ou Sahara tunisien. On ne compte pas moins de vingt-deux variétés du palmier dattier. La datte la plus estimée est la dakhelah qui se vend jusqu'à 30 piastres le quintal ; vient ensuite le boufagous qui se vend 15 piastres. Les dattes dakhelah sont expédiées en régimes dans des outres qui laissent sortir les pédoncules. Un dattier du Djerid produit en moyenne quinze à vingt régimes et trois à quatre quintaux de dattes. Il donne en outre par incision un liquide assez agréable connu sous le nom de vin de palme et qui produit l'ivresse comme une boisson fermentée. Le palmier n'exige d'autres soins que d'être arrosé tous les cinq ou six jours et d'être débarrassé de ses vieilles feuilles, mais il ne porte fruit qu'au bout de sept ans, quelquefois même neuf et dix ans.

Les autres arbres cultivés dans les vergers de la Régence sont l'amandier, l'abricotier, le pêcher, le poirier, le pommier, le brugnonier, le prunier, le cerisier et surtout le grenadier, le poivrier et le jujubier. Presque tous les légumes poussent dans le sol des environs de Tunis et de Bizerte, l'oignon, la fève, le haricot, l'artichaut, la laitue, l'asperge, l'oseille, le poireau, le navet, la tomate. Les courges, les melons, les pastèques, les concombres et les citrouilles sont d'une culture assez usuelle.

Pour arroser les vergers on se sert de puits où l'on fait monter l'eau dans des seaux en cuir, par un système de manège incliné, assez ingénieux et qui ressemble un peu aux norias d'Espagne et d'Algérie.

Le bétail est généralement mauvais, le bœuf surtout. Le mouton appartient à la race à queue large et graisseuse. Sa chair a un goût de suif très prononcé. Il n'est un manger agréable qu'à l'état d'agneau. Le porc est maigre, mais le sanglier a une chair assez fine. Les volailles sont mauvaises et d'un prix relativement élevé. Les chèvres et les ânes sont de belle race, ainsi que les mulets. Le cheval est, au contraire, fort ordinaire. Le chameau est l'animal domestique le plus en faveur, parce qu'il est très sobre, se nourrit volontiers de feuilles de cactus et des mauvaises herbes du désert, et fait, au besoin, 20 et 25 lieues par jour, avec une charge de 200 kilos.

Les plantes industrielles cultivées sont le lin, le chanvre, l'indigo, le carthame, la garance et le henné, plante tinctoriale d'où l'on tire une couleur orange qui sert pour la teinture des étoffes, et dont les femmes font usage également pour teindre les ongles des mains et des pieds.

Nous n'avons pas besoin de dire que les Tunisiens ont peu d'industrie. Le seul produit indigène, véritablement remarquable, est le chiachia ou bonnet de laine rouge feutrée. L'ouvrier tunisien carde à la main ou tond avec des ciseaux la laine tricotée par les femmes. La coiffure ainsi préparée est envoyée à Zaghouan ou à Tebourba, où on la teint et la foule. La chiachia revient ensuite à Tunis où on l'apprête, lui donne la forme, et lisse l'étoffe avec une brosse dure. Les chiachias de Tunis sont très renommées et s'expédient en énormes ballots dans tous les pays musulmans, en Égypte, en Perse et en Turquie. Si l'on ajoute à cela la confection des burnous et des haïks, la sellerie et broderie sur cuir, et la fabrication des armes damasquinées, on possède la liste des industries tunisiennes. Cependant il s'est installé, dans ces dernières années, quelques fabriques de draps à Tebourba et à la Gourfa, et quelques savonneries à Sousa et à Monastir.

La monnaie tunisienne est la piastre ou *bouriel*, qui vaut 60 centimes, pièce d'argent. Les autres pièces d'argent sont le *bourialin*, 2 piastres; le *boutslatsa*, 3 piastres; le *bouarbea*, 4 piastres. Les pièces d'or sont le *boukhamsa*, 5 piastres; le *bouachera*, 10 piastres; le *bouencherin*, 20 piastres; le *boukhamsin*, 50 piastres, et le *boumya*, 100 piastres ou 60 francs 29 centimes. Les pièces fausses abondent plus qu'en aucun autre pays d'Orient. La mesure de longueur est le *draâ* ou la coudée arabe, qui se calcule en mesurant du coude à l'extrémité de l'index. Cette mesure ne sert que pour les étoffes. La *draâ melaki* ou coudée de l'ange, qui sert pour l'arpentage, se mesure d'un index à l'autre les deux bras déployés. Pour les grains on se sert comme poids du saâh, qui vaut 125 kilogrammes.

Le gouvernement de la Régence de Tunis est un gouvernement monarchique héréditaire. La dynastie régnante est la famille des Husseinites qui gouverne la Tunisie depuis le commencement du xviii° siècle. Le souverain actuel s'appelle Mohammed-es-Sadok. Il règne depuis 1859 et est âgé d'environ soixante-deux ans. Le bey est souverain absolu. Le prédécesseur du bey régnant avait promulgué une sorte de constitution connue sous le nom de pacte fondamental et établissant un ensemble d'institutions autour de la royauté. Ce pacte a vécu deux ans et n'a jamais été appliqué depuis. La constitution, c'est le Coran, le livre sacré des musulmans, que le bey interprète d'ailleurs à sa volonté. Les pouvoirs exécutif, législatif et judiciaire appartiennent au bey qui les exerce directement ou par l'intermédiaire de ministres et de magistrats. Le premier ministre de Mohammed-es-Sadok a été, jusqu'en 1865, Mustapha-Khaznadar, homme fort intelligent, déjà ministre sous les règnes précédents, mais politique sans scrupules, financier malhonnête, cupide, et dont les exactions et les dilapidations avaient violemment irrité les Tunisiens. Mustapha congédié, son successeur fut Khair-Ed-din, son gendre, administrateur habile, connaissant la civilisation européenne et qui introduisit un grand nombre de réformes et d'améliorations. Khair-Ed-din a quitté Tunis en 1877, à la suite d'une disgrâce, et habite, depuis, Constantinople. Il a été remplacé dans la faveur du bey par Mustapha-Ben-Ismaïl.

Mohammed-es-Sadok, le bey actuel, est un homme de taille moyenne, ayant une chevelure et une barbe blanches très abondantes. Il est gros et a la démarche lourde, les traits du visage sont forts, mais réguliers. Les yeux sont très grands et très doux. L'ensemble de la physionomie semble indiquer un caractère faible et indolent. Mohammed-es-Sadok est aujourd'hui un vieillard affaissé. Il a cependant montré, autrefois, une intelligence vive, un grand sang-froid et une énergie remarquable. Dans diverses circonstances, il a résisté avec une fermeté extraordinaire aux prétentions du parti religieux, et a eu raison plusieurs fois, par sa patience et son habileté, d'insurrections redoutables et dont les instigateurs étaient dans son propre palais. Il convient d'ajouter que « très clément et très miséricordieux » comme le Dieu de l'Islam, il a le plus souvent répugné aux mesures de rigueur. Dans sa cour de justice, il prononce très rarement la peine capitale, et les insurrections qui ont troublé son règne ont été réprimées presque toujours sans effusion de sang.

Le bey n'est point seulement souverain ; il rend lui-même la justice et fait distribuer à ses sujets délinquants des coups de bâton, et, si cela ne suffit pas à l'expiation du crime, condamne à la prison et à l'amende. Les condamnations à mort, qui ne sont point rares devant ce tribunal, sont souvent exécutées en moins d'une heure dans la cour du Bardo ou du palais Dar-el-Bey. Les étrangers sont jugés par une juridiction spéciale composée des consuls et de juges-consuls de leur nation. C'est plus long et plus coûteux, mais c'est moins dangereux au point de vue de la liberté et de la fortune.

Le bey a le gouvernement de la force armée, qu'il délègue à son héritier présomptif, qui prend le titre de bey du camp. L'armée régulière se compose, sur le papier, d'environ 10,000 hommes; l'armée irrégulière ou makhzen de 25,000 fantassins et cavaliers arabes appartenant à certaines tribus déterminées et qui reçoivent une solde quand le bey les emploie. En réalité, l'armée tunisienne ne compte pas plus de 4,000 hommes dispersés dans toutes les villes un peu importantes, du reste fort mal équipés, mal armés et rarement soldés. Il faut ajouter à ces troupes 5 ou 600 gendarmes (zaptiés) et un millier de généraux et de colonels sans emploi qui touchent des traitements de 300 à 400 francs par an et passent leur vie dans les antichambres du palais du bey.

La marine se compose d'un brick hors d'usage, et, quand le bey veut sortir de la Régence, il est obligé d'emprunter un paquebot français, anglais ou italien. Quant à l'artillerie des places fortes, elle est représentée par de vieilles pièces de bronze, prises autrefois sur des navires européens par des corsaires barbaresques, ou offertes par l'Italie ou la France au gouvernement tunisien. Elles sont du reste hors d'usage et ne pourraient tuer que les malheureux soldats qui seraient obligés de s'en servir.

L'administration des provinces est confiée à des kiahias et des caïds. Les kiahias sont les lieutenants généraux du bey. Il y en a trois ou quatre seulement, un à Bizerte, un au Kef et l'autre à Kairouan. Les caïds sont les gouverneurs de villes, ou les chefs de grandes tribus. La principale fonction de ces agents est de maintenir l'ordre et de recueillir l'impôt. La perception générale des taxes est faite par le bey du camp qui, à la tête d'une colonne militaire composée de mille soldats réguliers, et de deux ou trois mille irréguliers, Arabes Zouaouas, Ouled-Drid, Ourghémas, parcourt pendant l'hiver la région du sud et les contreforts de l'Atlas, et, pendant l'été, le littoral oriental de la Régence. Ces expéditions, qui ont pour but d'intimider les populations, sont leur ruine, car elles dévastent tout sur leur passage, rançonnent les populations et gardent pour elles souvent un tiers de l'impôt perçu en trop. Quelquefois les tribus résistent et il faut leur livrer des combats, du reste peu sanglants, car des deux côtés l'art militaire consiste à se poursuivre et à ne jamais s'atteindre.

Les caïds ou administrateurs de provinces (outhans) ont sous leurs ordres des khalifas ou lieutenants. Ils sont en même temps préfets, chefs de la police judiciaire, juges au petit criminel et receveurs des contributions. Les bourgs, les villages et les douars des tribus sont administrés par des cheiks. Les caïds et les cheiks décident des contestations politiques. Les cadis ne connaissent que des crimes où la religion est intéressée, ou qui sont relatifs à l'état de mariage. Ils ont pour assesseurs et greffiers des *adouls* ou *adels*, hommes de loi. La juridiction d'appel est le tribunal du bey, ou le medgelès, cour de justice présidée par le mufti, grand personnage religieux. Tout cela est d'ailleurs fort arbitraire, et chaque fonctionnaire ou magistrat en use à peu près à sa guise avec les lois et les règlements.

Le bey rend ses arrêts le samedi, au palais du Bardo, ou dans ses maisons de campagne. Le férik, ou gouverneur de Tunis, tient audience tous les jours et juge les contestations ordinaires. Il siège dans une petite salle du palais Dar-el-Bey, assis sur un sopha qui fait le tour de la pièce. Les justiciables se tiennent près de la porte qui conduit dans une sorte de vestiaire où sont les prisonniers et les gendarmes. Les arrêts sont aussitôt exécutés que rendus. Le délinquant est condamné à la prison ou à la bastonnade. Le férik condamne fréquemment à la bastonnade. Le coupable est alors conduit dans une cour voisine. On lui passe les pieds dans un nœud coulant adapté à un bâton pendu au mur, et l'un des gendarmes, armé d'une trique en bambou, lui administre cinquante ou cent coups de bâton sur la plante des pieds, suivant le prononcé du jugement.

La justice du bey est aussi expéditive, et il n'est pas rare de voir au Bardo juger et exécuter en moins d'une demi-heure un individu qui a commis un crime entraînant la peine de mort. L'arrêt se prononce généralement par gestes, et, lorsque le bey tourne la main droite la paume en haut et coupe l'air, c'est tout simplement l'ordre de trancher une tête. Le genre de mort varie selon la race des condamnés. Les Turcs et les Koulouglis sont étranglés à l'aide d'une corde de soie imbibée de savon, les Maures sont décapités, les Arabes nomades et les Juifs sont pendus.

Les Européens sont jugés, nous l'avons dit, par un

tribunal spécial, composé du consul et d'un juge-consul, et d'après les lois de leurs pays respectifs. Les Israélites qui se mettent sous la protection d'un consulat sont jugés par le tribunal de ce consulat. Européens et Juifs sont exemptés d'impôt.

L'islamisme est la religion de l'immense majorité des populations de la Tunisie. Malgré les missions catholiques et protestantes établies dans les principales villes de la Régence, le christianisme n'a pu entamer les masses arabes et berbères, qui restent profondément attachées au Coran. La Tunisie est cependant une des contrées musulmanes où le fanatisme religieux est le moins développé. Les relations fréquentes avec l'Europe, la présence d'une population chrétienne relativement considérable, au moins à Tunis, ont fait prévaloir un esprit de tolérance assez remarquable.

Les musulmans de Tunis appartiennent presque tous à la grande secte des Sunnites qui, ne se bornant pas au Coran, admettent aussi la tradition (sunna), c'est-à-dire les sentences de Mahomet recueillies par les disciples du Prophète. Les Sunnites se subdivisent en deux autres sectes, les Hanefis qui suivent les règles tracées par un célèbre imam du nom de Abou-el-Naaman; les Malekis qui tirent leur nom de l'imam Malek. Ces deux sectes, qui ne sont séparées que par des questions de détail liturgique et de jurisprudence civile, se partagent presque exactement les populations musulmanes de la Régence.

Le chef du clergé musulman s'appelle le Cheik-ul-

Islam. Au-dessous de lui viennent les imams, qui représentent nos évêques, puis les ulémas, prêtres des mosquées, les marabouts ou saints, les derviches et les santons, sortes de moines mendiants ou d'ermites, enfin les mollahs et les muezzins qui appellent le peuple à la prière. Le clergé musulman ne saurait d'ailleurs, en aucune façon, se comparer au clergé catholique. Ses membres ne prétendent point au titre de représentants de Dieu sur la terre ; ce sont des hommes plus ou moins savants, plus ou moins pieux, connaissant le Coran et habiles dans l'art de l'interpréter. Les marabouts et les derviches sont des fanatiques, des illuminés, que les musulmans vénèrent et accablent de présents en nature et en argent, convaincus qu'ils ont la puissance de faire des miracles et de guérir souvent par des prières les maladies les plus rebelles.

Le musulman attaché à sa religion doit faire au moins un fois dans sa vie le pèlerinage de la Mecque. Il reçoit alors le titre de hadji (pèlerin) et est considéré comme un homme vertueux. Le pèlerinage de la Mecque se fait, en Tunisie, par la voie de terre et la voie de mer. Les Arabes du sud se joignent à une grande caravane nommée el Rakeb, qui part tous les ans du Maroc au mois de Redjeb, le septième mois de l'année, et qui compte quelquefois plus de 6,000 pèlerins commandés par un marabout. Aujourd'hui la voie de mer est plus usitée. Des vapeurs anglais viennent prendre les pèlerins tunisiens à la Goulette et les transportent à très bas prix en Arabie à la ville de Djaddah. Ces malheureux sont quelquefois entassés au nombre de plusieurs milliers sur un mauvais paquebot. Aussi n'est-il pas rare de voir des épidémies se déclarer sur ces navires et emporter des centaines de pèlerins.

Les cimetières musulmans n'ont ni enclos ni haies. Ils sont situés en général sur le penchant des collines. Les tombes sont marquées par de petites dalles creusées d'un trou destiné à recevoir les eaux de la pluie pour les oiseaux. Dans les campagnes, on rencontre un grand nombre de tombeaux de marabouts ou koubas. Ce sont de petites constructions carrées peintes à la chaux et dont le dôme est parfois de couleur verte ou rouge. Les villages prennent souvent le nom du marabout le plus voisin; de là ces nombreux villages portant les noms de Sidi-Youssef, Sidi-Abdallah, Sidi-Amor, Sidi-Ahmed, Sidi-bou-Saïd, etc.

Les marabouts les plus renommés sont ceux de Sidi-Fethallah et Sidi-bou-Saïd près de Tunis, Sidi-Abdallah-ben-Djemel dans le pays des Kroumirs, de Sidi-Shanoun près de Kairouan, de Sidi-Madeheb non loin de Sfax. A côté des marabouts existent les zaouias ou écoles religieuses qui sont en grande vénération parmi les musulmans, et qui ont généralement des biens et des revenus particuliers venant de la générosité du bey ou des fidèles. Le marabout de Sidi-Fethallah près de Tunis est un lieu de pèlerinage très fréquenté. « Il est rare de passer dans les environs de cette localité sans rencontrer des bandes de dévots et de dévotes qui s'y rendent processionnellement. On attribue au marabout la vertu de rendre les femmes fécondes. Il existe à cet effet près de son tombeau, sur la pente d'un rocher, un sentier rapide, une sorte de glissoire, où les femmes atteintes de stérilité n'ont, pour acquérir la faculté de devenir mères, qu'à se laisser couler en s'accroupissant, comme font les enfants qui jouent à la glissade. »

L'islamisme compte des associations religieuses comme le catholicisme. Les plus célèbres sont les Aïssaouas et les Khouans. Les Aïssaouas ou fils de de Jésus (Aissa) sont une secte fondée il y a trois cents ans par un marabout marocain nommé Mohammed-ben-Aïssa et qui s'est répandue rapidement, dans tout le Maghreb; l'association des Khouans ou frères n'est qu'une vaste société religieuse et politique dont les Aïssaouas ne sont eux-mêmes qu'une branche importante. Les Khouans se subdivisent en sept ordres différents portant les noms de leurs fondateurs. Ils ont à leur tête un khalifa, puissant personnage qui dispose de la vie et des biens des frères au même titre et presque dans la même forme qu'un général des jésuites commande aux disciples de Loyola. Au-dessous viennent les cheiks ou mokkadem, nommés par le khalifa qui les révoque suivant son bon plaisir. Les Khouans ne peuvent en aucun cas correspondre avec le chef suprême. L'affiliation est une cérémonie importante entourée d'une grande solennité. Les fidèles sont tenus aux obligations suivantes : la retraite, la veille, l'abstinence, l'oraison continue et la prière en commun à des jours déterminés. Les Khouans, fanatiques et ardents ennemis des chrétiens, sont les instigateurs et les chefs de la plupart des insurrections qui éclatent sur notre territoire algérien. Ils ont perdu beaucoup de leur influence et sont surveillés surtout dans la province de Constantine, où ils étaient en grand nombre; mais en Tunisie le gouvernement leur laisse toute liberté et même les favorise.

Dans le sud de la Régence et particulièrement dans l'île de Djerba, on rencontre la secte des Moatélistes de l'école de Bou-Ali-Mohammed-ben-Abd-el-Ouah connus sous le nom de Khouammès ou quinquistes parce qu'ils rejettent les quatre premiers kalifes. Les Khouammès n'admettent pas la prédestination et déclarent que la foi sans les bonnes œuvres ne suffit pas. Pour eux, le pécheur non repentant est damné comme l'infidèle. Détail bizarre, pour prier Dieu ils se dépouillent de leur culotte.

Parmi les autres sectes musulmanes répandues dans la Tunisie, il importe de citer les Wahabites ou Medaniah, secte dont le fondateur est Mohammed-el-Medani, marabout marocain établi dans la Tripolitaine vers 1835. Les Medaniah, qui sont assez nombreux dans le sud de la Régence et particulièrement dans les districts de Sfax et de Sousa, n'admettent pas d'autres dogmes que l'unité de Dieu, l'immortalité de l'âme et les peines et récompenses d'une vie céleste. « Ils nient que Dieu prescrive à l'homme autre chose que l'accomplissement des devoirs moraux, et prêchent la tolérance la plus complète. » A la différence des autres musulmans, ils regardent Mahomet comme un saint, un inspiré plutôt qu'un envoyé de Dieu et ils ne prononcent la phrase sacramentelle « Mahomet est l'envoyé de Dieu » qu'après avoir dit quatre-vingt-dix-neuf fois dans leur prière : Il n'y a de Dieu que Dieu. » Cette secte, purement déiste et éloignée de la plupart des superstitions musulmanes, est considérée comme un des éléments de régénération des races arabes de l'Afrique. Les Wahabites ont leur principal temple près de Sousa, à Sidi-Bou-Ali, sur l'ancien emplacement de la ville romaine de Zembra.

Les gouvernements qui se sont succédé en Tunisie se sont montrés bien ignorants, bien imprévoyants ou incapables, mais il est une vertu qu'on ne peut leur refuser : ils ont souvent fait prévaloir dans leur administration et dans l'esprit de leurs sujets les plus larges idées de tolérance. Si l'on compte en Tunisie, comme dans tout l'Orient, un grand nombre de musulmans fanatiques, de tous les pays de l'Islam, il n'est pas de pays où la liberté de conscience soit relativement plus grande. Les Arabes tunisiens affichent un profond mépris pour les israélites et les chrétiens, mais ils ne troublent jamais leur liberté religieuse, et, entre musulmans, ils pratiquent le plus sage libéralisme en ce qui concerne les idées religieuses. La Tunisie est une des rares parties de l'Afrique islamique où les chrétiens ont pu pénétrer dans les mosquées, et les voyageurs qui ont parcouru le pays rapportent qu'il n'est point rare d'y trouver des Arabes vivant publiquement dans l'incrédulité la plus absolue et jouissant malgré cela de l'estime de leur entourage. Cela explique les progrès rapides en Tunisie de la secte des Wahabites qui représentent à peu près dans le mahométisme ce qu'est le protestantisme libéral parmi les confessions chrétiennes.

TROISIÈME PARTIE

HISTOIRE

TROISIÈME PARTIE

HISTOIRE

CHAPITRE PREMIER

LA TUNISIE SOUS LA DOMINATION CARTHAGINOISE

(900-146)

L'Afrique ancienne. — Les peuplades de la Libye. — Les colonies phéniciennes. — Carthage, Utique, Tunis, Hippone. — Les guerres de Sicile. — Agathocle en Afrique. — Rome et Carthage en Sicile. — La première guerre punique. — La bataille navale de Myles. — Régulus à Clypea et à Tunis. — Xanthippe. — Guerre des Mercenaires. — Mathos et Amilcar. — La seconde guerre punique. — Syphax et Massinissa. — Scipion à Tunis. — Bataille de Zama. — Décadence de Carthage. — Attaques de Massinissa. — Troisième guerre punique. — Victoire d'Asdrubal. — Scipion-Émilien. — Destruction de Carthage.

L'antiquité ne nous a laissé aucun document positif sur l'histoire des premiers peuples qui ont habité l'Afrique septentrionale. D'où venaient les populations libyennes et numides que Carthage trouva en Afrique et soumit à sa domination? Étaient-elles arrivées en Afrique comme les Phéniciens et plus tard les Arabes en suivant le littoral de l'est à l'ouest? Étaient-elles, au contraire, d'origine aryenne et appartenaient-elles au grand tronc indo-européen? Avant-garde des Celtes, vinrent-elles, avant de peupler le nord de l'Afrique, s'établir en Gaule et en Espagne? Le peu qu'on sait des Kabyles ou Berbères, qui paraissent les descendants directs de cette race indigène, semble indiquer qu'il faut écarter ces hypothèses et croire à une fusion de deux races distinctes.

Nous avons indiqué plus haut les principaux points de cette grande question controversée, et qu'aucun savant sérieux n'a osé considérer comme résolue. Ce qui paraît vraisemblable d'après les études archéologiques faites récemment en Algérie, et aussi d'après les récits divers des historiens et des géographes anciens, c'est que la première population indigène, le fond de la race berbère, est d'origine sémitique, comme les Juifs et les Arabes, mais que, plusieurs siècles après son établissement en Libye, elle fut conquise et modifiée par une invasion venue du nord, peuples aux yeux bleus et aux cheveux blonds, « commandés par Hercule. »

Le territoire de la Tunisie fit d'abord partie du vaste espace désigné par les anciens sous le nom de Libye, puis le nom de Libye fut réservé plus tard à la Tripolitaine et au désert saharien. La Tunisie, l'Algérie et le Maroc devinrent l'Afrique proprement dite, divisée en Afrique carthaginoise, Numidie et Mauritanie. Ce n'est que sous les Romains que le mot d'Afrique désigna spécialement la Tunisie septentrionale, le nom de Byzacène étant réservé à la côte orientale et au Djerid.

D'après Hérodote et Salluste, la race libyenne occupait tout le littoral et avait derrière elle les peuplades errantes des Gétules, puis, au delà, les noirs

Éthiopiens. « Lorsqu'Hercule eut péri en Espagne, selon la tradition, son armée, composée de nations diverses, sans chef, en proie à des ambitieux qui s'en disputaient le commandement, ne tarda point à se débander. Une partie passa en Afrique, les Mèdes, les Arméniens et les Perses, se mêla aux Gétules et prit le nom de *Numides* ou Nomades. » Ce furent eux qui bâtirent les premières villes du littoral. Vinrent ensuite des colonies grecques, notamment Cyrène, fondée par des Grecs de Théra, puis les colonies phéniciennes. Carthage domina bientôt. La limite des Grecs et des Phéniciens fut tracée quelques siècles plus tard par les autels où s'immolèrent les frères Philènes, au fond de la grande Syrte.

C'est vers le ixe siècle avant l'ère chrétienne que nous voyons les rivages de la côte africaine colonisés par les Phéniciens de Tyr et de Sidon. Marchands désireux d'exploiter les richesses de l'Afrique ou hommes politiques exilés de leur patrie, ces Phéniciens fondèrent successivement Tripoli, les deux Leptis, Hadrumète, Carthage, Tunis, Utique et Hippone. Les rivages qu'ils exploraient et où ils établissaient des comptoirs étaient loin d'être stériles et inhabités. Hérodote nous parle des merveilles du pays des Lotophages et des Nasamons, et lorsque sous Auguste, les armes romaines, franchissant le désert, pénétrèrent jusqu'à la contrée des Garamantes, elles trouvèrent dans la ville de Cydamus (aujourd'hui Ghadamès probablement) une cité déjà florissante. A l'ouest et au sud, les colons phéniciens avaient trouvé de puissants et turbulents voisins dans les Massyliens, peuplade énergique, cavaliers redoutables, qui devaient plus tard faire la conquête de l'Italie, sous le commandement d'Annibal.

Les Massyliens ou Numides occupaient-ils primitivement la vallée de la Medjerdah et les emplacements où s'élevèrent Carthage et Tunis? c'est très vraisemblable, car du temps de Massinissa nous voyons leur territoire aller jusqu'à Thapsus, c'est-à-dire jusqu'à la côte orientale entre Sousa et Monestir. D'autre part, la domination de Carthage sur la Numidie et la Mauritanie fut en quelque sorte intermittente et presque bornée à la côte. A diverses reprises, la rivière la Tusca (l'Oued-Tabarcah ou l'Oued-el-Kebir) servit de frontière aux deux États carthaginois et numide. A son embouchure était la petite ville de Thabraca (aujourd'hui Tabarca), colonie romaine qui avait dû être précédée par une colonie carthaginoise. Sous la domination romaine cette même rivière Tusca servit de frontière aux provinces de l'Afrique proconsulaire et de la Mauritanie césarienne.

Tunis et Carthage, dont on a voulu confondre les origines, ont été de tout temps deux villes séparées, quelquefois rivales. Certains auteurs supposent que Tunis, comme Utique, fut fondée avant Carthage. On n'a aucun document décisif à cet égard. Les écrivains romains, les seuls que nous puissions consulter sur l'histoire de Carthage, ne sont même pas d'accord sur l'époque de la fondation de cette dernière ville.

Selon Velleius Paterculus, la fondation de Carthage fut antérieure de soixante-cinq ans à celle de Rome ; selon Tite-Live, de quatre-vingt-douze ans;

suivant Solin de cent dix-neuf. La légende raconte que la rivale de Rome fut fondée par la reine Didon, petite-fille du roi de Tyr Ithobaal, père de la fameuse Jézabel, si l'on en croit la Bible. Didon fuyait la ville de Sidon, où son mari avait été assassiné par Pygmalion, son beau frère. Carthage, en langue punique *Kiriath Hadeshât* ou la ville Neuve, eut des commencements obscurs et mit quatre siècles à fonder son empire. La première construction fut celle de la forteresse de Byrsa, située sur une colline qui domine le port. La ville basse ne se forma que plus tard sous le nom de Mégara. Elle occupait les bords du vaste golfe terminé par les caps Bon et Zébib sur une sorte de péninsule entre Tunis au sud et Utique au nord. Des remparts, qui avaient 23 milles de tour, on découvrait ces deux cités.

Au dire des écrivains grecs, les Carthaginois trouvèrent sur le rivage où ils s'étaient établis divers peuples nomades, les Libyens, les Massyliens qui laissaient croître leurs cheveux sur le côté droit et se rasaient du côté gauche, les Zauèques et les Gyzantes. Le pays situé entre les deux Syrtes était habité par les Lotophages et les Nasamons, peuples nomades qui formèrent une barrière contre Cyrène jusqu'au jour où Carthage traita avec cette ville pour la limitation des frontières entre les deux États. La colonie phénicienne dut, avant de songer à s'étendre au loin, soumettre les populations agricoles du littoral, contenir les nomades des montagnes, se défendre contre les jalousies de ses sœurs et confédérées, Tunis et Utique. Elle n'avait point, comme Rome, une communauté de langue et de mœurs avec les peuplades qui l'entouraient, et, plus dure encore que Rome, elle s'aliéna toujours, par une administration cupide, les populations qu'elle n'avait pu s'assimiler. La législation carthaginoise avait bien favorisé la fusion des colons phéniciens avec les races indigènes; mais la population mixte qui en sortit fut toujours considérée comme une race inférieure et rigoureusement écartée des fonctions publiques.

Dès le vi° siècle avant Jésus-Christ, Carthage avait une population de plus de quatre cent mille habitants, et comptait plus de trois cents villes soumises à sa loi; elle possédait des comptoirs sur toute la côte de Libye, d'Espagne et de Gaule. Ses flottes dominaient sans rivales dans toute la mer Tyrrhénienne et l'Atlantique. Ses navires marchands apportaient dans ses entrepôts et l'étain des îles Britanniques et les épices de l'Inde. La Corse, la Sardaigne, les îles Lipari, le Sicile presque entière lui appartenaient. En 509, elle conclut avec le roi Tarquin un traité interdisant aux Romains et à leurs alliés de naviguer au-delà du Beau Promontoire (cap Bon). En 348, par un second traité, elle interdit aux Romains de franchir les colonnes d'Hercule. En 279, par un troisième traité, elle promet le secours de ses flottes à Rome menacée par Pyrrhus.

Déjà cependant, au iii° siècle, l'astre de Carthage avait pâli. Utique, un instant soumise, avait reconquis sa liberté, et Tunis est citée comme une ville alliée dans les traités conclus avec Rome ou avec Denys de Syracuse. Enfin le Sicilien Agathocle non seulement chassa les Carthaginois de la Sicile, mais il descendit deux fois en Afrique, vit deux cents villes s'ouvrir devant lui, organisa un royaume et mit pendant plusieurs années Carthage à deux doigts de sa perte.

On sait comment les deux grandes républiques entrèrent en lutte pour la possession de la Sicile. Après trois années de lutte Carthage fut chassée de cette île, Rome entreprit la conquête de la mer Tyrrhénienne, et, en 260, la flotte romaine commandée par Duilius battait la flotte carthaginoise à Myles. Quatre ans après, en 256, Carthage avait perdu la Sicile, la Corse et la Sardaigne. Régulus débarquait, comme jadis Agathocle, au promontoire de Mercure (cap Bon) et mettait le siège devant la ville carthaginoise de Clypea. Cette dernière ville, dont il reste encore aujourd'hui quelques ruines et qui a été remplacée par le bourg arabe de Khalibia, était un port bien situé et formé par des collines plates à leur sommet et ayant la forme d'un bouclier. Clypea fut promptement enlevée par l'armée de Régulus, qui se répandit dans les fertiles plaines situées dans la presqu'île et dont les auteurs romains célèbrent déjà la riche et savante agriculture. Régulus avait avec lui quinze mille hommes et cinq cents chevaux, il battit les Carthaginois à Adès, (aujourd'hui Radès sur le golfe de Tunis), leur tua dix-sept mille hommes et s'empara de Tunis, dont il fit son quartier général.

Carthage semblait perdue. Toutes les campagnes épuisées par son administration avide, s'étaient soulevées. Les Numides pillaient ce que les Romains avaient épargné. La cité sut cependant résister assez longtemps pour permettre à ses flottes d'aller chercher des mercenaires en Espagne, en Gaule et en Grèce. Le Lacédémonien Xanthippe prit le commandement de la nouvelle armée et, grâce à ses talents militaires, battit les Romains et fit Régulus prisonnier (255). Carthage fit payer cher aux villes voisines l'alliance ou les ressources qu'elles avaient offertes aux Romains. Elle décima les sujets révoltés, les chefs furent mis en croix et un fort tribut en argent et en nature fut imposé aux cités rebelles, au nombre desquelles il faut probablement compter Tunis.

L'Afrique respira pendant quelque temps. La guerre fut transportée en Sicile, où les deux peuples rivaux bataillèrent avec des chances diverses pendant sept ans, puis ils se disputèrent la Corse, la Sardaigne et l'Espagne. Ce ne fut qu'un court répit. Carthage fut gravement menacée par une révolte de ses mercenaires. Ces soldats de toutes nations, Gaulois, Espagnols, Ligures, Siciliens, Grecs, Africains, constituaient des armées coûteuses et surtout embarrassantes en temps de paix. Lorsque la guerre de Sicile fut terminée, Amilcar dut ramener en Afrique vingt mille mercenaires qu'on ne payait plus depuis longtemps qu'avec des paroles. On cantonna ces troupes à Sicca Venerea, aujourd'hui le Kef; mais, l'argent qu'on leur avait promis ne venant pas, elles se présentèrent menaçantes jusqu'aux portes de Carthage et, prenant leur quartier général à Tunis, commencèrent le siège de la métropole.

Les populations africaines supportaient impatiemment le joug carthaginois, elles s'unirent aux mercenaires. Toutes les villes leur fournirent des vivres et des hommes. Utique et Hippone seules restèrent en dehors de cette ligue. Mathos, un Africain que les rebelles avaient pris pour chef, alla mettre le siège devant Utique, mais dut l'abandonner après une bataille malheureuse contre Amilcar. La guerre prit un caractère féroce. Les mercenaires firent périr sur la croix tous les prisonniers carthaginois. Amilcar, en représailles, livra ses prisonniers aux bêtes. Amilcar avait réussi à reprendre tout le territoire autour de Carthage, quand on apprit la révolte de la Sardaigne. Une tempête avait submergé un grand convoi de vivres venant de Sicile. Les Africains hésitants firent de nouveau défection. Utique et Hippone massacrèrent leurs garnisons et s'offrirent à Rome. Carthage semblait de nouveau perdue, une habile campagne d'Amilcar la sauva. 40,000 mercenaires, Ligures et Gaulois, furent taillés en pièces dans un défilé où le général carthaginois avait su les attirer. Mathos se réfugia dans Tunis après avoir massacré trente otages carthaginois ; mais, attiré en rase campagne il fut vaincu dans une grande bataille, amené dans Carthage et livré à la populace. Cette guerre, une des plus cruelles que compte l'histoire, avait duré trois ou quatre ans et ruiné toute cette partie de l'Afrique. Utique et Hippone Zaryte (Bizerte) mirent longtemps à se relever des coups portés à leur commerce, et Carthage ne trouvera plus désormais que des ennemis autour d'elle.

La seconde guerre punique, qui devait ruiner définitivement l'empire carthaginois, eut pour principal théâtre l'Espagne et l'Italie. L'Afrique en ressentit peu les effets, au moins dans la région que représente aujourd'hui la Tunisie. Pendant un espace de dix ans la paix de ces contrées ne fut troublée qu'une fois, en 207, par une flotte romaine qui vint attaquer et piller Utique, et, en 204, par la lutte entre les deux rois numides Syphax et Massinissa. Annibal suffisait à occuper Rome.

C'est au moment où Massinissa détrôné et fugitif se sauvait au désert avec quelques cavaliers, que, pour attirer Annibal hors de l'Italie Scipion l'Africain débarquait au Beau Promontoire, bloquait Utique et ravageait les campagnes environnantes. Massinissa vint rejoindre Scipion, souleva de nouveau ses Numides et aida le consul romain à vaincre Syphax et Asdrubal, qui étaient venus attaquer l'armée romaine à la tête de 50,000 hommes : Syphax, Cirta sa capitale, ses trésors et sa femme Sophonisbe, fille d'Asdrubal, tombèrent aux mains des vainqueurs. Toute la Numidie était aux Romains.

Scipion marcha sur Carthage, qui rappela Annibal. L'armée romaine vint camper à Tunis, puis Annibal étant débarqué à Hadrumète (Sousa), Scipion se rapprocha de la Numidie d'où Massinissa devait lui amener des renforts. La rencontre des deux armées, qui devait décider l'empire du monde, eut lieu dans le delta qui s'étend au confluent de la Medjerdah et de l'Oued-Mellègue. La bataille n'eut pas lieu sous les murs de Zama (Zouam aujourd'hui, localité à droite de la Medjerdah), mais plus à l'ouest et au sud, vers Dra-el-Mellègue, où Scipion était campé, attendant les renforts qui devaient lui arriver de Constantine. Annibal, enveloppé par la cavalerie de Massinissa, attaqué de front par les légions romaines, perdit 20,000 de ses soldats et s'enfuit à Hadrumète, d'où il partit pour Carthage par mer.

De Zama, Scipion revint à Tunis, où il détruisit encore une armée que Vermina, fils de Syphax, amenait au secours d'Annibal. La lutte n'était plus possible. Carthage demanda la paix et l'obtint à la condition de livrer les prisonniers, les transfuges, tous ses navires excepté dix, tous ses éléphants, sans pouvoir en dompter à l'avenir; elle ne fera point de guerre en Afrique sans la permission de Rome et ne pourra lever de mercenaires. Elle paiera 10,000 talents en cinquante ans, livrera cent otages, indemnisera Massinissa et le recevra comme allié. Massinissa eut le titre de roi de Numidie avec Cirta pour capitale, mais une partie du royaume de Syphax fut donnée à Vermina, afin de tenir Massinissa dans la crainte. Carthage garda en Afrique le territoire qu'elle avait avant la guerre, c'est-à-dire tout le littoral compris entre Hippone et Hadrumète.

La Carthage phénicienne ne devait pas longtemps survivre à cette lamentable défaite. Rome ne pardonnait pas à son ancienne rivale, et les vieux Romains, avec Caton le Censeur à la tête, considéraient la destruction définitive de cette ville comme une nécessité nationale. La riche république des Magon, des Amilcar et des Annibal avait d'ailleurs des germes de dissolution en elle-même. Sa constitution aristocratique avait créé des factions jalouses, qui sacrifiaient sans cesse l'intérêt national aux ambitions de leurs chefs. Les guerres avec Rome ajoutèrent à ce premier vice une suprématie de l'élément militaire. La famille des Barca, qui produisit des généraux de grande valeur comme Amilcar, Asdrubal l'ancien et Annibal, entraîna Carthage dans une politique de conquêtes, périlleuse pour une cité riche, corrompue, où les vertus guerrières étaient rares et qui ne pouvait mettre en ligne que des mercenaires souvent sans fidélité et toujours sans patriotisme.

Carthage était née pour le commerce et les colonies, elle n'avait rien de ce qui fait les grands États conquérants. Pendant que Rome s'assimilait les peuples italiens qu'elle soumettait à sa puissance, et faisait naître parmi eux une sorte d'esprit romain, les Africains était traités durement par Carthage, qui les associait seulement aux charges de la République et les traitait en esclaves plutôt qu'en colons. Elle poussait la défiance à l'égard de ses sujets au point de leur interdire de fortifier leurs villes, ce qui rendait l'accès et le pillage faciles à tous les envahisseurs.

Après Zama, Carthage eut sans cesse à ses portes les Numides qui, conduits par Massinissa et encouragés secrètement par les Romains, ravageaient constamment ses campagnes et rançonnaient ses villes ouvertes. Carthage ne put supporter indéfiniment ces insultes, elle envoya une armée de 50,000 hommes attaquer Massinissa. Le roi numide fut vainqueur, et Rome, qui n'attendait qu'une occasion favorable, signifia à Carthage qu'elle devait subir un châtiment pour avoir violé les traités qui lui interdisaient toute guerre sans la permission des Romains. Les Carthaginois comprennent l'étendue du nouveau danger qui les menace. Ils envoient des ambassadeurs avec pleins pouvoirs pour accepter toutes conditions, pourvu que la ville soit épargnée. Les consuls romains feignent d'accepter et demandent qu'on leur livre toutes les armes, les vaisseaux et les grains nécessaires à leur armée, puis, les Carthaginois désarmés, ils ajoutent qu'ils épargneront es habitants mais non les habitations.

Les Carthaginois furent d'abord consternés, mais le patriotisme l'emporta sur la crainte et ils résolurent de défendre une dernière fois leur patrie. Asdrubal qui, banni, revenait pour assiéger sa ville natale, se réconcilie avec ses concitoyens, repousse l'armée romaine et brûle la flotte des consuls. Il était destiné aux Scipions d'achever Carthage. Rome envoya en Afrique Émilien, fils de Paul Émile, adopté par Scipion l'Africain. Scipion reconstitue l'armée en déroute, s'attache les Numides de Massinissa et vient mettre le siège devant Carthage, où il ne tarde pas à pénétrer d'assaut. Les Carthaginois se défendirent six jours et six nuits, de rue en rue, de maison en maison. Plus de deux cent mille périrent, le reste fut réduit en esclavage et dispersé en Italie. La ville fut livrée aux flammes, la charrue promenée autour des murailles qu'on fit raser. L'incendie dura dix-sept jours. Il ne resta de la grande cité phénicienne qu'un certain nombre d'objets d'art qui furent transportés à Rome ou rendus aux villes de Sicile dont ils venaient. Les bibliothèques furent données au fils de Massinissa, à l'exception des livres de Magon sur l'agriculture qui furent emportés à Rome et traduits.

La destruction de Carthage est une des pages les moins glorieuses de l'histoire romaine. Elle ne pouvait se justifier par aucun motif légitime, et fut un véritable acte de barbarie indigne de la grande nation. La bataille de Zama et le traité qui la suivit avaient ruiné à jamais l'influence militaire de Carthage et la prospérité croissante de Rhodes et d'Alexandrie avait porté, autant que les guerres puniques, un coup terrible à son commerce. Rome n'avait plus rien à redouter d'elle, et elle se fût honorée en laissant vivre en sujette soumise et laborieuse la cité qui lui avait pendant un siècle disputé l'empire du monde.

CHAPITRE II

LA TUNISIE SOUS LA DOMINATION ROMAINE ET BYZANTINE

(146 AV. J-C. — 643 AP. J.-C.)

Reconstruction de Carthage. — César et Pompée. — Bataille de Thapsus. — Auguste. — L'Afrique sous les premiers empereurs. — Le christianisme en Afrique. — Tertullien. — Saint Cyprien. — Les martyrs de Madaure et de Scylla. — Guddène. — Sainte Félicité et sainte Perpétue. — Le donatisme et les Circoncellions. — Querelles religieuses. — Guerres civiles entre chrétiens. — Le Maure Gildon. — La domination vandale. — Genséric. — Nouvelle splendeur de Carthage. — Bélisaire et Gélimer. — La domination byzantine. — Révolte des Numides. — Dépopulation. — Misères et ruines.

Les Romains avaient maudit quiconque relèverait Carthage ou bâtirait sur ses ruines, mais ces serments ne survivent pas aux passions qui les ont fait naître. Cinq lustres n'étaient pas écoulés, que Caius Gracchus fut chargé d'établir une colonie sur l'ancien emplacement de la ville détruite. Malgré l'importance commerciale qu'Utique avait prise après la destruction de sa voisine, Carthage occupait sur le littoral africain une situation trop avantageuse au point de vue maritime, pour que Rome ne fût pas tenté d'y établir une ville nouvelle. La colonie ne tarda pas à se développer au milieu d'un pays que les douceurs de la paix avaient rendu à sa prospérité naturelle.

Les Romains avaient un autre génie administratif que les Carthaginois. En prenant possession des États de la République phénicienne dont ils firent la province d'Afrique, ils se préoccupèrent, là comme en Italie et en Illyrie, de se concilier les intérêts en assurant la sécurité et une domination relativement douce à côté de celle des avides marchands qui avaient rançonné cette région pendant six cents ans. Les Africains assujettis ne payèrent plus qu'un tribut annuel modéré, au lieu des lourdes et incessantes contributions que Carthage prélevait sur eux à chaque défaite de ses armées et de ses flottes. Utique fut laissée indépendante et reçut le territoire compris entre Tunis et Bizerte. Les Numides, qui pillaient sans cesse les riches vallées du Bagradas (Medjerdah) et de ses affluents furent contenus.

La Tunisie n'a certainement pas connu d'époque plus prospère et de régime plus paisible que les deux siècles qui vont de l'année 146 au milieu du second siècle de l'ère chrétienne. Ses fertiles campagnes ne sont plus dévastées par les armées de Rome ou les hordes de Massinissa, ses cités florissantes et tranquilles ignorent encore les querelles religieuses qui désoleront cette contrée du IIIe au VIIe siècle. Tunis, détruite par Scipion en même temps que Carthage, est relevée et ne tarde pas à devenir une ville commerçante. Sous Auguste, on envoie cinq mille hommes pour coloniser définitivement Carthage et la faire sortir de ses ruines. Un siècle plus tard Hadrien comblera encore Carthage de ses faveurs, et au IIIe siècle les Gordiens recevront dans cette ville la pourpre impériale. Au temps de ces derniers, Hérodien nous représente Carthage comme aussi vaste et aussi peuplée qu'Alexandrie et pouvant rivaliser avec Rome ; Ausone la déclare, comme importance, la quatrième ville de l'empire après Rome, Constantinople et Antioche. Lors de l'invasion des Vandales en Afrique, Carthage était renommée pour ses magnifiques monuments, ses temples d'Astarté, de Saturne, d'Esculape, son cirque, son gymnase, ses théâtres et surtout son aqueduc. Les ruines actuelles appartiennent presque toutes à la Carthage romaine, et témoignent encore de sa grandeur malgré les larges emprunts que les Arabes y ont faits pendant dix siècles pour la construction de leurs villes.

Auguste avait déjà beaucoup fait pour la restauration de Carthage. Un autre empereur, Hadrien, fit davantage pour l'Afrique. Tunis et Carthage profitèrent de sa munificence La voie Flaminienne fut achevée et toutes les villes importantes du littoral africain furent mises en communication entre elles de Péluse à Tanger. La Tunisie, alors connue sous le nom d'Afrique proconsulaire, fut célèbre par ses cultures. Elle partageait avec l'Égypte et la Sicile l'honneur de fournir le blé à Rome et chaque année une flotte impériale, dite flotte des blés, allait chercher à Utique, Carthage et Hadrumète, les céréales moissonnées dans les fertiles vallées du Bagradas ou sur les riches plateaux de la Byzacène.

L'Afrique proconsulaire n'était point seulement renommée pour ses blés, les Romains avaient en grande estime les fruits de ses vergers et l'ivoire de ses éléphants. C'est également d'Afrique qu'on tirait les miliers de bêtes féroces qu'on amenait chaque année dans les cirques de Rome et de toutes les grandes villes, pour l'amusement de la populace et le triomphe des empereurs. Le capture de ces bêtes, lions, léopards, hyènes, éléphants, était devenue pour les bergers de la Byzacène et de la Gétulie, ainsi que pour ceux de la haute Égypte, une véritable industrie. Comme la chasse aux lions était périlleuse et qu'il fallait les livrer vivants aux bestiaires, ou leur tendait des pièges, on les faisait tomber dans des fosses ; d'autres les prenaient, selon Pline, en leur jetant des morceaux d'étoffe sur la tête. La bête aveuglée se laissait lier. Enfin, l'Afrique était renommée pour ses teintures de pourpre, et l'on pêchait sur ses côtes le coquillage qui fournissait cette couleur. Il convient d'ajouter que la ville de Carthage possédait des fabriques de draps très estimés. Les ouvriers étaient pour la plupart des esclaves enchaînés à perpétuité ainsi que leurs enfants, afin qu'ils ne pussent porter ailleurs cette industrie. Il était défendu de cacher un de ces esclaves sous peine d'une amende de 3 à 5 livres d'or, et celui qui contractait mariage avec eux tombait, homme ou femme, dans les mêmes conditions de servitude.

Cette période de paix et de prospérité n'empêcha pas l'Afrique de payer sa part aux guerres civiles qui désolèrent la fin de la grande république romaine. La ruine de Carthage avait créé en Numidie, à deux pas de la Sicile, des royaumes tributaires administrés par des princes riches et remuants, et dont les partis romains devaient se disputer et se partager l'alliance. Rome, avertie par les fautes de sa rivale, n'avait voulu garder de l'Afrique que les ports et le littoral. Le préteur qui gouvernait le territoire dont Rome s'était réservé l'administration résidait à Utique, où l'on comptait une colonie de marchands italiens assez nombreuse et que Tite-Live évalue à près de 400 membres. D'autres colonies romaines ou italiennes furent envoyées sur le littoral pour y apporter le langage et les mœurs du peuple latin. C'est ainsi que se préparait le développement de la puissance romaine dans ces contrées où l'élément indigène devait résister successivement et avec une ténacité extraordinaire à la domination des maîtres les plus différents.

Jusqu'à l'époque d'Auguste, l'élément numide ou berbère resta maître de la majeure partie du pays. On se rappelle que Scipion avait accordé au royaume de Numidie tout le territoire situé entre la Medjerdah et la côte orientale, ne réservant à Rome que les ports. Il ne faut donc pas s'étonner si les Numides jouèrent un grand rôle dans la courte lutte qui eut lieu en Afrique entre César et le parti Pompéien. Pendant que Pompée luttait en Épire contre César, son ami Varus et le roi de Mauritanie infligeaient une sanglante défaite au césarien Curion. La bataille eut lieu près d'Utique, et la victoire des Pompéiens fut telle, que quelques soldats romains seulement purent s'échapper pour porter la nouvelle en Sicile. Mais, quelques mois après, Pompée était vaincu à Pharsale et tué en Égypte. César passa en Afrique, après plusieurs mois de repos et de plaisirs aux côtés de Cléopâtre. Il avait été devancé sur la rive africaine par Caton d'Utique et Sextus Pompée qui amenaient un renfort de 10,000 hommes aux Pompéiens victorieux. Scipion, Afranius et Petreius offrirent le commandement à Caton, qui le refusa et le fit donner à Métellus Scipion, disant qu'en Afrique ce dernier nom portait bonheur. Le vieux philosophe se chargea de garder Utique, de la fortifier et d'y faire des approvisionnements.

Les choses allèrent en Afrique comme elles s'étaient passées en Épire et en Thessalie. César commença la lutte presque sans armée et plus tard sans subsistances. Il essuya deux échecs, son camp faillit être pris et, à un moment donné, il n'eut guère plus de 20,000 hommes, pendant que Scipion, Afranius et Juba l'entouraient de trois camps comptant plus de 100,000 combattants. La supériorité numérique des Pompéiens fut leur perte. Ils se divisèrent, César les sépara, tomba à l'improviste sur Scipion près de la ville de Thapsus, et dans la même journée battit dans une seule course Afranius et les Numides de Juba.

César avait d'ailleurs reçu un secours sur lequel il ne comptait pas. Un Italien, Sittius, ancien complice de Catilina, s'était fait en Afrique une sorte de royauté nomade. Ayant réuni autour de lui des aventuriers de tous pays, il en avait formé une petite armée qui avait une flottille de guerre et qui courait la contrée ou les côtes, vivant tantôt de pillage, tantôt de la solde que payaient les chefs ou les villes auxquels il vendait son assistance. Sittius fit alliance avec César, et, comme il avait des intelligences dans les deux royaumes de l'Ouest, il fut chargé de faire envahir la Numidie par les

Maures. Il y réussit en effet. Juba, vaincu par César, trouvant son royaume envahi par un adversaire inattendu, se tua près de Zama. Scipion, Afranius, Faustus Sylla, qui s'étaient réfugiés sur la flotte romaine, furent poussés par la tempête dans le port de Bône au milieu de l'escadre de Sittius. Les trois chefs Pompéiens furent égorgés ou se tuèrent.

Caton avait reçu à Utique, le 8 avril 46 au matin, la nouvelle de la défaite de ses amis. Il assembla aussitôt les citoyens romains et les sénateurs restés dans la ville, et leur proposa de défendre la place. Ceux-ci ayant refusé, il fit fermer toutes les portes excepté celles du port, donna des vaisseaux à ceux qui en manquaient et veilla à ce que tout se fît avec ordre. Le soir, il soupa en compagnie nombreuse, puis, ayant congédié ses convives, il se retira et lut dans son lit le dialogue de Platon sur l'immortalité de l'âme. Il s'interrompit après quelques pages pour chercher son épée et, ne la trouvant pas, il fit venir tous ses esclaves et leur demanda d'une voix haute, son épée : on lui envoya le glaive par un enfant, il le prit, en examina la pointe et il s'écria : « Maintenant je suis mon maître », et il s'endormit d'un profond sommeil. Comme les oiseaux commençaient à chanter, le philosophe se réveilla et s'enfonça son épée au-dessous de la poitrine ; sa main blessée l'empêcha de frapper un coup assuré et, en luttant contre la douleur, il tomba de son lit. Les entrailles lui sortaient du corps, un médecin pansa sa plaie, mais dès qu'il eut repris les sens, il arracha l'appareil, rouvrit la plaie et il expira.

La bataille de Thapsus modifia à nouveau la géographie administrative de l'Afrique. La Numidie et une partie du pays de Gétules devinrent provinces romaines.

Cette situation dura jusqu'à ce qu'Auguste, reconnaissant la difficulté d'assimiler ces contrées, crut devoir en confier le gouvernement à des princes indigènes. Dans la nouvelle organisation impériale, l'Afrique fit partie des provinces remises à l'administration du sénat et du peuple. Les districts détachés de l'ancienne province romaine furent donnés par Auguste à Juba II, prince éclairé et dévoué aux Romains. Les commencements du règne de Juba furent troublés par les incursions des Gétules ou Berbères Sahariens. Ces tribus turbulentes ne voulaient plus d'un maître devenu plus Romain qu'Africain. Juba finit cependant par les soumettre, grâce à l'appui des légions impériales. Il mourut l'an 23 de l'ère chrétienne, après un règne de près de cinquante ans, laissant un grand nombre d'ouvrages écrits en grec et la réputation d'un immense savoir. Son fils Ptolémée fut investi de l'héritage paternel par Tibère, mais Caligula le fit assassiner dix-sept ans plus tard et réunit définitivement toute l'Afrique du nord à l'empire romain.

L'histoire de l'administration romaine en Afrique ne fut marquée par aucun fait saillant. La civilisation latine rencontra, nous l'avons dit, une assez vive résistance auprès de ces populations nomades très attachées à leurs institutions, à leurs mœurs et même à leurs coutumes religieuses. Les langues punique et berbère demeurèrent maîtresses dans presque toutes les villes de l'intérieur, et, au IIIᵉ siècle, on voyait encore les enfants des grandes familles locales, comme Apulée, se rendre à Carthage ou à Rome pour y apprendre le latin, qu'ils ne connaissaient pas. Au IIIe siècle, la Numidie ne comptait encore que douze colonies romaines, et à Carthage même, centre intellectuel de l'Afrique du nord, la grande majorité de la population parlait le numide ou le punique. Les institutions religieuses de l'antique colonie phénicienne et les pratiques grossières de l'idolâtrie libyenne étaient restées toutes-puissantes dans l'imagination populaire. Le culte de Vénus Astarté et celui du dieu Melkarth, l'Hercule phénicien, survécurent longtemps encore après l'avènement du christianisme dans ces contrées. Tertullien et saint Cyprien constatent le fait avec douleur. Ces populations ardentes acceptaient volontiers une religion nouvelle, mais lui sacrifiaient difficilement les pratiques des anciens cultes qui plaisaient à leur imagination ou flattaient leurs tendances à la débauche.

Le christianisme subit la loi commune. Il paraît avoir rencontré peu de résistance auprès des classes inférieures de ces populations, dont les idées superstitieuses et le mysticisme étaient extrêmes. La nouvelle divinité prit place à côté de dieux indigènes à demi romanisés, Saturne, Astarté et Melkarth, à côté des dieux grecs et romains, Apollon, Cérès et Cybèle, et des divinités égyptiennes, Iris, Sérapis et Mithra. Vers quelle époque et par qui le christianisme fut-il porté en Afrique, on ne le sait pas. On peut croire cependant que la foi chrétienne vint tardivement. Dans sa controverse avec saint Augustin, Petilianus écrit que l'Afrique reçut l'Evangile après les autres provinces, et saint Augustin ne le contredit pas. En réalité, l'Église d'Afrique n'a pas d'histoire avant le II° siècle. Les rapports entre Rome et l'Afrique étaient étroits et fréquents, il est donc permis de supposer que les premiers confesseurs vinrent de Rome ou de l'Italie.

En Afrique, comme partout ailleurs, c'est dans les masses profondes des villes et des campagnes, de sang phénicien ou berbère, parmi les pauvres et les ignorants, que la foi chrétienne recruta ses adhérents. A la fin du II° siècle elle comptait déjà des Églises considérables. Tertullien, qui écrivait à cette époque, prétend que les trois provinces de l'Afrique cachaient plusieurs millions de chrétiens, mais on sait que le père africain avait une imagination très ardente. Selon lui, les fidèles de l'Évangile étaient en majorité dans toutes les cités. « Le monde romain deviendrait un désert, dit-il, s'ils se retiraient. » Carthage aurait compté à elle seule plus de 200,000 chrétiens. Ces chiffres sont évidemment exagérés.

Vers 215, l'évêque Agrippinus réunit, dit-on, en Numidie un synode auquel assistèrent soixante-dix-huit évêques; il y aurait donc eu à cette époque soixante-dix-huit églises chrétiennes constituées hiérarchiquement en Numidie? « On en doutera, dit avec raison un savant critique, M. Aubé, si l'on veut réfléchir qu'au concile de Carthage, tenu en 256 par Cyprien, on ne trouve pour la Numidie que trente-deux sièges épiscopaux et quatre-vingt-dix pour l'ensemble des trois provinces d'Afrique (1). » Il est

(1) *Les Chrétiens au III° siècle*, par B. Aubé. 1881.

d'ailleurs plus probable que l'organisation hiérarchique des Églises d'Afrique se fit assez lentement, car le premier évêque que l'on connaisse, Optatus, vivait à la fin du IIe siècle, et les historiens des martyres de sainte Félicité et de sainte Perpétue semblent attacher peu d'importance à ce personnage, qui occupait cependant l'évêché de Carthage. On montre même Optatus aux prises avec un autre prêtre chrétien, Aspasius, ce qui paraît indiquer que son autorité n'était pas acceptée par tous les fidèles.

En réalité, bien qu'avant saint Cyprien on ne connaisse guère que quelques noms d'évêques et de prêtres, il est hors de doute que le christianisme était déjà très florissant en Afrique lorsqu'eut lieu, sous Septime Sévère, ce que les historiens religieux ont appelé la sixième persécution. Les communautés chrétiennes de Carthage, Tunis, Madaure, Hadrumète, Sicca, Vacca, Hippone Zaryte et Hippone Royale avaient leurs évêques, leurs diacres, leurs trésoriers, leurs magistrats, un budget largement alimenté par des dons volontaires et des cotisations mensuelles, des lieux de réunion plus ou moins fixes et des lieux de sépulture ; des apôtres, des docteurs et des polémistes comme Minucius Félix et Tertullien. Sous le ciel brûlant de l'Afrique on juge si les débats devaient être vifs et les controverses passionnées. L'Église de Carthage n'avait encore subi aucune persécution, qu'elle était déjà profondément divisée. Les traités de Tertullien contre Praxias, Marcion, Hermogène, contre les erreurs des Valentiniens et des gnostiques, prouvent combien l'esprit de secte s'était développé au sein même de la jeune

Eglise. Cela tient vraisemblablement au climat et à la race, car quatre siècles plus tard nous verrons les populations tunisiennes adopter aussi rapidement l'Islamisme et devenir la proie facile de tous les agitateurs arabes qui voudront interpréter le Coran selon les rêves de leur imagination ou les calculs de leur politique.

Ainsi que nous l'avons dit plus haut, les écrivains de l'Église paraissent avoir exagéré les quelques faits de persécution qui eurent lieu au commencement du II° siècle en Afrique. La tâche des magistrats romains dans ce pays était depuis longtemps rendue difficile par l'exaltation des passions religieuses. Pertinax, pendant son proconsulat d'Afrique (188), avait dû réprimer des émeutes dues aux prédications enflammées des prêtresses de la déesse Céleste.

Les Juifs avaient provoqué également des manifestations antichrétiennes en promenant dans les rues, au milieu des rires et des huées de la foule, une enluminure burlesque représentant un personnage vêtu de la toge, ayant un livre en mains, et orné d'oreilles d'âne et d'un pied fourchu. Au-dessous on vivait cette légende :

C'est le Dieu des chrétiens, il couche avec les ânes.

Pertinax paraît avoir été peu sensible aux accusations et aux dénonciations de toute sorte que les païens et les Juifs dirigeaient contre les chrétiens. Didius Julianus, qui lui succéda comme proconsul, ne se montra pas plus favorable aux injonctions populaires. Sous l'empereur Commode, les chrétiens ds Thysdrus et de Carthage eurent à subir quelquee procès, mais les magistrats les acquittèrent, plus désireux de maintenir la paix de la cité que d'appliquer les lois et de défendre la religion officielle.

Les premiers martyrs connus en Afrique sont : Nemphamo, Miggin, Licitas, Samaé et quelques citoyens de Madaure, de sang punique. Ils paraissent avoir été jugés et exécutés à Carthage. Ce premier sang versé, si l'on en croit les passionnaires chrétiens, provoqua la populace païenne à de nouvelles dénonciations. Les prisons se remplirent, de cruels supplices furent ordonnés. Jucundus, Saturninus, Artaxius et quelques autres furent brûlés vifs. La communauté chrétienne dut cacher ses mystères. Des païens fanatiques surveillaient ses assemblées, les surprenaient et les dispersaient. On faisait main basse, dit Tertullien, sur tous ceux qui se laissaient prendre.

C'est vers l'an 200 qu'eut lieu le célèbre procès des martyrs de Scylla, où périrent douze fidèles : huit hommes et quatre femmes, la plupart de nom et de sang punique. Ce fait de persécution est particulièrement intéressant, parce qu'il est le premier sur lequel nous possédons des documents ayant un caractère d'une authenticité relative. Le proconsul romain Saturninus paraît avoir conduit les débats avec une grande douceur et le désir sincère de sauver la vie des accusés ; mais Spératus, Cittius et les autres chrétiens étaient fort exaltés et semblaient réclamer la mort. Ayant refusé, malgré les prières du proconsul, de rendre à l'empereur les devoirs prescrits par les lois, ils furent exécutés à Carthage le 16 juillet de l'an 200.

Le fanatisme païen avait été un instant calmé par

ces exécutions, lorsqu'un incident inattendu vint soulever de nouveau la tempête. Un soldat refusa le *donativum*, c'est-à-dire le présent qu'on donnait à l'avènement de chaque nouvel empereur. Interrogé sur le motif de cette manifestation qui avait fait scandale, il rendit son épée en déclarant qu'il était chrétien. Il y avait un acte flagrant d'indiscipline, le soldat fut conduit chez le préfet. Nous ignorons la fin de l'histoire, mais la scène provoqua une très vive agitation dans les esprits et la persécution recommença avec plus de violence. En 202, des émeutes populaires éclatèrent contre les chrétiens, leurs cimetières furent violés et des pierres lancées aux fidèles. Plusieurs chrétiens furent livrés aux tribunaux. Castus et Émilius, après avoir renié leur foi, s'offrirent de nouveau aux juges et attestèrent leur dévouement au Christ dans des supplices. Saint Cyprien signale également trois autres martyrs à cette époque : Célérina, Laurentius et Ignatius.

Le règne de Septime Sévère fut marqué par des faits de persécution non moins mémorables, le martyre de Félicité et de Perpétue en l'an 202, et l'exécution en l'an 203 d'une vierge nommée Guddène, qui fut à quatre reprises étendue sur le chevalet et horriblement déchirée par les ongles de fer avant d'être décapitée.

L'exécution de Félicité, de Perpétue et de leurs compagnons eut lieu à Carthage pendant les jeux célébrés pour fêter l'anniversaire de la nomination de Géta, deuxième fils de Sévère, à la dignité de César. On avait arrêté plusieurs néophytes chrétiens, la plupart esclaves, Révocatus, Saturninus, Sécundulus, Saturus, Félicitas, jeune esclave enceinte de huit mois, et enfin avec eux Vibia Perpétua, jeune femme de naissance libre, mariée, ayant un enfant. Les *Actes* de Perpétue et de Félicité nous rapportent que ces chrétiens furent jetés dans une prison sans air ni lumière, mais qu'on obtint à prix d'argent de leurs gardiens la permission de les faire respirer quelques heures par jour dans une enceinte plus vaste et plus saine. Ils nous racontent également les scènes touchantes de Perpétue avec son père, qui était païen. Celui-ci essaya à plusieurs reprises de fléchir sa fille : « Aie pitié de mes cheveux blancs, dit-il, aie pitié de ton père, songe à tes frères, à ta mère, à ton mari, songe à ton fils qui mourra si tu n'es plus là, adoucis tes fiers sentiments et ne nous perds pas tous avec toi. » « En parlant ainsi, dit Perpétue, dans sa pieuse tendresse il me baisait les mains, se roulait à mes pieds. Et moi, j'étais pénétrée de douleur, et je disais en essayant de relever son cœur : « Il arrivera devant le tribunal ce que Dieu aura voulu ; sache bien que nous ne dépendons pas de nous, mais de lui seul. »

A une première comparution, les accusés refusèrent de sacrifier aux dieux ; le proconsul les fit ramener en prison ; ils y restèrent de longs jours. A la seconde comparution, le proconsul réitéra sa demande ; il fit comprendre aux accusés que le texte des lois était formel et qu'ils encouraient la peine de mort. Le père, la mère et le mari de Perpétue, tous en larmes, se pressaient autour d'elle. On attacha à son cou les bras de son petit enfant, mais, regardant l'enfant et repoussant les siens, elle dit : « Laissez-moi, ouvriers d'iniquités, je ne vous connais point. » Alors le proconsul, voyant qu'on ne pouvait la fléchir, rendit sa sentence : Saturus, Saturninus et Révocatus, battus de verges, Félicité et Perpétue soufflétées, ramenées en prison, seraient exposés aux bêtes à l'anniversaire de César. L'exécution eut lieu au jour indiqué. Perpétue entra dans l'arène en chantant, Sécundulus était mort en prison, les autres apparurent en menaçant le peuple du geste et de la voix. Le peuple, irrité de leur insolence, demanda qu'on les fît passer par les fouets. Les bêtes furent lâchées ensuite. Saturninus et Révocatus furent déchirés par un léopard et un ours, Perpétue et Félicité livrées aux atteintes d'une vache furieuse.

La persécution dura encore un an; puis il y eut une longue trêve ; la guerre contre les chrétiens ne recommença dans les provinces d'Afrique qu'en l'an 211. Dans la province proconsulaire que gouvernait alors Scatula, les condamnés furent mis à la question, livrés aux bêtes et brûlés vifs. Carthage, Utique et Adrumète furent particulièrement décimées. D'après la tradition, l'Église retrouva cependant la paix dès l'année 212, et pendant cinquante ans les chrétiens, libres de professer en paix leur religion et leur doctrine, firent succéder à l'union et au dévouement dont ils avaient donné l'exemple, le scandale, le schisme et les divisions sans nombre. On dut réunir plusieurs conciles pour essayer de mettre fin à ces dissensions intestines qui ne s'arrêtèrent qu'un instant, en 256, lors du martyre de saint Cyprien, évêque de Carthage.

Ces querelles d'Église à Église prirent encore un

plus grand développement au commencement du
iv° siècle. Mensuris, évêque de Carthage, fut violemment arraché de son siège épiscopal et remplacé
par Cécilien. Celui-ci fut chassé à son tour et forcé
de céder l'épiscopat à Majorien. Carthage eut alors
deux évêques à la fois, Cécilien et Majorien, nommés
le premier par les orthodoxes, le second par les schismatiques. Après une longue série de violences les
deux partis, ne pouvant s'accorder, en appelèrent à
l'empereur Constantin. Un nouveau concile provincial
fut assemblé; mais ses décisions ne pacifièrent point
les esprits. La lutte recommença dans le sein même
de l'épiscopat. Les délégués de l'Empereur avaient
commis l'imprudence d'élever Cécilien à la dignité
de primat d'Afrique sans consulter les évêques de
Numidie : soixante-dix de ceux-ci protestèrent et
opposèrent l'évêque Donat comme primat légitime.

Les décrets des conciles de Rome et d'Alexandrie
et les décisions impériales confirmèrent Cécilien
dans son poste; mais Donat, évêque des Casenoires
en Numidie, provoqua des émeutes, fit déposer
Cécilien et prit la direction du diocèse primatial de
Carthage malgré une excommunication du pape Miltiade. Ces querelles religieuses, auxquelles était mêlé
tout le clergé d'Afrique, ne tardèrent pas à se changer en guerre civile. Le gouvernement s'était montré
très sévère dans la répression des émeutes précédentes. Plusieurs Donatistes avaient préféré le martyre plutôt que de renoncer à leur croyance.

Les populations étaient très divisées ; les classes
inférieures avaient pris parti pour les Donatistes,
qui représentaient l'élément piétiste et le parti de
l'indépendance africaine, religieuse et politique.

Les esclaves, les colons, les petits propriétaires ruinés par le fisc formèrent des bandes qui prirent le nom de Circoncellions. Les questions de dogme et nationalité se compliquaient de questions agraires; les nouveaux prosélytes développèrent le schisme religieux en lui donnant pour but une révolution sociale et le règne de l'égalité parfaite sur la terre.

De violentes émeutes éclatèrent à Carthage, à Tunis et dans les campagnes environnantes; on envoya contre les révoltés des troupes qui en firent un grand carnage. Enfin, en l'an 355, Donat, évêque des schismatiques, fut décidément chassé de Carthage et de Tunis et mourut peu après.

Le Donatisme ne périt pas avec lui; on retrouve sa main dans les troubles civils qui désolèrent l'Afrique jusqu'au ve siècle. Vers 397, un prince maure, Gildon, auquel Théodose avait confié le gouvernement de l'Afrique, conçut le projet de se rendre indépendant. Gildon était païen, mais protecteur zélé des Donatistes et des Circoncellions, s'appuyant ainsi sur le parti national africain et sur une secte religieuse fort répandue et fort active. Un seul chiffre fera connaître l'importance qu'avaient encore les Donatistes. Au concile de Carthage, cinquante-six ans après la mort de Donat, on comptait en Afrique 279 évêques donatistes sur une assemblée de 576 membres. Saint Augustin, le célèbre évêque d'Hippone, fut le plus redoutable adversaire de cette hérésie qui mit à la fois en péril et l'orthodoxie chrétienne et l'autorité de l'empire et qui ne cessa qu'avec la conquête arabe.

Gildon fut vaincu sans peine par une armée de vétérans romains et gaulois. Pendant trente ans l'Afrique jouit d'une paix profonde au cours de laquelle une administration bienfaisante put réparer les ruines causées par un demi-siècle de luttes religieuses et civiles. Mais en 429 un nouveau fléau, pire que les précédents, les Vandales, vint ravager cette malheure contrée. Le roi Genséric passa le détroit avec une armée d'invasion composée de 50,000 barbares et qui s'accrut bientôt de tous les révoltés, Maures, Donatistes, Romains même ; en un mot de tous les éléments de désordre que les anciennes guerres avaient laissés derrière elles. Les Vandales portèrent partout le fer et la flamme, et les auxiliaires qu'ils avaient recrutés dans le pays ne se montrèrent pas les moins cruels.

Le comte Boniface, gouverneur de l'Afrique, avait appelé les Vandales pour faire peur à Valentinien, qui voulait lui retirer son commandement. Maintenu dans son poste, le général romain voulut arrêter les Vandales ; mais il était trop tard. Genséric s'empara successivement d'Hippone où mourut saint Augustin, et dont le siège dura quatorze mois ; quelques années après il s'empara de Carthage par surprise et occupa toute l'Afrique consulaire et la Byzacène. Les terres furent partagées dans les mêmes formes qui présidaient chez tous les peuples du nord. Les guerriers vandales reçurent les terres à titre de fief, mais les anciens habitants ne furent dépouillés ni de leur liberté ni de leurs propriétés qu'ils gardèrent comme fermiers moyennant un impôt déterminé.

La possession des ports de Carthage, de Tunis et de Bizerte permit aux Vandales d'organiser une marine puissante. Pendant quarante ans leurs flottes allèrent librement ravager les côtes italiennes, piller Rome, dévaster la Grèce, la Dalmatie et l'Épire.

Carthage semblait revoir les beaux jours des Magon et des Amilcar. Genséric avait fait de Tunis et de Carthage la double capitale de son nouvel empire, il entassait dans ces deux villes les innombrables richesses que ses pirates dérobaient à la Grèce et à l'Italie. Législateur et homme politique autant que grand général, il avait donné à son peuple et à ses sujets d'excellentes institutions administratives; enfin, grâce à lui, une sorte d'unité apparente s'était introduite dans l'Église d'Afrique, à laquelle il avait fait adopter l'arianisme.

L'œuvre de Genséric dura près d'un siècle, sous ses quatre successeurs Hunérich, Gunthamund, Thrasamund, puis Hildérich. Ce dernier, élevé auprès de l'empereur Justinien, avait reçu une éducation catholique; lorsqu'il voulut permettre aux orthodoxes de rouvrir leurs églises, et aux évêques catholiques de rentrer dans leurs diocèses, Gélimer, un de ses généraux, fut proclamé roi à sa place, et Hildérich jeté en prison après le massacre de ses partisans. Gélimer se croyait assuré du trône, lorsque Bélisaire débarqua en Afrique sur l'ordre de Justinien, avec mission de rétablir la domination romaine. L'armée de Bélisaire comptait 15,000 soldats égyptiens, asiatiques, et un millier de Hérules et de Huns; une flotte de 500 vaisseaux débarqua cette armée à Caput Vada, c'est-à-dire du côté de Gabès. Bélisaire avait donné l'ordre à ses troupes de s'abstenir de tout pillage et de payer les objets nécessaires à leur consommation. Les habitants, peu habitués à ces procédés, ne songèrent pas à résister à une armée aussi clémente pour le vaincu. Toutes les villes africaines ouvrirent leurs portes. Gélimer, battu deux fois, se sauva dans les montagnes de la Numidie; mais, livré aux Grecs, il fut emmené prisonnier à Constantinople. La nation vandale disparut; les uns furent réduits en esclavage, les autres, incorporés dans l'armée impériale, furent envoyés vers les frontières de Perse. Bélisaire, avant de quitter l'Afrique, avait rendu à l'Église catholique la juridiction, les richesses et les privilèges que l'hérésie arienne lui avait enlevés. Quant au paganisme, il demeurait encore vivace dans les campagnes et dans les villes de l'intérieur. On peut s'en rendre compte par ce fait qu'au milieu du v° siècle soixante chrétiens furent égorgés à Suffetula dans la Byzacène pour avoir renversé une statue d'Hercule.

Les victoires de Bélisaire ne rendirent pas la paix à l'Afrique ruinée par la guerre, la mauvaise administration et les fureurs mystiques qui dépeuplaient les villes et les campagnes au profit des couvents. Les champs étaient abandonnés, les villes ruinées. Lorsque les Vandales survinrent, Honorius avait dû exempter de l'impôt 5,700 portions de terrain sur 14,000. Sur les 15,000 domaines de la Byzacène, 7,000 avaient été abandonnés par les propriétaires et les colons. La misère des populations encourageait les incursions des tribus gétules et berbères de la Numidie, qui ravageaient sans cesse les villes du littoral. Les officiers impériaux essayèrent d'arrêter ces dévastations, mais ils ne purent y parvenir qu'après plusieurs années de luttes et non sans avoir vu ravager les environs de Carthage. L'Afrique goûta la paix pendant quatre ans ; puis, un neveu du gouverneur romain ayant fait assassiner quatre-vingts indigènes qui s'étaient rendus auprès de lui avec un sauf-conduit, toutes les tribus prirent les armes. Le gouverneur grec Salomon fut vaincu et tué à Theveste. Pendant trois années le pays fut en proie à l'anarchie la plus violente, et le nouveau gouverneur, Jean Troglita, ne put rentrer victorieux à Carthage qu'en 550, après une longue lutte terminée par la mort des principaux chefs de tribus. Durant un siècle que se prolongea la domination byzantine, l'empire grec n'exerça plus sur toutes ces contrées qu'une suzeraineté nominale. La population des colonies romaines avait presque complètement disparu, les campagnes étaient désertes, et dans les villes il ne restait plus que l'ancien élément indigène mélangé avec des éléments barbares. Les tribus nomades de l'Atlas et de l'Aurès n'avaient pas plus été civilisées par les évêques chrétiens que par les généraux de Carthage et de Rome.

Leurs instincts indépendants et pillards s'étaient ravivés plus violents que jamais au contact des querelles religieuses et des invasions barbares. L'empire grec, menacé de tous côtés, songeait avant tout à défendre ses riches provinces d'Asie ; il n'envoyait ses généraux et ses flottes en Afrique que lorsque les Perses et les barbares d'au-delà du Danube lui laissaient quelque répit ; les malheureuses cités de l'Afrique et de la Byzacène n'avaient plus aucune sécurité, abandonnées souvent pendant de longues années sans défense aux incursions des nomades ou frappées subitement de lourds impôts de guerre lorsqu'une armée impériale arrivait à leur secours. C'est dans cette situation lamentable qu'il faut chercher le secret du peu de résistance que rencontrèrent successivement en Afrique, au v° siècle, l'invasion des Vandales et, au vii°, les invasions des Perses de Chosroès et des Arabes d'Okba.

CHAPITRE III

LA TUNISIE SOUS LA DOMINATION ARABE ET BERBÈRE

(643-1574)

Ressemblances entre les Arabes et les Berbères. — Premières expéditions arabes. — Abdallah-ben-Sayd. — Ebn-Khadidjeh. — Conquête et administration d'Okba. — Fondation de Kaïrouan. — Insurrections berbères. — Koucila et Damyah. — Ben-Naman et l'administration musulmane. — Schismes dans l'islamisme. — Anarchie religieuse et politique. — Les dynasties berbères. — Les Aghlabites. — Obéid-Allah. — Dynastie arabe des Fatimites. — Dynastie berbère des Zéirites. — Domination des Almohades du Maroc. — Dynastie berbère des Hafsides. — Les Mérinides du Maroc. — Moulay-Hassan, Barberousse et Charles-Quint. — Les Espagnols à Tunis et à la Goulette. — Projets de Barberousse et des Turcs sur Tunis. — Sinan-Pacha. — Conquête de la Tunisie par les Turcs. — Hamidah, le dernier prince hafside. — Massacre des Espagnols. — Établissement de la domination turque.

La conquête de l'Afrique par les Arabes ne demanda que quarante ans. Les disciples de Mahomet trouvaient devant eux des peuples frères, les Berbères et les Phéniciens. D'origine sémite comme les Arabes, les descendants des Carthaginois et des Numides avaient un trop grand nombre de traits communs avec leurs nouveaux conquérants pour résister longtemps à l'invasion orientale. D'après les traditions musulmanes, les populations nomades de l'Afrique du nord appartenaient à la grande famille abrahamique ; ils descendaient des Chananéens de Goliath dispersés, disent les chroniques, vers l'est et le sud après les victoires de David. D'autres traditions donnaient pour origine aux Berbères cinq tribus arabes émigrées à une époque très reculée sous la conduite d'un chef nommé Afrikis. Ces cinq tribus, dont on retrouve les noms dans un grand nombre de peuplades ou de villes de la Tunisie, de l'Algérie ou du Maroc, s'appelaient les Zénata, les Hahouara, les Senadja, les Ghoumra et les Masmouda.

Quoi qu'on pense de ces traditions, que l'on rattache les populations berbères au grand tronc sémitique ou qu'on les considère comme d'origine indo-européenne, on est obligé de reconnaître que, soit effet du climat, soit communauté d'origine, ces races avaient, dans leur esprit et leurs mœurs, un grand nombre de points de contact avec l'élément arabe et devaient se fondre rapidement avec lui.

D'ailleurs, comme nous l'avons dit plus haut, tout conspirait pour les nouveaux envahisseurs : la faiblesse de l'empire grec, les discordes violentes des sectes chrétiennes, la dépopulation du pays ruiné par une mauvaise administration et par les incursions de tribus barbares, l'insécurité des villes dont les Vandales avaient démantelé toutes les fortifications. Le fruit était mûr et devait tomber au premier souffle du vent.

Ce fut le célèbre Amrou, le conquérant de l'Égypte, qui dirigea le premier l'attention des Arabes vers le Maghreb. Si l'on en croit les historiens arabes, des

Berbères de la Tunisie auraient suggéré à Amrou l'idée de ces nouvelles conquêtes. Six Africains arrivés de la Byzacène se présentèrent devant Amrou, demandant à se convertir à l'islamisme. Une fois convertis, ils se firent forts de conquérir leurs compatriotes à leur religion nouvelle. Le tableau qu'ils tracèrent de l'anarchie des chrétiens d'Afrique et du peu d'autorité dont jouissaient les gouverneurs byzantins décida Amrou. Les six Berbères furent mis à la tête de partis de cavalerie qui furent chargés d'explorer le pays. C'était en l'an 23 de l'hégire, en l'an 643 de l'ère chrétienne. Les éclaireurs arabes, guidés par les Berbères, traversèrent successivement le pays de Barcah, la Tripolitaine et le Fezzan. Trop faibles pour aller plus avant dans l'ouest, les Arabes retournèrent en Égypte, recommençant ces explorations militaires jusqu'en l'an 648.

Pendant ce temps les habitants et les gouverneurs de l'Afrique et de la Byzacène vivaient dans la sécurité la plus parfaite, occupant leurs loisirs aux plaisirs du cirque et aux querelles religieuses. Alors que les musulmans ravageaient la Cyrénaïque et venaient promener l'étendard du Prophète jusqu'aux portes de Leptis et d'Adrumète, les évêques de l'Afrique et de la Numidie se réunissaient en concile à Carthage et livraient combat à l'hérésie des monothélistes ; il fallut cependant se rendre à la réalité. En 647, Abdallah-ben-Sayd, frère de lait du calife Othman, fit irruption en Tunisie avec 20,000 guerriers. Le patrice Grégoire, qui commandait la province au nom de Constantinople, fut vaincu et tué, dans une sanglante bataille. Abdallah mit le siège devant Gabès, et s'empara de Suffetula, une des principales villes de la Byzacène, aujourd'hui Sbaitla, petit village au sud-ouest de Kairouan. Les vainqueurs séjournèrent quinze mois dans le pays, rançonnant les villes, convertissant la population de force, ou la réduisant en esclavage. Les Arabes remirent cependant à une autre époque l'occupation définitive et l'administration du pays. Ils se contentèrent de s'établir fortement dans la Tripolitaine.

Les dissensions qui éclatèrent à la mort du khalife Othman préservèrent l'Afrique pendant quelques années. Les chrétiens ne profitèrent point de cette trêve pour organiser la défense. Quant aux empereurs grecs, comme s'ils pressentaient la perte prochaine de ces provinces, ils ordonnèrent, sous prétexte de défense, la levée de lourdes contributions qui épuisèrent les dernières ressources du pays. Les populations en souffrirent à un tel point qu'elles furent les premières à désirer une nouvelle invasion des Arabes. L'islamisme avait alors pour chef le khalife Moaviah, fondateur de la dynastie des Ommyades. La guerre sainte fut prêchée en Arabie, et une nouvelle croisade religieuse s'organisa pour la conquête de l'Afrique. En l'année 665, Ebn-Kadidjedh, lieutenant de Moaviah, pénétra en Afrique, suivi d'un grand nombre de guerriers de la célèbre tribu arabe des Koréichites ; son armée ne comptait pas moins de 10,000 hommes et parmi eux Abdallah-ben-Sayd, le chef de l'expédition précédente. Les Grecs répondirent en expédiant une armée de 30,000 hommes, qui vint établir son camp à Adrumète (Sousa). Les Grecs ne tardèrent pas à être attaqués. Complètement battus, ils durent céder aux vainqueurs toutes les villes de la côte, Sousa, Djerba, Djeloula et Bizerte. Les musulmans, encouragés par leurs succès, allèrent même ravager les côtes de la Sicile ; mais, cette fois encore, l'invasion arabe eut le caractère d'une croisade religieuse plutôt que d'une conquête politique. Les vainqueurs ne firent aucun acte d'administration et l'occupation définitive fut ajournée à l'expédition suivante.

Le véritable conquérant du Maghreb devait être Okba-ben-Nafy, général arabe qui avait fait ses premières armes dans les invasions précédentes. Okba fût nommé gouverneur de l'Afrique musulmane en l'année 50 de l'hégire (669). A la tête d'une armée de 10,000 croyants, parmi lesquels on comptait déjà un grand nombre de Berbères, Okba s'empara de Ghadamès et parcourut en maître toute la Tripolitaine et la Tunisie. Le premier des généraux arabes, il s'occupa d'organiser la nouvelle administration des pays conquis. Afin d'avoir un centre religieux et politique où la domination arabe fût à l'abri de toute surprise, il fonda la ville de Kairouan située à 50 kilomètres au sud-ouest de Sousa au milieu d'une vaste plaine. Il y établit le siège de son gouvernement et y construisit un grand nombre de mosquées. Voici en quels termes Okba annonça la fondation de cette ville : « Quand les généraux musulmans entrent en Afrique, les habitants mettent leur vie et leurs biens à l'abri du danger en faisant une profession de foi islamique. Dès que l'armée se retire, ils se rejettent dans l'infidélité. Il faut, ô musulmans, créer une ville qui serve de camp et de remparts à la foi de Mahomet. » Le gouvernement d'Okba fut interrompu pendant une année par une fantaisie du gouverneur de l'Égypte, qui lui donna pour successeur un esclave affranchi. La ville de Kairouan fut abandonnée et remplacée par une capitale nouvelle située à 2 milles de là. Le nouveau gouverneur arabe s'empara de la presqu'île comprise entre Hammamet et le cap Bon restée jusquelà insoumise; mais son administration fut si maladroite et si pesante pour les populations, que le khalife Yésid dut le rappeler et renvoyer Okba à sa place. Le premier soin d'Okba fut de restaurer la ville de Kairouan et de rétablir le prestige de l'autorité musulmane parmi les tribus des montagnes de l'Aurès.

Poursuivant le cours de ses victoires, il soumit successivement au Croissant l'Algérie, le Sahara alors habité par de grandes confédérations, puis pénétra dans le Maroc qu'il conquit jusqu'à la mer. La légende raconte qu'arrivé aux bords de l'Atlantique, il poussa son cheval jusqu'au poitrail dans les flots et levant la main vers le ciel, s'écria : « Vous connaissez, ô mon Dieu, la pureté de mes intentions. Je vous supplie de m'accorder la grâce demandée par Alexandre le Grand, qu'il me soit permis d'amener tous les hommes à vous adorer!... » Okba, fier de ses conquêtes, revenait à Kairouan lorsqu'il fut arrêté par une insurrection qui venait d'éclater au sud de Constantine. Cette insurrection avait pour chef un chef berbère nommé Koucila, converti à l'islamisme. Koucila rallia rapidement les tribus des montagnes et reçut des secours des gouverneurs grecs qui occupaient encore plusieurs villes du littoral, notamment Tunis, Carthage, Hippone et Icosium ; il s'empara de Kairouan et chassa les Arabes qui durent évacuer tout le pays du Maghreb pendant six ans. Okba, menacé d'être pris, se fit tuer. L'an 69 de l'hégire les musulmans revinrent en nombre, réoccupèrent Kairouan. Koucila périt à son tour, Carthage fut menacée, et l'Afrique tout entière eût été reprise sans une armée grecque qui mit en déroute les Arabes près de Barka.

Pour venger cette défaite, en l'an 76, une cinquième invasion arabe eut lieu sous les ordres de Hassan-ben-Nâman. Les Grecs furent chassés de toutes les villes qu'ils possédaient, à l'exception d'Hippone royale. Tunis, Carthage et Bizerte tombèrent aux mains des vainqueurs. La ville d'Hippone (Bône), restée seule hors des atteintes des Arabes, devint le centre de ralliement des tribus indépendantes et des populations chrétiennes qui avaient échappé au fer des conquérants. Une femme berbère chrétienne, issue d'une noble famille, Damyah, souleva toutes les populations nomades des montagnes, se mit à leur tête et battit les musulmans près de Gabès. Le gouverneur arabe Ben-Noman dut se retirer dans la Cyrénaïque et demander des secours au khalife. La guerre recommença cinq ans après. La reine berbère, apprenant les immenses préparatifs qu'on faisait contre elle, ordonna à ses sujets de ravager les campagnes, de couper les arbres, de démolir les édifices, afin de faire le vide devant les envahisseurs. L'Afrique chrétienne et berbère ne fut point sauvée par ces héroïques mesures. Damyah livra bataille, eut son armée mise en fuite ; tombée elle-même au pouvoir des Arabes, elle eut la tête tranchée. Les Arabes montrent encore au village d'El-Djem le souterrain par lequel Damyah essaya de se sauver. Le village d'El-Djem est célèbre par les ruines de son amphithéâtre romain, qui paraît avoir appartenu à l'ancienne ville de Thysdrus, où les Gordiens furent proclamés empereurs. Cet amphithéâtre communiquait souterrainement avec la ville de Selecta, située à 10 kilomètres de là près de la mer.

Le christianisme africain avait accompli son dernier effort. Les fils de Damyah embrassèrent l'islamisme et furent envoyés chacun à la tête d'une armée pour reconquérir le Maroc. Ben-Noman, maître absolu de la Tunisie et de l'Algérie, s'occupa de pacifier ces contrées et d'y organiser une administration musulmane, il rédigea le règlement des impôts à percevoir, et institua pour les anciens propriétaires des fonds ruraux le Karadj ou tribut fixe proportionnel au rendement de la terre. Le sol fut immobilisé au profit de la communauté musulmane, et la race indigène ne put le détenir qu'à titre de fermage ou d'usufruit sans pouvoir l'aliéner. Tous les sujets non convertis furent soumis à un impôt de capitation nommé Djedzia, les musulmans ne devant au contraire à l'État que le Zekket, sorte de contribution participant de l'impôt et de l'aumône. Cette législation fut appliquée dans tout le Maghreb, c'est-à-dire dans toute la Tunisie, l'Algérie et le Maroc. Cette période vit s'achever la conquête religieuse du pays par l'islamisme. Les évêques et les prêtres chrétiens se dispersèrent ou s'enfuirent en

Italie et en Espagne. Jusqu'au xi⁰ siècle il resta quelques chrétiens et cinq évêques administrèrent l'Église d'Afrique; mais vers 1076 ces évêques étaient réduits au nombre de deux, et ces deux prélats étaient presque constamment en lutte ouverte. Les derniers chrétiens disparurent au xii⁰ siècle, exterminés par les princes de la dynastie des Almoravides.

De l'année 80 à l'année 130, l'Afrique musulmane fut administrée par des gouverneurs nommés par les khalifes de Bagdad. Cette période fut marquée principalement par des schismes religieux de l'islamisme et par une révolte de toutes les tribus berbères; les luttes qui eurent lieu en Arabie entre les partisans d'Ali, gendre du Prophète, et ceux de Moawiah eurent leur contre-coup en Afrique. Des sectes religieuses se formèrent pour appeler les peuples musulmans à l'indépendance et les inviter à secouer le joug des khalifes de Bagdad. Les Berbères qui avaient accueilli jadis avec empressement les hérésies de Donat et d'Arius ne se montrèrent pas moins favorables aux nouveaux schismatiques musulmans, les Khouaredj. La turbulence héréditaire des tribus se réveilla. Kaltoum, gouverneur de l'Afrique, fut battu et tué près de Tanger. Le khalife Hachem dut appeler aux armes toutes les milices de l'Orient. L'armée arabe rencontra les rebelles au nombre de 300,000 près de Kairouan, le combat fut des plus sanglants, la victoire resta aux troupes du khalife, les Berbères laissèrent 180,000 cadavres sur le champ de bataille. Malgré cette cruelle épreuve, la pacification ne fut pas de longue durée, les Khouaredj soulevèrent de nouveau à trois reprises différentes les tribus nomades, et la ville de Kairouan dut subir plusieurs sièges. Les khalifes orientaux n'étaient plus en quelque sorte que les maîtres nominatifs des côtes africaines, et ce n'est que vers l'année 184 qu'un gouvernement régulier fut établi sur ces contrées.

Ibrahim-ben-Aglab, fondateur de la première dynastie tunisienne, avait été envoyé à Kairouan par le célèbre khalife Haroun-al-Raschid. Nommé d'abord commandant de la province du Mzab, il s'y montra le ferme soutien du khalife. En 184 de l'hégire (800), nommé gouverneur de l'Afrique, il se déclara indépendant en substituant son nom au nom d'Haroun dans les prières du vendredi. Il choisit la ville de Kairouan pour siège du royaume et entreprit une série d'expéditions pour soumettre à son pouvoir les émirs placés sous ses ordres. Il n'y arriva pas sans rencontrer certaines résistances, et Tunis devint un instant la proie d'une insurrection berbère.

Ibrahim mourut en 196, laissant à son fils Abdallah toute l'Afrique pacifiée. Le règne de son second fils, Ziadet Allah, fut signalé par plusieurs évènements remarquables, notamment par la conquête de la Sicile. Ce dernier mourut en l'an 223 et eut pour successeurs Aboul-Akkal, puis Ahmed-Aboul-Abbas à qui l'on doit la construction du grand aqueduc et de la mosquée qui sont près de la porte de la marine à Tunis. Le trône passa ensuite à Ziadet-Allah II, à Abou-Ichad-Ibrahim sous le règne duquel Tunis devint capitale du royaume Aglabite. Son successeur Ziadet-Allah III, dernier prince de la dynastie, fut vaincu et chassé par un chef de partisans nommé Abdallah qui s'empara bientôt de tout le royaume. Les Aglabites comptent parmi les princes musulmans les plus audacieux de l'Afrique. Ils firent la conquête de la Sicile, s'emparèrent d'un grand nombre de villes de l'Italie, pillèrent Rome, Naples, s'emparèrent de Gênes et emmenèrent une grande partie des habitants comme esclaves. Cette dynastie, qui régna sur Tunis pendant toute la durée du ixe siècle, fonda la ville de Rakkada qui devint pour les savants de l'Islam un des centres religieux les plus renommés. Ces princes sont cités par les écrivains musulmans comme d'habiles administrateurs. Ibrahim-ben-Ahmed notamment a laissé la réputation d'un prince juste, énergique et ayant fait vivre ses sujets dans la paix et la prospérité.

Abdallah ne jouit pas longtemps de sa victoire. Obéid-Allah, descendant du prophète Ali et fondateur de la dynastie des Fatimites (descendants de Fatime, fille de Mahomet et femme d'Ali), s'empara de Kairouan et bientôt après de toute l'Afrique occidentale. Ce n'est pas ici le lieu de donner la biographie des princes Fatimites, qui appartiennent plus à l'histoire de l'Égypte qu'à celle de la Tunisie. Pendant 60 ans le royaume de Kairouan et de Tunis fut administré par des vice-rois, dont le dernier et le plus célèbre fut Yousouf-ben-Zeïri, de la tribu berbère des Senadja. Ce Yousouf, né près de Sousa, se rendit à peu près indépendant, il administra avec la plus grande habileté pendant 26 ans. Son fils Benkine-ben-Ziri passa la plus grande partie de son règne dans des guerres contre les tribus algériennes et marocaines ; il leur prit Tlemcen, Fez, Sedjelmès. La fin de son règne ainsi que ceux de son fils et de son petit-fils furent presque continuellement troublés par des rébellions et par des efforts impuissants pour conserver la Sicile. Témym, cinquième prince zéirite, eut également à réprimer plus d'un soulèvement et dut plusieurs fois mettre le siège devant Gabès, Sfax et Tunis révoltées. Ce fut sous le règne de l'un de ses successeurs, Hassan, que, l'an 1125 de l'ère chrétienne. le roi Roger de Sicile descendit pour la première fois sur les côtes d'Afrique. Pendant 30 ans, Normands et Arabes se disputèrent la possession du littoral compris entre Gabès et Tunis. Les villes de la côte furent successivement perdues et reprises par les Arabes jusqu'au moment où le sultan Abd-el-Moumen, des Almohades du Maroc, vint chasser tous les chrétiens de l'Afrique (1160).

La dynastie des Almohades resta maîtresse de Tunis jusqu'en 1206, époque à laquelle s'établit une nouvelle dynastie indigène, celle des Beni-Hafs. Cette famille tirait son origine d'une tribu berbère suivant les uns, d'une tribu nègre suivant d'autres. Le premier prince de la dynastie fut Abou-Mohammed-el-Ouahed, qui semble avoir appartenu à la tribu des Hentata, fraction des Masmouda. Les Almohades avaient confié à cet émir le gouvernement de la Tunisie. Son successeur Abou-Zakaria se proclama indépendant, mais le vrai fondateur de la dynastie des Ben-Hafs fut le fils de Zacharia, Mostanser-Billah, sous lequel eut lieu la célèbre expédition de saint Louis. Ce prince berbère, qui montra dans cette circonstance certaines qualités militaires, fit preuve également d'un grand esprit administratif;

il renouvela fréquemment des conventions commerciales avec les Génois, les Pisans, les Vénitiens et les Florentins. Sous son règne des comptoirs européens s'établirent à Tunis, à la Calle, à Bône, à Djidjelli, Bougie et Alger.

Mostanser-Billah eut une dizaine de successeurs qui continuèrent la dynastie des Beni-Hafs jusqu'en 1347. Les règnes de ces souverains furent marqués par des révolutions de palais, des insurrections continuelles. Plusieurs de ces princes furent massacrés sur le trône, et à la faveur de ces dissensions la Tunisie passa entre les mains de la dynastie des Mérinides du Maroc. L'histoire se tait sur cette dynastie. Nous savons seulement que, vers l'an 1533 de notre ère, les Beni-Hafs étaient remontés sur le trône de Tunis et que le prince régnant s'appelait Moulay-Hassan.

Le premier acte de ce souverain avait été de faire étrangler ses frères dont il craignait la révolte, mais le plus jeune d'entre eux, Rechid, parvint à s'échapper et à se réfugier à Alger. Le célèbre pirate Barberousse ou Khaïr-ed-din régnait alors dans cette ville. Khaïr-ed-din, roi d'Alger et généralissime des flottes ottomanes, accueillit le prince fugitif et proposa au sultan Soliman Ier de se servir du nom du malheureux prince pour faire la conquête de Tunis. Moulay-Hassan n'avait pas su se faire aimer par ses sujets. Lorsque la flotte de Barberousse arriva devant Tunis, la population prit les armes, chassa son roi et ouvrit les portes aux Turcs. Moulay-Hassan, abandonné par les Arabes, eut recours à Charles-Quint. Celui-ci reçut d'autant plus favorablement la demande de Moulay-Hassan qu'il redoutait la présence des Turcs à Tunis. Vers la fin de juillet 1535, l'armée impériale, composée de 400 navires espagnols, portugais et italiens, arriva devant Carthage ; le lieu de débarquement était le même où saint Louis était descendu trois siècles auparavant. La Goulette et Tunis tombèrent sans coup férir au pouvoir de Charles-Quint, les portes de la ville lui furent ouvertes par 20,000 esclaves chrétiens que Barberousse avait imprudemment laissés dans Tunis. Les Espagnols se retirèrent après avoir placé dans le fort de la Goulette une garnison de 1,000 hommes ; mais leur flotte avait à peine pris le large, que Mouley-Hassan fut renversé une seconde fois par ses sujets indignés de le voir allié aux chrétiens. Charles-Quint fut obligé de rétablir trois fois ce prince sur son trône ; ces trois restaurations ne sauvèrent pas Mouley-Hassan, qui eut les yeux crevés par son propre fils Hamidah et finit misérablement ses jours en Sicile. Tunis vécut dans la paix pendant vingt cinq ans, puis elle tomba de nouveau au pouvoir des Algériens qui furent chassés à leur tour par les Espagnols commandés par don Juan, le vainqueur de Lépante. Le prince espagnol prit possession de Tunis que les Turcs d'Ulugh-Ali, le pacha algérien, abandonnèrent sans lutte. Il bâtit un nouveau fort entre la ville et le lac, fortifia Bizerte dont il prit possession, et augmenta considérablement les défenses de la Goulette avant de repartir pour l'Europe (1573).

Ces mesures avaient été prises en vue d'une occupation définitive et contrairement aux ordres de Philippe II, qui ne voulait point que les Espagnols s'établissent à demeure sur la côte. Le roi d'Espagne s'était montré plus prévoyant que son général.

Le gouvernement ottoman eut à peine appris les triomphes de don Juan à Tunis, qu'il fit donner l'ordre au dey d'Alger d'attaquer Tunis en même temps que Sinan-Bey partait de Constantinople avec une flotte formidable portant plus de quarante mille hommes. Le premier combat eut lieu en vue de Tabarkah. Après une lutte héroïque, la garnison espagnole dut se replier sur un autre point de la côte, où elle eut à soutenir un second et plus violent combat.

La flotte ottomane se dirigea ensuite vers Tunis et débarqua son corps expéditionnaire et son matériel de siège devant la Goulette. Le siège dura plusieurs mois. Les assiégeants ne faisaient que des progrès fort lents, mais ils recevaient constamment de nouveaux secours de l'intérieur et d'Alger, pendant que les troupes espagnoles voyaient de jour en jour leur nombre diminuer. N'étant plus en état de défendre la ville, la garnison se réfugia dans le fort construit par don Juan, et les Turcs pénétrèrent dans Tunis. Sinan-Pacha dirigea alors l'effort de ses troupes contre la Goulette et le fort situé entre Tunis et le lac. L'assaut fut donné à la Goulette le sixième jour du mois de Djemady, et la vaillante garnison espagnole, écrasée sous le nombre, fut passée tout entière au fil de l'épée. On n'épargna que le gouverneur espagnol Porto-Carrero et Mouley-Mohammed-Hafsy, frère de Hamida et le dernier prince indigène. Tous deux furent jetés en prison et emmenés plus tard à Constantinople.

Le fort de Tunis n'offrit pas moins de résistance que celui de la Goulette. Les Espagnols repoussèrent victorieusement un premier assaut, et les

Turcs ne s'emparèrent des remparts qu'après deux combats où périrent trois mille chrétiens. Le reste de la garnison, cinq mille hommes, sortit du fort presque écroulé et se retrancha à la hâte sur la plage. Les musulmans les y suivirent. La mêlée fut terrible. Après une journée de combat corps à corps tous les Espagnols furent massacrés, à l'exception de deux cents artilleurs qui furent envoyés comme esclaves à l'arsenal de Constantinople.

Cette sanglante défaite des Espagnols marque une ère nouvelle dans l'histoire de la Tunisie. Le règne des dynasties arabes et berbères est terminé après avoir duré près de huit cents ans. Le puissant secours de Charles-Quint et de Philippe II n'a pu sauver le trône des Hafsides ébranlé par d'incessantes révolutions de palais et menacé de deux côtés à la fois par la jalousie des deys d'Alger et par l'ambition de la Porte Ottomane.

Le sultan de Constantinople va, pendant près d'un siècle, recouvrer la suzeraineté que les Berbères ont dérobée jadis aux sultans fatimites d'Égypte. Le pouvoir effectif passera aux mains des milices ottomanes, qui élèveront et renverseront les beys ou les deys selon leur bon plaisir. Il faut arriver au commencement du xix⁰ siècle pour voir Hamouda, un des princes les plus habiles qui aient régné sur Tunis, délivrer enfin sa famille et son pays de l'oppressino des Turcs et de la suzeraineté de Constantinople.

CHAPITRE IV

LA TUNISIE SOUS LA DOMINATION TURQUE
ET LES HUSSEINITES (1574-1881)

La domination turque. — Sinan-Pacha. — Le Divan. — Les Janissaires. — Les deys élus. — Ali et Mohammed. — Les Husseinites. — Hussein-ben-Ali. — Branche collatérale. — Ali-bey et Hamouda. — Traités avec la France. — Expédition de Broves. — Bombardement de Bizerte, Sousa et la Goulette. — Règne de Hamouda, — Longue et sage administration de ce prince. — Guerre avec les Algériens. — Ambassade au Directoire, — Révolte et massacre des janissaires.— Le bey Ahmed. — Ses relations avec la France. — Son voyage à Paris. — Le bey Mohammed. — Mohammed es Sadok. — Situation financière de la Tunisie. — Insurrection de 1864. — Mustapha-Khaznadar. — Le général Khéreddin. — Le firman de 1871.

La domination turque en Tunisie dura un peu plus d'un siècle, de 1574 à 1705. Encore dans les dernières années du XVIIe siècle ne fut-elle que purement nominale. Les populations n'eurent pas à se louer de leurs nouveaux maîtres, qui ne se montrèrent pas plus préoccupés que leurs prédécesseurs des intérêts matériels de ces malheureuses contrées et qui leur infligèrent les désordres et les révolutions qu'amènent toujours les gouvernements militaires.

Pour assurer la domination de la Porte sur ses nouveaux sujets, Sinan-Pacha voulut créer à Tunis une force gouvernementale vigoureuse en état de réduire promptement les insurrections des turbulentes tribus du centre et de l'ouest. L'administration de la Régence fut confiée à un pacha nommé par le sultan et gouvernant avec le concours d'un conseil ou Divan presque entièrement composé d'officiers de la conquête et d'une milice turque comptant cinq mille janissaires. Le pouvoir était partagé entre le Divan et le Pacha. Ce dernier avait l'administration civile, les finances et la police; le divan réglait toutes les questions militaires. Les officiers supérieurs de la milice étaient de droit membres du divan, que présidait un agha choisi parmi les Kiahias et les Boulouk-Bachis, c'est-à-dire les généraux et les colonels.

Cette organisation dura peu. Au bout de deux ans les janissaires, blessés de l'arrogance de leurs chefs, massacrèrent les membres du Divan, en élevèrent d'autres et mirent à la tête du nouveau Divan un fonctionnaire révocable à leur volonté qu'ils appelèrent Dey, par opposition au Pacha-Bey qui représentait le Sultan. Cette nouvelle forme fut encore changée au bout de dix ans. Les janissaires imposèrent au sultan le gouvernement direct du Divan. Le pacha délégué par Constantinople fut réduit au rôle de plénipotentiaire, on nomma un bey chargé de l'administration de la police et des finances, le dey ne fut plus qu'un personnage sans fonctions. Le premier dey avait été massacré par la milice; le second, Ibrahim, se sauva à la Mekke pour échapper au même sort; le troisième dey, Kara-Othman, prit plus d'autorité sur les milices et le Divan qui l'avaient élu, mais quelques années plus tard le pouvoir passa aux beys, et l'un deux, Mourad, affermit son indépendance par des victoires sur les Algériens, auxquels il reprit le Kef et les districts du Djerid. Les janissaires revinrent ensuite au pouvoir, et pendant un demi-siècle ce ne fut plus qu'une série de révoltes, d'intrigues de palais, de séditions militaires au cours desquelles le conseil du Divan fut le véritable administrateur du pays. Nous n'avons pas besoin de dire que la Tunisie souffrit beaucoup. Ce régime ne lui accordait aucune sécurité et la livrait sans défense à la merci de la soldatesque turque. Il finit d'ailleurs vers 1650, époque à laquelle Mohammed-Tchelebi, le dernier des beys élus, fut renversé du trône par les deux frères Ali-Bey et Mohammed-Bey, officiers généraux des janissaires.

La mort de Mohammed-Tchelebi marque la fin de la domination ottomane et du gouvernement des janissaires. Les deux frères Ali et Mohammed réussirent à comprimer la turbulence des milices. Parvenus à la suprême puissance par la force des armes et sans les formalités de l'élection, ils résolurent de rendre le pouvoir beylical héréditaire dans leur famille. Ali-Bey, qui monta le premier sur le trône, consacra tous ses efforts à se rendre maître des milices turques, tantôt par des actes d'énergie, tantôt par des largesses habilement répandues. Son règne fut relativement calme et prospère. Il en eût été de même de celui de son frère Mohammed, si le bey d'Alger Chaaban n'était venu le chasser de son trône et lui substituer un renégat nommé Ahmed-ben-Chouk. Mohammed remonta cependant sur son trône, qu'il laissa à son second frère, Ramaddan-Bey. Celui-ci, prince faible et débile, fut assassiné par son neveu Mourad, qui pendant plusieurs années se signala par des cruautés inouïes. Mourad fut d'ailleurs assassiné lui-même par un janissaire nommé Ibrahim-Chérif; ce dernier venait à peine de se faire proclamer bey par le Divan, qu'il fut à son tour fait prisonnier par les Algériens qui avaient de nouveau envahi la Régence. L'armée, privée de son chef, élut pour bey à sa place un de ses principaux officiers, Husseïn, fils d'un Corse renégat qui avait été esclave à Tunis et qui était devenu plus tard général.

Husseïn-ben-Ali est le fondateur de la dynastie qui règne actuellement à Tunis et qui administre ce pays sans interruption depuis près deux siècles. La dynastie des Husseïnites est certainement celle qui a donné à la Tunisie le plus de tranquillité et de prospérité. Sous leurs règnes, nous verrons souvent encore la Régence troublée par des révolutions de palais, mais les désordres seront de courte durée, le régime héréditaire s'établit à peu près régulièrement, et les populations, protégées par quelques princes éclairés, vont reprendre avec l'Europe et l'Orient les relations commerciales qu'elles avaient interrompues depuis près d'un siècle.

La première pensée d'Husseïn fut naturellement de consolider son trône, en s'assurant contre le retour d'Ibrahim, son prédécesseur.

Les Algériens retenaient toujours celui-ci, mais avec l'intention d'en faire l'instrument de leurs projets sur Tunis; cette ressource leur échappa, car, Husseïn ayant attiré Ibrahim à Bizerte, ce dernier fut mis à mort. Husseïn, tranquille pour sa dynastie, s'occupa de conclure des traités avec les puissances européennes et notamment avec la France. Son règne semblait devoir finir calme et paisible, lorsqu'une question d'hérédité vint jeter le nouveau bey dans de graves embarras. Husseïn, n'ayant pas d'enfants et renonçant à toute espérance de postérité, avait désigné pour son successeur son neveu Ali. Ce dernier avait été presque associé au pouvoir, lorsqu'une jeune captive génoise, entrée récemment au harem, devint enceinte et donna successivement trois fils à Husseïn. La captive chrétienne avait refusé de changer de religion. Le Divan reconnut cependant la légitimité des droits des trois enfants au trône de Tunis. Ali dut renoncer à la succession de son oncle, et recevoir, comme compensation, le titre de pacha de Tunis, qui faisait de lui le second personnage de la Régence. Ali, prince ambitieux et non sans mérites, n'accepta point ce changement de situation. Il abandonna la cour de son oncle et, se mettant à la tête de tribus de la montagne, vint attaquer Husseïn. Il fut d'abord battu et mis en fuite ; mais, appuyé par les Algériens, il rentra dans la Régence l'an 1735, s'empara de Tunis et de Kairouan et fit assassiner Husseïn.

Débarrassé de son oncle et rival, Ali s'occupa d'administration intérieure et extérieure. Il renouvela avec la France le traité conclu en 1720 et apporta diverses modifications dans l'établissement de l'impôt. Il régnait depuis plus de quinze ans, lorsqu'il ut renversé du trône à la suite d'une de ces querelles de famille si communes dans les dynasties orientales. Son second fils Mohammed suscita des troubles, pour faire écarter du trône le fils aîné

Younès, celui-là même qui avait assassiné Husseïn. Younès ne conserva la vie qu'en se sauvant à Alger, où se trouvaient déjà les fils de Husseïn. Les Algériens, qui ne cherchaient que des prétextes pour intervenir dans les affaires tunisiennes, accueillirent favorablement le fugitif, envoyèrent une armée à Tunis et se rendirent maîtres de cette ville. Ali-Bey et ses fils furent saisis et étranglés. Les Algériens proclamèrent bey, non pas Younès, mais Mohammed, l'aîné des enfants d'Husseïn.

Mohammed, qui reçut l'hommage solennel de ses nouveaux sujets, était un jeune prince, d'un caractère doux et faible; il mourut après trois ans de règne, laissant deux enfants en bas âge, que son frère Ali-Bey s'empressa d'écarter du trône. Ali-Bey s'empara du pouvoir en l'an 1759 de notre ère et, pour éviter les mésaventures survenues à ses prédécesseurs, il mit en évidence son propre fils Hamouda, en lui donnant le commandement général des troupes de la Régence; il épargna du reste la vie de ses neveux, et s'empara si bien de leur esprit, qu'à sa mort ils s'empressèrent de rendre hommage à son fils. Sous aucun règne, l'État tunisien ne jouit d'une tranquillité aussi parfaite que pendant les vingt-trois années qu'Ali-Bey resta sur le trône. Ce long règne ne fut troublé que par une expédition française contre Tunis, à la suite de l'incorporation de l'île de Corse à la France. Des pirates tunisiens avaient capturé des navires corses, et mis aux fers les gens des équipages. Ce n'était point le seul motif des réclamations de la France.

Ali-Bey avait interdit la pêche du corail aux bateaux de la compagnie d'Afrique. Des bateaux corailleurs de cette compagnie ayant continué la pêche furent capturés dans les baies de Tabarkah et de Bizerte ; enfin, un navire de commerce français avait eu ses provisions pillées par un corsaire tunisien. En juin 1770, une escadre française, commandée par le comte de Broves, vint bombarder Porto-Farina, Bizerte, Sousa, Monastir et la Goulette. Ces mesures n'avaient pas vaincu la résolution d'Ali-Bey, qui refusait de céder aux réclamations de la France, lorsqu'un envoyé du sultan vint conseiller la paix et offrir sa médiation. Un armistice fut accordé, des conférences eurent lieu et un traité fut signé le 2 septembre. La compagnie d'Afrique obtint les privilèges qu'elle demandait. Les esclaves corses et les bâtiments corses pris sous le pavillon français furent restitués. Pendant les douze années qui suivirent ce traité, les meilleures relations ne cessèrent de régner entre la France et la Régence de Tunis.

Le successeur d'Ali-Bey qui monta sur le trône en 1782, Hamouda, était âgé de plus de 30 ans, lorsqu'il succéda à son père. Hamouda avait deux frères et cinq sœurs ; l'ainé de ses frères mourut sans postérité ; le second de ces princes, Othman-Bey, devait être le successeur d'Hamouda. Une de ses sœurs fut mariée à Mustapha-Khodja, esclave géorgien qu'Hamouda avait affranchi et qui devint bientôt premier ministre. Mustapha, administrateur aussi habile et aussi actif que dévoué, fut un collaborateur précieux pour Hamouda. Dix ans après son avènement au trône, son beau-frère étant mort, Hamouda ne lui donna pas de successeur, n'ayant trouvé à la cour aucun personnage qu'il pût investir de la même confiance. La tranquillité intérieure de la régence fut un instant troublée par diverses agressions des Algériens et par les intrigues d'un fils de Younès-Bey, nommé Ismaïl. Ce dernier cousin d'Hamouda habitait Alger, il demanda à rentrer à Tunis et y fut autorisé sur la promesse formelle qu'il renoncerait à toute prétention au trône et serait un fidèle sujet du bey : Ismaïl tint ses promesses pendant plusieurs années, puis il conspira secrètement avec les Algériens. La conspiration ayant été découverte, il fut sur le champ saisi et étranglé au Bardo.

Hamouda crut trouver dans la Révolution une occasion favorable pour rompre les traités qui liaient la régence de Tunis et le royaume de France. La marine de la République vint bientôt mettre fin à cette tentative hostile, et le bey se vit obligé de traiter avec la Convention Nationale. Quelques années plus tard, en 1797, une ambassade tunisienne vint à Paris. Mohammed-Khodja, chef de l'ambassade, présenta au Directoire exécutif les lettres de son maître; puis, après avoir visité les principaux établissements de Paris, il retourna à Tunis chargé de riches présents pour le bey. Ces témoignages d'amitié n'empêchèrent pas une rupture l'année d'après, à la suite de l'expédition d'Égypte. Tunis envoya ses corsaires au secours du sultan; la paix ne fut rétablie que le 7 août 1800. Ce fut la dernière lutte armée entre la France et la Régence de Tunis.

Tranquille du côté de l'extérieur, Hamouda s'occupa de réaliser une réforme qu'il préparait de longue date. La milice des janissaires, bien que n'ayant plus le pouvoir d'élire le chef du gouvernement, avait conservé une grande puissance dans l'administration. Sous les règnes des beys Husseïn et Ali, ses officiers avaient prétendu aux postes les plus élevés de l'État ; ils s'efforçaient de participer au règlement de toutes les affaires importantes, et formaient pour ainsi dire dans l'État une sorte de faction occulte et presque toute-puissante. Hamouda, dès son avènement, songea à réduire secrètement l'influence de ces milices turques ; il donna les principaux emplois à d'anciens esclaves géorgiens, à des membres des familles indigènes ou à des Européens renégats ; en même temps il s'occupait de mettre un peu d'ordre dans les finances et de réprimer les exactions des caïds et des kiahias. Ces sages mesures finirent par provoquer une insurrection des janissaires ; les conjurés du parti turc devaient massacrer le bey et sa cour à l'entrée d'une mosquée un jour de prières, puis se porter en force au Bardo pour y égorger le reste de la famille royale et ses serviteurs. Le prince, averti, resta dans son palais et s'y fortifia. Les Turcs, se pensant découverts, se jetèrent sur la ville, la pillèrent, puis se réfugièrent dans la citadelle de Tunis. Les rebelles avaient arboré le pavillon vert de la Porte Ottomane et proclamé un nouveau bey. Hamouda semblait gravement menacé ; mais le gouverneur de Porto-Farina, qui lui était resté fidèle, souleva tous les Maures et les Zaouas des régions environnantes. Le consul de France mit de son côté à la disposition du bey une trentaine d'artilleurs français, qui, prisonniers à Malte, venaient d'être mis en liberté par les Anglais. La citadelle de la Goulette fut enlevée aux rebelles qui, vigoureusement canonnés par les artilleurs français, durent évacuer la ville. Ils se retirèrent en marchant vers la côte, dans l'intention de gagner Tabarkah et de livrer cette position aux Algériens; mais, cernés par les Arabes des campagnes, ils durent livrer bataille près de Bizerte. La lutte dura toute une journée, les Arabes l'emportèrent. Les Turcs, au nombre de 600, durent mettre bas les armes et furent massacrés quelques jours après, à l'exception d'une trentaine; les autres, au nombre de 2,000, avaient succombé pendant la bataille.

Cette révolte est le dernier évènement du règne d'Hamouda, qui finit en 1814. Le successeur d'Hamouda, Othman-Bey, ne jouit pas du pouvoir aussi longtemps que son frère. Trois mois après son avènement, il était massacré, lui et ses enfants, par Mahmoud, petit-fils d'Husseïn et chef de la branche aînée qu'Ali-Bey et Hamouda avaient tenue écartée du trône. Mahmoud régna neuf ans et trois mois et mourut en 1824, laissant le trône de Tunis à son fils Husseïn II. Le règne de ces princes fut marqué par deux faits importants, la suppression de la course des pirates et l'abolition de l'esclavage des chrétiens. Cette dernière mesure eut lieu à la demande de la France, et fut définitivement consacrée par un traité conclu le 8 août 1830 et qui porte la signature de notre consul général Matthieu de Lesseps. On comptait encore à cette époque plusieurs milliers d'esclaves chrétiens à Tunis. Il y avait un bagne particulier pour chaque nation, vaste bâtiment où les captifs vivaient et mangeaient en commun; de temps en temps les gouvernements rachetaient leurs nationaux, mais beaucoup d'esclaves préféraient se faire affranchir et se marier avec des femmes indigènes. Un certain nombre se convertissaient à l'Islam et entraient dans l'administration de la Régence. Si l'on en croit Chateaubriand, qui visita les bagnes chrétiens de Tunis, à la fin du dernier siècle, la condition des esclaves y était fort douce ; les uns remplissaient des fonctions domestiques et étaient nourris et logés par leurs maîtres ; ceux qui avaient un bon métier payaient une redevance et pouvaient garder pour eux le surplus de leur salaire ; ils pouvaient se racheter moyennant une somme qui variait de 500 à 1,000 francs.

Hussein II mourut en 1835, après un règne de onze ans et deux mois qui a laissé d'excellents souvenirs parmi les populations. La France n'eut qu'à se louer de ce prince, sur lequel la conquête d'Alger avait exercé une vive et salutaire impression. Son frère, Mustapha-Bey, ne régna que deux ans ; il eut pour successeur Ahmed-Bey. Ahmed fut, après le bey Hamouda, un des souverains tunisiens qui contribuèrent le plus à faire jouir la Régence des bienfaits de la civilisation européenne. Il demanda à la France des officiers pour réorganiser son armée ; il fonda une école militaire à Tunis sous la direction du commandant de Taverne et avec le concours de MM. Soulié et de Sers. En 1842, sur les instances du consul de France, il abolit l'esclavage pour les hommes de couleur et consentit à émanciper les Juifs. Vers 1838, Ahmed, ayant sollicité de la Porte Ottomane le titre de pacha, fut invité à reconnaître la domination turque. S'y étant refusé, il vit arriver dans les eaux de Tunis une flotte turque commandée par Tahir-Pacha. Le gouvernement français crut devoir intervenir. L'amiral turc fut obligé de se retirer devant une de nos escadres commandée par les amiraux Lalande et Gallois. Ahmed se montra très reconnaissant de l'appui que lui avait accordé la France ; il protégea contre les tribus de l'intérieur les divers voyageurs français qui visitèrent la Tunisie et notamment notre consul à Sousa, le savant M. Pélissier. Il permit également à nos ingénieurs de dresser une carte générale de la Régence. Cette carte, publiée par le dépôt général de la guerre en 1848, fut dressée d'après les observations et les reconnaissances de M. Falbe, capitaine de vaisseau danois, et de M. de Sainte-Marie, officier d'état-major français. C'est également sous le règne d'Ahmed que fut élevée, au centre même des ruines de Byrsa, la chapelle de Saint-Louis de Carthage. Cette chapelle, construite par l'architecte Jourdain, est en style gothique mélangé d'arabe. Dans le jardin qui entoure la chapelle on a réuni des statues et des marbres provenant de l'ancienne ville punique.

En 1845, le bey Ahmed reçut la visite du duc de Montpensier, auquel il fit un accueil magnifique. Quelques mois plus tard, le duc d'Aumale et le prince de Joinville vinrent également visiter la Régence. Ahmed-Pacha ne voulut pas rester en retard avec la France et, en novembre 1846, il résolut de faire un voyage à Paris et s'embarqua sur un navire français, *le Dante*. Le bey arriva à Paris le 23 novembre et logea à l'Élysée, il visita tous les monuments et fit distribuer une somme de 25,000 francs aux pauvres de Paris avant son départ. Il avait précédemment donné 50,000 francs lors des inondations de la Loire. A son retour à la Goulette, passant de nuit aux environs du cap Blanc (Ras-El-Abiod), il reconnut que la côte offrait des dangers aux navigateurs, et ordonna d'établir un phare sur l'un des îlots des Chiens. Ahmed mourut en 1855, regretté par tous ses sujets et laissant, dit-on, un trésor évalué à 200 millions de francs; il eut pour successeur Sidi-Mohammed, son cousin, qui suivit sa politique et continua ses efforts pour introduire les sciences et les arts européens dans sa patrie.

Sidi-Mohammed ne régna que quatre ans, et laissa le trône à son frère Mohammed es Sadok, le souverain régnant, en 1859. Sidi-Mohammed, qui avait reçu une éducation assez développée, promulgua, deux ans après son avènement, une constitution connue sous le nom de pacte fondamental et qui est un document assez curieux. Cette constitution, bien que libérale, fut fort mal accueillie et ne fut mise en pratique que pendant deux ans. Elle proclamait les droits héréditaires des Husseïnites, mais instituait à côté du bey une sorte de conseil suprême composé pour un tiers de fonctionnaires et pour les deux autres tiers de délégués de la nation.

La Tunisie semblait paisible sous le gouvernement de Mohammed es Sadok, quand une augmentation d'impôts provoqua en 1864 une insurrection assez grave dans les montagnes du sud et du centre de la Régence. Le bey vit son trône un instant menacé et l'Europe dut venir à son secours. Le port de la Goulette reçut la visite des escadres française, anglaise et turque. Les tribus arabes tinrent longtemps la campagne, encouragées par les intrigues turques et fournies de munitions par les agents anglais. L'énergie et la ruse du premier ministre Mustapha-Khaznadar finirent cependant par avoir raison de l'insurrection. Plusieurs cheiks furent trahis, d'autres furent achetés, et une lourde contribution de guerre fut imposée aux vaincus. La même année, le caïd Nessim-Chemama, trésorier des finances, s'enfuit en Italie laissant un déficit de 25 millions.

Le bey avait emprunté en mai 1863 une somme de 35 millions à la maison Erlanger de Paris. Il fallut, en février 1865, conclure un second emprunt de 25,000,000. Cet emprunt, souscrit par MM. d'Erlanger et Oppenheim, fut émis par le Comptoir d'escompte. Indépendamment de cette dette extérieure de 60,000,000, le trésor tunisien était grevé par une dette intérieure de 40,000,000. Telle était la situation financière de la régence il y a seize ans. Cette situation s'aggrava encore de cinq années de sécheresse et de disette. Le gouvernement tunisien, hors d'état de payer ses dettes, dut s'adresser aux gouvernements de France, d'Angleterre et d'Italie, en les invitant à étudier avec lui les mesures propres à sauvegarder les droits des créanciers. Une commission financière internationale fut instituée par deux rescrits du 5 juillet 1869 et du 23 mars 1870. Deux comités furent organisés : le comité exécutif, composé de trois fonctionnaires tunisiens et d'un inspecteur des finances français ; un comité de contrôle, composé de six membres, deux Français élus par les porteurs des emprunts 1863 et 1865, deux Anglais et deux Italiens élus par les porteurs de la dette intérieure.

Le général Khéreddine, gendre de Mustapha-Kasnadar, auquel il avait succédé comme premier ministre, fut nommé président de la commission financière. M. Villet fut l'inspecteur des finances français désigné pour faire partie du comité exécutif. La commission financière arrêta la totalité de la dette à 125 millions de francs représentés, par 125,000 obligations de 500 francs donnant intérêts à 5%. Les revenus du gouvernement furent évalués à 13,500,000 francs. Une somme de 6,500,000 francs fut garantie sur ces 13,000,000, par l'abandon de plusieurs impôts entre les mains de la commission financière. Les 7 millions restants devaient servir pour les dotations princières et les dépenses de l'État. Malheureusement, les impôts ne donnèrent pas ce qu'on attendait et, à la fin de 1877, le bey avait dû ajouter plus de 6,500,000 francs pris sur ses revenus personnels pour permettre à la commission de remplir ses engagements.

Pendant les premières années du règne d'Es-Sadok, sous l'inspiration de Mustapha-Khaznadar, gendre du bey Ahmed et premier ministre des trois derniers souverains, la régence de Tunis était restée fidèle à l'alliance française. C'est vers 1864 que le général Khéreddine, gendre et successeur de Mustapha, appartenant au parti religieux, projeta de ramener la Tunisie sous la suzeraineté de la Turquie. Il n'osa pas d'abord mettre ses projets à exécution et tint ses résolutions secrètes ; il fallut nos désastres de 1870 et l'appui secret de l'Angleterre pour que le premier ministre d'Es-Sadok osât mettre ses intrigues au jour. Par un firman en date du 23 octobre 1871, le pachalick de Tunis ne fut plus qu'une dépendance de l'empire ottoman, dont le gouvernement fut confié au visir Mohammed-Sadok et à ses descendants.

Le sultan interdit au bey le droit de conclure avec les puissances étrangères des conventions ayant rapport aux affaires politiques, actes de guerre ou règlements de frontières. La prière publique devait être faite désormais pour le sultan, la monnaie frappée en son nom.

Ce firman, que la France ne reconnut jamais, fut lu au bey le 15 novembre 1871, devant tous les officiers, les fonctionnaires publics, les cadis et les ulémas. Mohammed-es-Sadok ne s'est heureusement jamais conformé aux exigences de ce traité ; il frappa des monnaies à son propre nom, conclut directement des traités avec diverses nations européennes, et refusa d'envoyer des secours à la Porte lors de la dernière guerre d'Orient. Son premier ministre Khéreddine ayant voulu l'entraîner dans la guerre turco-russe, le bey n'hésita pas à le destituer (21 mai 1877). On sait cependant comment, obéissant aux instigations du consul italien Maccio, le bey a prétendu récemment opposer à la France, en mai 1881, les droits de suzeraineté de la Porte dont il avait été le premier à ne pas tenir compte. Nos lecteurs ont trouvé plus haut le récit de ces derniers évènements, qui se sont terminés par le traité de garanties du Bardo et l'établissement définitif du protectorat français sur la Tunisie.

PIÈCES ET DOCUMENTS

PIÈCES ET DOCUMENTS

Voici le texte de la réponse du chargé d'affaires de la République française à Tunis à la lettre du bey protestant contre l'entrée des troupes françaises sur son territoire :

Le chargé d'affaires de France à S. A. le bey de Tunis.

Tunis, 26 avril 1881.

« Monseigneur,

« J'ai reçu la lettre que Votre Altesse m'a fait l'honneur de m'écrire en date d'hier au sujet de l'entrée, par deux points de la frontière, des troupes françaises chargées de châtier les Kroumirs et d'empêcher le renouvellement des agressions commises dans ces derniers temps par cette tribu sur le territoire de la République en Algérie.

« J'ai vu avec autant de peine que de surprise que Votre Altesse considérait l'entrée de ces troupes comme ayant eu lieu sans avis préalable et comme constituant, en l'état de paix qui existe entre les deux gouvernements, un acte contraire à toutes les règles du droit des gens.

« Votre Altesse me permettra, en effet, de lui rappeler que cette opération militaire lui a été annoncée en premier lieu par une lettre du 7 avril qui lui transmet copie d'une dépêche de M. le ministre des affaires étrangères, l'invitant à nous prêter main-forte dans cette œuvre de répression nécessaire, et l'informant que nos généraux avaient reçu à cet effet l'ordre de s'entendre dans ce but avec les commandants des troupes tunisiennes.

« Cette déclaration a été confirmée par ma lettre du 9 avril, dans laquelle, répondant aux observations que Votre Altesse m'avait chargé de transmettre à mon gouvernement, je lui faisais savoir que celui-ci se trouvait dans l'impossibilité de modifier les dispositions déjà prises, qui lui étaient commandées par la gravité exceptionnelle des évènements de la frontière.

« Le 15 avril, j'avais l'honneur d'informer Votre Altesse que, malgré le refus réitéré qu'elle avait opposé à ma demande de coopération militaire, mon gouvernement persistait à croire qu'une action énergique était indispensable pour assurer la sécurité de son territoire.

« Le 17 avril, j'ai écrit à Votre Altesse pour lui donner avis que mon gouvernement se voyait dans l'obligation de venger l'insulte faite à notre pavillon à Tabarque, où il avait été accueilli à coups de fusil.

« Enfin, le 20 avril, je faisais savoir à Votre Altesse qu'en présence de ses déclarations et de celles de son premier ministre tendant à décliner la responsabilité des désordres qui pourraient se produire dans le cas où les troupes françaises rentreraient sur le territoire de la Régence, mon gouvernement se voyait dans l'obligation de tenir le bey et son premier ministre personnellement et exclusivement responsables du moindre mal qui arriverait à nos nationaux ou aux autres étrangers.

« Par la même communication, j'informais Votre Altesse que j'étais chargé de la prier de retirer ses troupes de Tabarque afin d'éviter tout conflit entre elles et le corps de débarquement qui devait se porter sur ce point, et cela conformément à la promesse que j'avais reçue de la bouche de Votre Altesse de faire retirer ses troupes devant les nôtres dans le cas où elles entreraient sur le territoire tunisien.

« Je crois avoir répondu suffisamment au reproche portant sur l'absence d'avis préalable concernant l'entrée de nos troupes. Quant à celui d'avoir agi contrairement au droit des gens vis-à-vis d'un gouvernement avec lequel nous étions en paix et en relations d'amitié, je n'ai qu'à me référer aux déclarations contenues dans la dépêche de M. le ministre des affaires étrangères, en date du 6 avril, que j'ai placée sous les yeux de Votre Altesse et qu'elle a communiquée à mes collègues. Cette dépêche, en renouvelant les assurances des bons rapports que nous désirons conserver avec Votre Altesse, indiquait, comme base de nos opérations militaires, le territoire de la Calle et la vallée de la Medjerda, à laquelle nos troupes accèdent en ce moment par la vallée de l'Oued-Mellègue.

« J'espère que, par ce résumé fidèle de mes communications antérieures, Votre Altesse sera convaincue que le gouvernement de la République, tout en maintenant énergiquement ses droits d'agir avec ses propres forces contre les tribus insoumises qui désolent notre frontière, n'a jamais eu l'intention de porter atteinte aux bonnes relations entre les deux pays, et que, par conséquent, la protestation formulée dans la lettre de Votre Altesse n'a pas de raison d'être.

« Quant aux conséquences qui peuvent résulter de nos opérations militaires, et dont Votre Altesse persiste à décliner la responsabilité, j'ai déjà eu occasion de m'expliquer catégoriquement à cet égard. Si Votre Altesse se trouve dans l'impuissance de maintenir l'ordre à Tunis, je lui offre de nouveau de lui venir en aide à cet effet, si elle veut bien m'autoriser à faire débarquer les troupes et l'artillerie que le stationnaire français peut mettre à sa disposition.

« J'ai l'honneur, etc.

Signé : Th. Roustan.

Le 9 mai, M. Barthélemy Saint-Hilaire adressait à nos représentants à l'étranger la circulaire suivante destinée à faire connaître les vues et les intentions du gouvernement de la République dans l'expédition qu'il avait entreprise sur le territoire tunisien :

A MM. les agents diplomatiques du gouvernement de la République française.

Paris, 9 mai 1881.

Monsieur,

J'ai l'honneur de vous adresser le recueil des documents sur Tunis, et je veux en préciser le sens général en m'entretenant avec vous des causes de l'expédition actuelle et des résultats que nous en attendons. Plusieurs fois déjà le gouvernement de la République a fait connaître ses motifs et ses intentions, et vous vous souvenez particulièrement des déclarations qu'a faites, du haut de la tribune nationale, M. le président du conseil. Elles ne peuvent laisser le moindre doute par leur netteté et par leur franchise. Mais, néanmoins, je désire vous soumettre quelques considérations dont vous pourrez vous servir utilement dans vos relations avec le gouvernement auprès duquel vous êtes accrédité.

La politique de la France dans la question de Tunis n'a jamais été inspirée que par un seul principe, et ce principe, qui suffit à expliquer toute notre conduite depuis un demi-siècle envers la Régence, c'est l'obligation absolue où nous sommes d'assurer la sécurité de notre grande colonie algérienne.

Depuis 1830, il n'est pas un des gouvernements divers qui se sont succédé chez nous qui ait négligé ce soin essentiel; le devoir s'en impose à nous avec une évidence tellement irrésistible, que personne en Europe ne conteste notre droit de prendre toutes les mesures que nous pouvons juger nécessaires pour sauvegarder notre possession africaine contre un voisinage turbulent ou hostile.

Depuis la bataille de l'Isly, en 1844, nous sommes tranquilles du côté de l'ouest et du Maroc, où notre frontière est protégée par le désert; nous n'avons à y réprimer que quelques désordres passagers. Mais, à l'est, du côté de Tunis, le désordre est permanent, et voilà dix ans qu'il persiste malgré nos efforts ; il augmente même chaque année, depuis la révolte des spahis de Souk-Arras, en 1871, qui, après avoir massacré leurs officiers, sous les ordres de Kablouti, cherchaient un refuge sur le territoire tunisien, jusqu'au pillage de l'*Auvergne*, en 1878, et jusqu'à l'agression des Kroumirs et le pillage du *Santoni*, qui est d'hier.

Nous avons poussé la patience à un point qui a parfois étonné le monde. Nous ne le regrettons pas ; mais, après tant de dommages soufferts et après tant de longanimité, nous avons dû nous résoudre à en finir en pacifiant notre frontière d'une manière durable et en réglant les choses avec le bey de Tunis de façon que le péril ne recommence plus sous aucune forme.

Quand on parcourt les documents que je vous communique, on est surpris de la fréquence des méfaits dont nous avons eu à nous plaindre et de l'impuissance irrémédiable de l'État sur le territoire duquel ils se passent et qui est incapable de les prévenir. Aux confins de la Tunisie et de l'Algérie, il y a toute une zone de tribus insoumises et belliqueuses qui sont perpétuellement en guerre et en razzias les unes contre les autres, et qui entretiennent dans ces contrées naturellement très difficiles un foyer d'incursions, de brigandages et de meurtres.

Le plus ordinairement, ce sont les tribus de notre domination qui en sont les victimes, parce que, grâce au régime plus doux dont nous leur avons apporté le bienfait, elles sont devenues plus sédentaires et plus paisibles en se civilisant peu à peu. Mais les tribus tunisiennes sont plus barbares et plus aguerries, et entre celles-là on distingue surtout les Ouchtetas, les Freichichs et les Kroumirs.

On ne sait pas au juste ce qu'elles peuvent compter de combattants ou, comme on dit, de fusils. Mais les opérations qui nous demandent en ce moment une armée de 20,000 hommes attestent assez les forces de l'ennemi, retranché dans un pays à peu près inaccessible.

Comme il n'y a pas de frontières naturelles entre la Tunisie et l'Algérie, la délimitation est restée indécise, et elle n'a jamais été faite régulièrement. On l'a tentée en 1842, et les travaux topographiques que facilitait la présence de nos troupes n'ont pas duré alors moins de trois ans; la carte levée à cette époque a même été approuvée en 1847 par le bey de Tunis Ahmed, lors de son voyage en France; mais il n'est pas résulté de ces préliminaires une convention officielle entre la Régence et nous, et la frontièrn est encore flottante comme elle l'était sous les beys de Constantine. C'est une lacune qu'il faudra combler dès que nous le pourrons : la Régence y trouvera son avantage aussi bien que nous.

Ainsi le premier objet de notre expédition, c'est la pacification définitive de notre frontière de l'est. Mais ce ne serait rien d'y avoir rétabli l'ordre et le calme si l'État qui nous est limitrophe restait sans cesse hostile et menaçant. Nous ne pouvons pas craindre une attaque sérieuse de la part du bey de Tunis tant qu'il en est réduit à ses propres forces; mais la plus simple prudence nous fait une loi de veiller aux obsessions dont il peut être entouré, et qui, selon les circonstances, nous créeraient en Algérie de très graves embarras dont le contre-coup porterait jusqu'en France. Il nous faut donc à tout prix avoir dans le bey de Tunis un allié avec qui nous puissions loyalement nous entendre; il nous faut avoir un voisin qui nous rende la sincère bienveillance que nous aurons pour lui, et qui ne cède pas à des suggestions étrangères cherchant à nous nuire et à compromettre notre puissance légitime.

Nous avons montré depuis plus de quarante ans que si nous étions obligés, pour la sécurité de la France algérienne, de revendiquer dans la Régence une situation prépondérante, nous savions respecter scrupuleusement les intérêts des autres nations, qui peuvent en toute confiance vivre et se développer à côté et à l'abri des nôtres. Les puissances savent bien que nos sentiments à leur égard ne changeront pas.

Jusqu'à ces derniers temps, nous sommes demeurés en excellente intelligence avec le gouvernement de S. A. le bey; et si parfois nos rapports avaient été troublés pour le règlement de quelques indemnités dues à nos tribus lésées, l'accord s'était promptement rétabli, il s'était même consolidé à la suite de ces dissentiments légers.

Mais dernièrement, et par des causes qu'il serait trop délicat de pénétrer, les dispositions du gouvernement tunisien envers nous ont totalement changé : une guerre, sourde d'abord, puis de plus en plus manifeste et audacieuse, a été poursuivie contre toutes les entreprises françaises en Tunisie, avec une persévérance de mauvais vouloir qui a amené la situation au point où elle en est arrivée aujourd'hui.

Le Livre Jaune que vous recevrez avec cette lettre vous montrera les phases diverses qu'ont présentées ces résistances opiniâtres tantôt simplement tracassières et gênantes, le plus souvent injustes et dommageables. Vous verrez par des documents authentiques ce qu'ont été les questions du chemin de fer de la Goulette à Tunis ; du câble sous-marin, qu'on voulait rendre indépendant de nos lignes télégraphiques en bravant tous nos droits ; du domaine de l'Enfida, qu'on essaye de ravir par des moyens illégaux à une compagnie marseillaise, aussi honnête que laborieuse ; du chemin de Soussa, dont on entrave comme à plaisir l'exécution régulière ; et tant d'autres affaires où la justice, avec l'esprit de conciliation et même de condescendance, n'a pas cessé d'être de notre côté. Rien n'y a fait ; et, devant un parti pris aussi tenace et aussi peu justifié, il nous a bien fallu reconnaître, à notre grand regret, que l'entente n'était plus possible, et que, pour modifier des dispositions si peu équitables, il fallait recourir à d'autres moyens que la discussion loyale et la persuasion, devenues absolument inutiles.

C'est là le second motif d'une expédition, que nous eussions voulu pouvoir éviter, mais à laquelle nous ont contraints de mauvais procédés, que nous n'avons supportés peut-être que trop longtemps.

Si nous rendons le bey de Tunis responsable pour des réclamations si fondées, c'est que nous avons toujours considéré la Tunisie comme un royaume indépendant, malgré quelques vestiges à peine sensibles d'une ancienne vassalité, que des suzerains presque purement nominaux avaient eux-mêmes négligée pendant des siècles, qui ne s'était révélée qu'à de très rares intervalles, et qui, dans ses intermittences, avait compté bien moins d'années de soumission effective que d'années d'oubli et d'affranchissement absolus. Prise et reprise trois ou quatre fois dans le xvi° siècle par le fameux Barberousse (Khaïr-ed-Din), vainqueur des Espagnols en 1534, par Charles-Quint l'année suivante et de nouveau en 1553, par le dey d'Alger en 1570, par don Juan d'Autriche en 1573, la Tunisie était tombée, durant tout le xvii° siècle, sous l'oppression anarchique des Janissaires, dont les chefs ou deys, au nombre de quarante, s'étaient partagé le pays, à peu près comme les Mamelouks s'étaient partagé l'Égypte. Mais, en 1705, un d'eux, Hossein-ben-Ali, renégat grec ou corse, plus habile que les autres, avait su conquérir l'unité du pouvoir en détruisant ses rivaux. Proclamé bey par ses compagnons d'armes, il fonda la dynastie Hosseinite, qui depuis lors n'a pas cessé de régner, sous la forme d'un séniorat musulman. Elle a aujourd'hui près de deux cents ans d'indépendance, et le seul lien réel qu'elle eût conservé avec la Porte Ottomane durant ce long intervalle, c'était un lien religieux. Elle reconnaissait le kalife sans être sujette du sultan, et surtout sans lui payer aucun tribut. Seulement, à l'avènement de chaque bey, un usage respectueux envoyait de riches cadeaux au chef de la religion siégeant à Constantinople; et, pendant le reste du règne, aucun acte politique ne rappelait qu'outre cet hommage bénévole le bey de Tunis dût encore autre chose au commandeur des croyants.

Aussi la Régence traitait-elle seule, et de son droit propre de puissance souveraine, avec toutes les puissances étrangères; elle faisait avec elles des conventions qui avaient force de loi par l'unique assentiment du bey; et telles furent notamment les conventions passées avec la France en 1742, dans l'an III, dans l'an X, en 1824; tel fut aussi le traité célèbre du 8 août 1830 pour l'abolition de la course et de l'esclavage; sans parler d'autres actes moins importants, comme celui qui concernait la pêche du corail.

La Porte semblait si bien avoir pris son parti de l'émancipation irrévocable de cette province dont la possession avait toujours été si transitoire, que pendant tout le xviii° siècle elle refusa de recevoir les réclamations que ne cessait de lui adresser l'Europe contre les pirates barbaresques; elle n'avait aucune action sur eux, et, comme elle n'en était pas maîtresse, elle n'entendait pas répondre de leurs déprédations si redoutables et si coûteuses à toutes les marines de la Méditerranée.

Les puissances de l'Europe ont fait vingt fois la guerre à la Régence sans être le moins du monde en guerre avec la Porte-Ottomane. En 1819, le Congrès d'Aix-la-Chapelle sommait Tunis d'avoir à cesser la piraterie, et il ne demandait pas que la Turquie intervînt en tant que solidaire de son prétendu vassal.

En 1833, le royaume de Sardaigne et celui des Deux-Siciles furent en guerre avec la Régence sans y être avec la Porte, parce que la Tunisie était indépendante à leurs yeux comme aux nôtres. Toutes les relations de la France avec Tunis depuis la conquête d'Alger ont eu lieu de même directement et sans l'intermédiaire de la Turquie.

Lorsqu'en 1847 Ahmed-Bey vint chez nous, il y fut reçu avec tous les honneurs dus à un roi; la Porte-Ottomane se montra-t-elle choquée en rien de la pompe royale dont il fut entouré? Nullement. Et l'Europe ne s'en choqua pas plus qu'elle, parce que l'Europe était de l'avis de lord Aberdeen qui, dans sa fameuse protestation (23 mars 1831) contre notre conquête d'Alger, n'en déclarait pas moins « que les États européens avaient dès longtemps traité avec les Barbaresques comme puissances indépendantes ».

Bien plus, la Tunisie elle-même n'a jamais eu de sa situation vis-à-vis de la Turquie une autre idée que celle d'une complète liberté. Un document authentique qui est de la plus haute importance et qu'on ne saurait récuser l'atteste suffisamment, c'est la Constitution tunisienne (Bouyourouldi) jurée par le bey actuel de Tunis, Mohammed-es-Sadok, lors de son avènement au trône (23 septembre 1859), comme l'avaient jurée ses prédécesseurs.

Dans cette constitution intitulée « Loi organique du royaume tunisien » en 114 articles, publiée en arabe et en français, à Tunis et à Bone, il n'est pas dit un seul mot du sultan; et, pour qu'on ne puisse pas avoir un doute quelconque de la souveraineté du bey, il proclame dans le préambule (page 4) » que ce sont les hauts fonctionnaires tunisiens qui l'ont choisi à l'unanimité pour chef de l'État, conformément à la loi de succession en usage dans le royaume ».

Des chapitres entiers sont consacrés à l'exposé des droits et des devoirs du roi, à la position des princes de la famille hosseinite, aux droits et aux devoirs des sujets, aux fonctions des ministres, à l'organisation de leurs services, au conseil suprême de la Régence, aux impôts, aux budgets, etc. Sans doute, on peut critiquer ce document singulier, si l'on veut le juger uniquement d'après nos idées européennes; mais il n'en est pas moins décisif pour démontrer à tout esprit non prévenu que le royaume de Tunisie ne relève que de lui-même, sans devoir quoi que ce soit à une souveraineté extérieure.

Tous les traités conclus dans les trois derniers siècles par les États européens avec la Tunisie ne parlaient jamais que du royaume et du roi de Tunis. Quinze ou vingt traités où cette locution sacramentelle a été employée portent la signature de l'Angleterre de 1862 à 1863 et 1875; trente autres, de 1604 à 1832, portent la signature de la France. En 1868, le traité conclu par l'Italie a été conclu encore avec le royaume de Tunis.

Ainsi la Tunisie n'a fait que se nommer, dans sa loi organique, du nom que le monde lui donnait unanimement; et, en s'appelant royaume, elle a voulu bien marquer qu'elle avait toutes les prérogatives d'indépendance et de pouvoir qu'implique ce titre éclatant. En face de précédents si nombreux et si décisifs, la Porte-Ottomane ne doit donc pas être très étonnée que la France ait refusé de reconnaître sa suzeraineté toutes les fois qu'elle a été invoquée, comme elle l'est encore aujourd'hui.

Nous n'avons aucune peine à avouer que la Porte a été, depuis un demi-siècle, assez constante dans ses revendications. En 1835, elle avait ressaisi la suzeraineté de Tripoli après y avoir réprimé d'affreux désordres : cette occasion lui avait paru favorable pour étendre sa souveraineté à Tunis; mais, devant l'opposition énergique de la France, elle avait renoncé à ce projet.

Dix ans plus tard, en 1845, un chambellan du sultan étant venu apporter à Tunis un firman d'investiture, le bey refusa de se soumettre. Une vingtaine d'années se passèrent sans qu'on risquât une nouvelle tentative; mais, vers la fin de 1864, les anciens desseins furent repris, et, cette fois, ce fut la Régence elle-même qui demanda l'investiture.

La démarche était au moins étrange de la part d'un prince qui, jusque-là, semblait tenir beaucoup à son indépendance ; mais des conseils puissants avaient effrayé le bey sur sa situation relativement à la Porte, et le général Khérédine avait été envoyé à Constantinople pour y proposer et y obtenir le firman.

Cette fois encore, la France opposa son veto ; et, au lieu d'un acte émané du sultan, le bey et ses conseillers durent se contenter d'une simple lettre vizirielle qui contenait des clauses identiques. On profita de nos désastres en 1871 pour accomplir ce qu'on n'avait pu faire, ni sous le règne de Louis-Philippe où la flotte française avait interdit plusieurs fois le passage à la flotte turque se dirigeant sur Tunis, ni sous l'empire, qui ne s'était pas montré moins résolu.

Le firman du 25 octobre 1871, obtenu à l'ombre de nos malheurs, avait été proclamé le 18 novembre au Bardo par Khérédine au nom du sultan, et accepté par le bey qui l'avait sollicité plus ou moins spontanément. Quoi qu'il en fût, la France protesta comme auparavant : elle déclara le firman nul et non avenu, et depuis dix années entières elle n'a cessé de manifester son opposition toutes les fois que les circonstances l'ont exigé.

On a pu douter que la Porte elle-même, malgré son succès, fût bien sûre de faire valoir son droit ; le firman de 1871, qui détruisait l'indépendance séculaire du royaume tunisien, s'il a reçu quelque publicité, a été généralement ignoré, si ce n'est des quelques puissances directement intéressées.

Dans le système du firman de 1871, quelle qu'ait pu être son origine, Tunis se trouvait remis en partie sous la main de la Porte. Le pouvoir du bey de Tunis est bien encore reconnu héréditaire, comme il l'est depuis deux siècles : mais le bey de Tunis devient un simple vali, c'est-à-dire gouverneur général de l'eyalet de Tunis. Par une conséquence nécessaire de cette modification profonde, le pouvoir n'est plus véritablement héréditaire dans la famille hosseinite, quoi qu'en puisse dire le texte littéral du firman. Un gouverneur général, un vali est révocable au gré de son suzerain, et il est très possible que le bey actuel apprenne bientôt à ses dépens, aux dépens de son trône, de sa liberté, de sa vie peut-être, quelle faute énorme lui ont fait commettre des conseillers mal inspirés. Mohammed-es-Sadok n'a rien à redouter de la France qui, malgré de sérieux griefs, n'en veut ni à sa dynastie, ni à sa personne, ni à ses États. Avec la Porte, au contraire, il peut tout craindre, et son sort est livré au hasard des circonstances.

Dans l'état présent de nos relations avec la Porte-Ottomane, relations d'amitié et de sympathie sincères, nous eussions désiré pouvoir envisager la situation de Tunis sous un autre jour; mais la vérité est irréfutable pour nous, d'après les précédents que nous avons cités. Nous pouvons même demander à la Porte pourquoi, si le bey de Tunis est son vali, elle ne l'a pas empêché depuis deux ans de se conduire envers la France comme il l'a fait, et pourquoi elle n'a pas cherché à prévenir la crise actuelle, que, pour notre part, nous avons si longtemps essayé de conjurer.

Il faut que cette crise, dont nous circonscrivons les effets autant qu'il dépend de nous, aboutisse à un traité qui nous garantisse à la fois contre les incursions dont nos frontières souffrent sans cesse, et contre les menées déloyales dont le Bardo est trop souvent l'instrument ou le centre. C'est là le double but de notre expédition; et je ne crains pas de le dire, nous avons en Europe une approbation générale, partout où des préventions sans fondement n'aveuglent pas les esprits.

Telle est donc, monsieur, notre attitude envers la Porte et envers la Tunisie. Pour l'une et pour l'autre, nous sommes pleins de bienveillance; et tout ce que nous demandons au bey est de ne nous être pas hostile. Si la Régence comprend bien ses intérêts, elle pourra profiter de notre alliance infiniment plus que nous ne pouvons profiter de la sienne. Nous pouvons lui apporter tous les bienfaits de la civilisation dont nous jouissons. Dès 1847, nous établissions chez elle le service de la poste; en 1859 et 1851, le service des télégraphes; en 1877 et 1878, un chemin de fer de 50 lieues de long de la frontière algérienne à Tunis. Nous lui construisons en ce moment deux chemins de fer nouveaux : l'un, qui reliera Tunis à Bizerte au nord, de 20 lieues de long; l'autre, qui reliera Tunis à Soussa au sud. Nous allons prochainement commencer le travail plus difficile d'un port à Tunis même, qui permettra aux navires d'arriver de la rade et de la Goulette jusqu'à la capitale. Dans la dette tunisienne, des fonds français, à côté de fonds anglais et italiens, entrent pour plus des trois cinquièmes. Le magnifique aqueduc d'Adrien, qui amenait des eaux excellentes à Tunis, a été restauré par un ingénieur français.

Nous sommes prêts, dès que les bons rapports auront été repris, à faire une foule d'autres entreprises non moins bienfaisantes : des phares sur les côtes; des chemins intérieurs pour relier bien des villes populeuses et prospères les unes aux autres; de vastes irrigations dans un pays où les rivières ne manquent pas, mais où elles ne sont pas mieux aménagées que les forêts; des exploitations de mines abondantes en toutes sortes de métaux; une culture perfectionnée sur les biens-fonds que les Européens peuvent acquérir dans la Régence, ou même sur les terres des indigènes; l'emploi d'eaux thermales que jadis les Romains ont découvertes et pratiquées. La Régence de Tunis est en général très fertile, et la richesse prodigieuse de l'antique Carthage l'atteste assez. Sous la protection de la France, tous les dons naturels de cette contrée peuvent être développés de nouveau avec toute l'énergie et l'intensité des méthodes et des pratiques modernes.

Nous pouvons ajouter que, si le bey veut bien s'en fier à nous, l'administration intérieure de la Régence peut recevoir des améliorations non moins nécessaires et non moins assurées. Ce serait un service incontestable et relativement assez facile à lui rendre que d'y introduire, soit pour la levée des impôts, soit pour la manutention des fonds, soit pour les écritures des comptables, la régularité qu'a atteinte la gestion de nos finances. Ce serait un service non moins précieux que d'améliorer aussi l'administration de la justice d'après les principes qu'ont adoptés les puissances pour la réforme judiciaire en Égypte.

Ce n'est pas la France seule qui profiterait de tous ces progrès que la Régence peut conquérir si elle le veut. Ce sont toutes les nations civilisées qui en profiteraient ainsi que nous; et rien ne s'oppose à ce que nous fassions pour la Tunisie, sans conquête et sans combats, ce que nous faisons dans notre Algérie et ce que l'Angleterre fait dans l'Inde. C'est un devoir sacré qu'une civilisation supérieure contracte envers des peuples moins avancés.

Telles sont, monsieur, les considérations que je recommande à votre attention; elles vous serviront à éclairer autour de vous les esprits qui sont curieux de se rendre compte impartialement des desseins de la République française en Tunisie.

BARTHÉLEMY SAINT-HILAIRE.

Voici le texte du traité conclu entre le bey et le gouvernement de la République française et communiqué aux Chambres le 31 mai par M. Jules Ferry.

TRAITÉ

ENTRE LE GOUVERNEMENT DE LA RÉPUBLIQUE FRANÇAISE ET LE BEY DE TUNIS.

Le Gouvernement de la République française et celui de Son Altesse le bey de Tunis,

Voulant empêcher à jamais le renouvellement des désordres qui se sont produits récemment sur les frontières des deux États et sur le littoral de la Tunisie, et désireux de resserrer leurs anciennes relations d'amitié et de bon voisinage, ont résolu de conclure une convention à cette fin dans l'intérêt des deux hautes parties contractantes.

En conséquence, le Président de la République française a nommé pour son plénipotentiaire M. le général Bréart... qui est tombé d'accord avec Son Altesse le bey sur les stipulations suivantes :

Article premier.

Les traités de paix, d'amitié et de commerce, et toutes autres conventions existant actuellement entre la République française et Son Altesse le bey de Tunis sont expressément confirmés et renouvelés.

Article 2.

En vue de faciliter au Gouvernement de la République française l'accomplissement des mesures qu'il doit prendre pour atteindre le but que se proposent les hautes parties contractantes, Son Altesse le bey de Tunis consent à ce que l'autorité militaire française fasse occuper les points qu'elle jugera nécessaires pour assurer le rétablissement de l'ordre et la sécurité des frontières et du littoral.

Cette occupation cessera lorsque les autorités militaires françaises et tunisiennes auront reconnu, d'un commun accord, que l'administration locale est en état de garantir le maintien de l'ordre.

Article 3.

Le Gouvernement de la République française prend l'engagement de prêter un constant appui à Son Altesse le bey de Tunis contre tout danger qui menacerait la personne ou la dynastie de Son Altesse ou qui compromettrait la tranquillité de ses États.

Article 4.

Le Gouvernement de la République française se porte garant de l'exécution des traités actuellement existants entre le gouvernement de la Régence et les puissances européennes.

Article 5.

Le Gouvernement de la République française sera représenté auprès de Son Altesse le bey de Tunis par un ministre résident qui veillera à l'exécution du présent acte, et qui sera l'intermédiaire des rapports du Gouvernement français avec les autorités tunisiennes pour toutes les affaires communes aux deux pays.

Article 6.

Les agents diplomatiques et consulaires de la France en pays étrangers seront chargés de la protection des intérêts tunisiens et des nationaux de la Régence.

En retour, Son Altesse le bey s'engage à ne conclure aucun acte ayant un caractère international sans en avoir donné connaissance au Gouvernement de la République française et sans s'être entendu préalablement avec lui.

Article 7.

Le Gouvernement de la République française et le Gouvernement de Son Altesse le bey de Tunis se réservent de fixer d'un commun accord les bases d'une organisation financière de la Régence qui soit de nature à assurer le service de la dette publique et à garantir les droits des créanciers de la Tunisie.

Article 8.

Une contribution de guerre sera imposée aux tribus insoumises de la frontière et du littoral.

Une convention ultérieure en déterminera le chiffre et le mode de recouvrement, dont le Gouvernement de Son Altesse le bey se porte responsable.

Article 9.

Afin de protéger contre la contrebande des armes et des munitions de guerre les possessions algériennes de la

République française, le Gouvernement de Son Altesse le bey de Tunis s'engage à prohiber toute introduction d'armes ou de munitions de guerre par l'ile de Djerba, le port de Gabès ou les autres ports du sud de la Tunisie.

Article 10.

Le présent traité sera soumis à la ratification du Gouvernement de la République française, et l'instrument de ratification sera remis à Son Altesse le bey de Tunis dans le plus bref délai possible.

Le *Temps* du 28 avril publiait la lettre suivante qui jette un jour intéressant sur les mœurs politiques de la Régence :

Paris, 27 avril.

Monsieur le directeur,

L'exécution de Si-Rechid, relatée dans la dépêche de votre correspondant de Tunis du 24 courant, me rappelle des souvenirs que je prends la liberté de vous communiquer.

Louis XIV disait : « L'État, c'est moi. » En Tunisie, les premiers ministres ont presque toujours pu dire : « Le bey, c'est moi. » Il convient donc, pour être impartial, d'établir que Mohamed-es-Sadok s'est laissé dominer par ses premiers ministres, qu'ils se soient appelés Mustapha-Khasnadar, Khaïr-ed-Dine ou Mustapha-ben-Ismaïl.

Je sais de personnes dignes de foi que les deux frères du bey, Sidi-Hamouda et Sidi-Hadel, ont été réellement empoisonnés, l'un dans son camp aux environs de Béja, l'autre dans la demeure où il était gardé à vue. Le poison leur fut administré dans du café.

Quand j'arrivai à Tunis en juillet 1868, l'émotion causée par les meurtres de Si-Rechid et d'Ismaïl-Souni n'était pas encore calmée. L'opinion générale attribuait au premier ministre, le khasnadar, la plus grande part dans ces crimes, et l'on disait tout bas, dans le monde musulman, qu'il n'avait fait périr ces généraux que pour s'approprier leurs biens.

Ismaïl-Souni fut exécuté le premier; Si-Rechid avait pu se réfugier dans sa maison, située à quelques pas du Bardo; il s'y était enfermé et barricadé. Ce général avait fait à nos côtés la guerre de Crimée; chevalier de la Légion d'honneur, il était vu avec sympathie au consulat de France. Il fit donc implorer l'intervention de notre consul, M. de Botmiliau, qui s'employa activement à sauver la vie à l'infortuné général.

Mais alors, comme aujourd'hui, le premier ministre rendait, à son gré, difficile l'accès auprès du bey : malgré l'insistance du consul, les négociations traînaient depuis plusieurs jours, Si-Rechid se tenant chez lui sur une prudente défensive, et le khasnadar, qui le savait homme d'énergie et capable de faire payer chèrement sa vie, donnant à espérer que le bey se laisserait fléchir, lorsque, un matin, M. de Botmiliau fut secrètement informé que les serviteurs de Si-Rechid, ayant été gagnés à prix d'or, allaient livrer leur maître.

M. de Botmiliau accourut au Bardo de toute la vitesse de ses chevaux, mais trop tard, hélas! Une vingtaine de minutes avant son arrivée, les sbires du khasnadar pénétraient par surprise dans l'appartement de Si-Rechild et lui lançaient le lazzo.

Si-Rechid n'avait pu se saisir de ses armes; néanmoins il se précipite en avant, brise d'une main le bras à un des étrangleurs, tandis que de l'autre main il s'oppose à ce que le terrible nœud coulant se serre autour de son cou. Vains efforts! le général est terrassé et le fatal cordon accomplit sa lugubre besogne!

M. de Botmiliau ne put contenir sa juste indignation, et, avec une hardiesse dont le souvenir est encore vivant à Tunis, il pénétra sur-le-champ près du bey et lui reprocha amèrement cette exécution qu'il n'hésita pas à qualifier de lâche assassinat.

Le bey fut très émotionné de cette scène, mais le khasnadar ne tarda pas à lui démontrer que le consul de France n'entendait rien à la politique; sur l'ordre du ministre, les passions habituelles du bey furent favorisées, et, les spiritueux aidant, l'oubli vint vite ; si vite, que, dès les premiers mois de 1869, les deux meurtriers se partageaient ouvertement les dépouilles de leurs victimes : le bey s'installait dans la maison même où fut étranglé Si-Rechid.

Kasar-Saïd, c'est le nom de cette maison, est, depuis lors, la résidence d'hiver du bey : quelques vulgaires faïences plaquées sur les murs à l'intérieur et un badigeon à la chaux à l'extérieur semblent avoir suffi pour effacer jusqu'au souvenir du crime et de la victime.

Quelques années après ce terrible drame, le général Khaïr-ed-Dine répara, autant qu'il dépendait de lui, le mal fait à la famille de Si-Rechid, en faisant donner au fils le gouvernement du Kef. Cette haute situation n'est au fond qu'un exil déguisé. Le fils de Si-Rechid a, dit-on, hérité de son père son affection pour la France (1).

Veuillez agréer, etc.

P. Legate.

(1) Le correspondant du *Temps* commet ici une erreur. Le gouverneur du Kef, Si-Rechid n'était point parent du Rechid assassiné en 1868. Il était de plus ouvertement hostile à la France.

FIN.

TABLE DES MATIÈRES

                                                       Pages.

PRÉFACE.. VII

PREMIÈRE PARTIE

L'EXPÉDITION FRANÇAISE

CHAPITRE PREMIER. — Les Causes de l'expédition..... 3
CHAPITRE II. — Le Kef et Tabarcah............... 27
CHAPITRE III. — Le Traité du Bardo.............. 61
CHAPITRE IV. — Chez les Kroumirs................ 99

DEUXIÈME PARTIE

VOYAGE EN TUNISIE

CHAPITRE PREMIER. — Aspect général. — Le sol et les races. 131
CHAPITRE II. — La Tunisie septentrionale......... 159
CHAPITRE III. — La Tunisie centrale et le Djerid.... 195
CHAPITRE IV. — La Tunisie orientale. — Le Sahel.... 223
CHAPITRE V. — Agriculture. — Industrie. — Gouvernement. — Religion........................... 259

TROISIÈME PARTIE

HISTOIRE

Pages.

CHAPITRE PREMIER. — La Tunisie sous la domination carthaginoise 285
CHAPITRE II. — La Domination romaine et byzantine . . 299
CHAPITRE III. — La Domination arabe et berbère . . . 323
CHAPITRE IV. — La Domination turque et les Husseïnites. 339

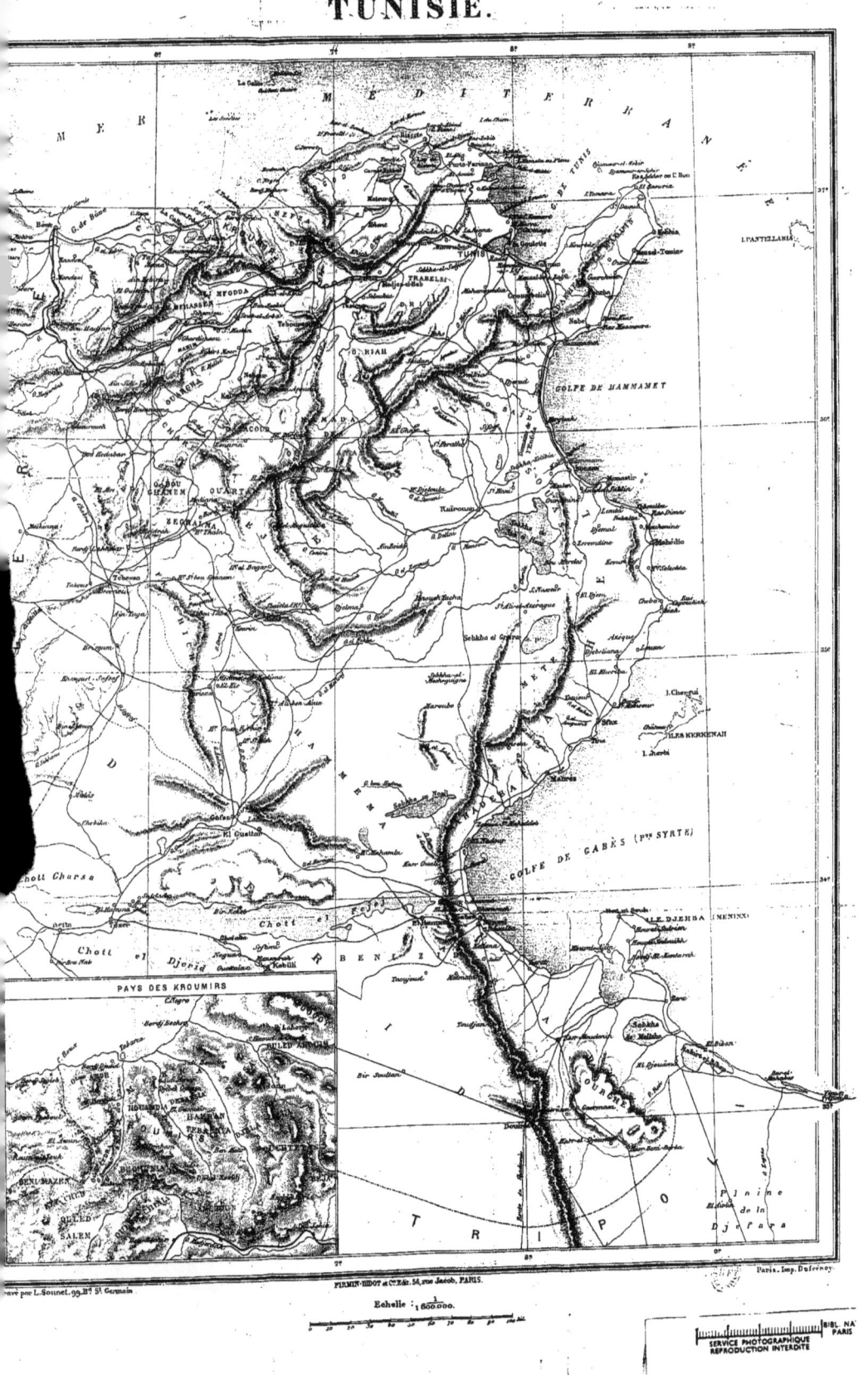

www.ingramcontent.com/pod-product-compliance
Lightning Source LLC
Chambersburg PA
CBHW070435170426
43201CB00010B/1094